L'EUROPE
ET LA MER

DANS LA COLLECTION
« FAIRE L'EUROPE »
DIRIGÉE PAR JACQUES LE GOFF

La Ville dans l'histoire européenne
par Leonardo Benevelo
Traduit de l'italien
par Sophie Gherardi et Jean-Luc Pouthier

Les Lumières en Europe
par Ulrich Im Hof
Traduit de l'allemand
par Jeanne Étoré et Bernard Lortholary

MICHEL MOLLAT DU JOURDIN

L'EUROPE ET LA MER

Préface de Jacques Le Goff

ÉDITIONS DU SEUIL
27, rue Jacob, Paris VIe

La collection « Faire l'Europe » est publiée
simultanément par cinq maisons d'édition :

ISBN 2-02-012584-6

Préface

L'Europe se construit. C'est une grande espérance. Elle ne se réalisera que si elle tient compte de l'histoire : une Europe sans histoire serait orpheline et malheureuse. Car aujourd'hui vient d'hier, et demain sort du passé. Un passé qui ne doit pas paralyser le présent mais l'aider à être différent dans la fidélité, et nouveau dans le progrès. Notre Europe, entre Atlantique, Asie et Afrique, existe depuis très longtemps en effet, dessinée par la géographie, modelée par l'histoire, depuis que les Grecs lui ont donné son nom, toujours repris depuis. Son passé n'est intelligible que dans le contexte du monde entier. Et l'avenir doit s'appuyer sur ces héritages qui, depuis l'Antiquité, voire la préhistoire, ont fait de l'Europe un monde d'une exceptionnelle richesse, d'une extraordinaire créativité dans son unité et sa diversité.

La collection « Faire l'Europe », née de l'initiative de cinq éditeurs de langues et de nationalités différentes, Beck à Munich, Basil Blackwell à Oxford, Critica à Barcelone, Laterza à Rome et à Bari, Le Seuil à Paris, veut éclairer la construction de l'Europe et ses atouts inoubliables, sans dissimuler les difficultés héritées. Dans ses efforts vers l'unité, le continent a vécu des dissensions, des conflits, des divisions, des contradictions internes. Cette collection ne les cachera pas : l'engagement dans l'entreprise européenne doit s'effectuer dans la connaissance du passé entier, et dans la perspective de l'avenir. D'où ce titre actif de la collection. Le temps ne nous semble pas venu en effet d'écrire une histoire synthétique de l'Europe. Les essais que nous propo-

sons sont l'œuvre des meilleurs historiens actuels, européens ou non, déjà reconnus ou non. Ils aborderont les thèmes essentiels de l'histoire européenne dans les domaines économique, politique, social, religieux, culturel, en s'appuyant à la fois sur la longue tradition historiographique issue d'Hérodote et sur les nouvelles conceptions qui, élaborées en Europe, ont profondément renouvelé la science historique au XXe siècle, notamment dans les dernières décennies. Par leur volonté de clarté, ces essais sont largement accessibles.

Et notre ambition est d'apporter des éléments de réponse à la grande question de ceux qui font et feront l'Europe, et à ceux qui dans le monde s'y intéressent : « Qui sommes-nous ? D'où venons-nous ? Où allons-nous ? »

Jacques Le Goff

Liminaire

Quel fut, quel est, quel sera le rôle de la mer dans l'aventure européenne ? L'Europe est un continent, la majeure partie de ses habitants a méconnu, ou ignoré, la mer jusqu'à... la mode de la planche à voile, et des courses océaniques. Et pourtant la mer, des mers bordent ce continent. Frontières de la peur ou rivages de l'espoir, les mers européennes ont vu arriver ou partir des marchandises, des idées, des hommes. L'histoire s'est faite attentive aux relations entre centre et périphérie. Sur trois côtés, la périphérie de l'Europe est maritime. Vers le sud, c'est la Méditerranée et ses antiques civilisations, les horizons des mondes grec et arabe, du Proche-Orient et de l'Afrique du Nord, de l'Islam et du pétrole. Vers le nord, c'est le monde des Vikings, des sagas, du hareng, du saumon et de la baleine, du pôle et du pétrole de la mer du Nord. A l'ouest, c'est l'immensité – bien rapetissée aujourd'hui – de l'Océan avec les horizons américains et africains, et, par-delà, les Indes jadis fabuleuses, occidentales et orientales, les pays des Noirs, des Rouges et des Bruns – un vaste monde ignoré ou à peine effleuré jusqu'à la fin du Moyen Age, mais devenu depuis essentiel pour l'Europe. La mer isole et relie à la fois. Elle a été et est encore malgré l'avion une des données fondamentales que la géographie a offertes – obstacle et chance à la fois – à l'histoire de l'Europe. D'où la nécessité de consacrer dans cette collection un

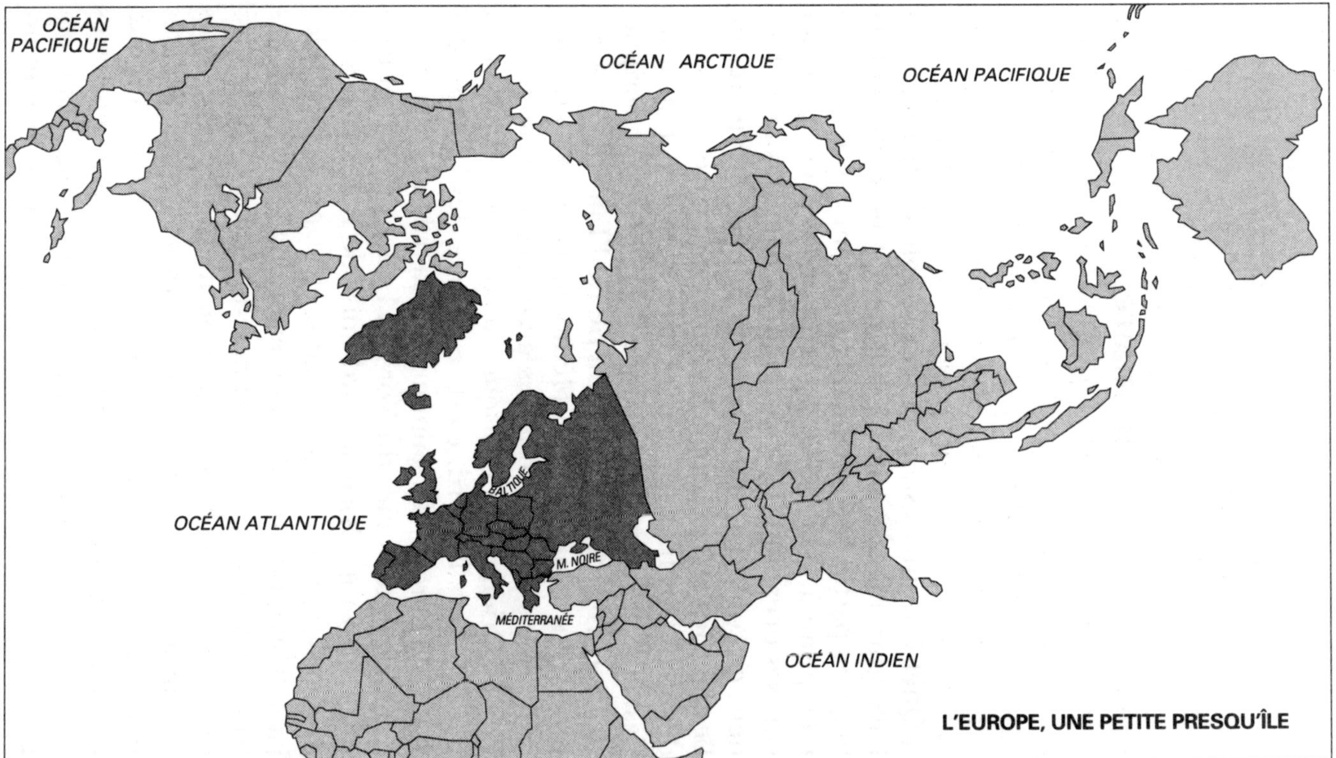
OCÉAN PACIFIQUE
OCÉAN ARCTIQUE
OCÉAN PACIFIQUE
BALTIQUE
OCÉAN ATLANTIQUE
M. NOIRE
MÉDITERRANÉE
OCÉAN INDIEN
L'EUROPE, UNE PETITE PRESQU'ÎLE

essai aux relations historiques entre l'Europe et la mer. Dans le temps comme dans l'espace, plus le regard est étendu, plus il est chargé de significations. Remonter très haut, ce serait évoquer le temps planétaire au cours duquel les mers et le continent européen se sont imbriqués étroitement. C'est surtout scruter le temps historique qui a installé les peuples sur les rivages, organisé leur vie, suscité entre eux rivalités, conflits et, au mieux, compétitions pour la possession des eaux et l'exploitation de leurs ressources. Tous les Européens ont, à leur manière, perçu l'étendue, les couleurs et la voix de la mer ; puis elle les a invités à voir et à aller au-delà de ses horizons.

L'image qu'ils se sont faite de leur partie du monde a varié. D'abord, européocentristes de la même manière que les Chinois ont conçu leur Empire du « Milieu », les Occidentaux ont représenté l'univers centré autour de leur petit monde et de leur culture. Ensuite, sans se dépouiller de cette conviction de leur priorité, ils ont organisé la carte de la Terre à partir de leur Europe. La carte géographique est l'expression d'une civilisation. Elle n'est cependant pas incapable d'allier la recherche de l'exactitude des proportions à un certain humour.

Des exemples de cet humour laissent rêveur. Au XIVe siècle (vers 1337), une sorte d'illuminé, génial par certains côtés, Opicinus de Canistris, a mis à profit les loisirs d'un emprisonnement à Avignon dû à sa déviance théologique (il se disait l'Antéchrist) pour tracer une carte singulière : anthropomorphe, accompagnée de légendes. Deux têtes humaines se font vis-à-vis de part et d'autre de Gibraltar : une femme aux longs cheveux, un homme au nez sémite, vêtu d'un burnous ; ce sont Ève (l'Europe) et Adam (l'Afrique) au moment du péché. Le détroit, source de tout mal, exprime la crainte de l'Océan ; la Méditerranée (*Diabolicum mare*), comme une pieuvre démoniaque, enserre de ses tentacules les péninsules européennes, le tout étant agrémenté de commentaires ironiques ou critiques.

Un deuxième exemple est attribué, deux siècles plus tard, à un grand savant de la Renaissance, Oronce Finé, en 1536. Utilisant une projection insolite en forme de cœur (voir p. 134), il emploie les techniques scientifiques et situe l'Europe avec ses modestes proportions dans un monde figuré par une marotte de fou avec ses attributs, et ses diverses formules commentant le proverbe *Vanitas vanitatum et omnia vanitas* (« Vanité des vanités et tout est vanité ») : audacieuse raillerie des prétentions européennes à la domination universelle à l'époque des Grandes Découvertes.

Troisième exemple, traduisant les compétitions européennes : une carte satirique de l'Europe pour 1870 (voir p. 182). Les États sont représentés sous l'aspect de personnages ou animaux caricaturaux correspondant à leurs tempéraments, leurs ambitions ou leurs antagonismes. La division y est éclatante.

Sans multiplier les exemples, il est évident que le temps, en modifiant le dispositif politique de l'Europe, n'a pas changé la présence ni le rôle fondamental des mers. Elles apparaissent donc comme une composante permanente de la personnalité européenne, dont la stabilité conditionne l'avenir comme dans le passé. Donnée de longue durée, l'action des mers sur l'Europe a cependant changé et continuera à changer selon les vicissitudes de l'histoire, dont les ondes, toutes permanentes qu'elles soient, se transforment comme les ondes de la mer.

Première partie

L'Europe et la mer dans l'espace et le temps

CHAPITRE I

Comme un puzzle

L'ascendance maritime de l'Europe se perd dans la légende

Les liens avec la mer remontent aux origines. L'héroïne qui lui a donné son nom naquit sur les rivages méditerranéens. Elle cueillait des fleurs sur la côte quand Zeus, dont le frère, Poséidon, régnait sur la mer, l'enleva et la conduisit à travers l'espace marin sur le dos d'un taureau dont il avait emprunté la forme. Le mythe et la légende ne font pas forcément mauvais ménage avec la géographie et l'histoire. Hérodote avoua son ignorance de la façon dont le nom d'Europe fut donné au continent occidental. La tradition passée par Ovide et recueillie par Dante est venue jusqu'à nous. Le fils de l'union d'Europe avec Zeus, Minos, souverain de la Crète et des eaux voisines, ne sut pas empêcher Icare, fils de Dédale, de s'évader du labyrinthe, par la voie des airs. Avant de se brûler les ailes, comme un papillon, à l'ardeur du soleil, Icare entrevit, peut-être, le panorama « du Péloponnèse et des îles entourées par les flots », auxquels un *Hymne à Apollon* du VIIIe siècle avant J.-C. appliquait déjà le nom d'Europe, avec le sens de pays du couchant. Ainsi transposé sur le plan géographique, le terme, étendu plus tard de la partie au tout, correspond symboliquement à l'image que notre temps reçoit d'un satellite : les pièces d'une sorte de puzzle dont l'imagination et l'observation se sont, au cours des siècles, appliquées à rassembler les éléments. Horace, incluant le mythe d'Europe en l'une de ses *Odes* (III, 27), fait dire à Vénus en guise de consolation pour la nymphe en pleurs au bord de la mer : « Apprends à bien soutenir ta haute condition. La moitié du monde te devra son nom. »

Intimité avec la mer

Quelle que soit la représentation de la Terre, carte ou globe, le mode de projection cartographique ou l'angle de vue photographique, la silhouette de l'Europe traduit son intimité avec l'élément marin : une petite, très petite presqu'île cernée par les mers qui l'assaillent. Soudée vers l'est à l'épaisseur asiatique, elle s'achève à l'ouest en articulations fines et se fractionne en archipels au sud comme au nord (voir carte p. 10).

Où finit l'Asie, où commence l'Europe ? Quand la géographie hésite, l'histoire offre des hypothèses. Hérodote, sans donner ses raisons, tenait le fleuve Tanaïs (le Don) pour une frontière ; le Moyen Age, fidèle à ses « autorités », suivit cette opinion ; par exemple, au XIIIe siècle, le franciscain flamand Guillaume de Rubrouck, précurseur de Marco Polo chez les Mongols. D'autres, plus tard, ont borné leurs regards à la Volga. En notre temps, le général de Gaulle limitait l'Europe à l'Oural. La géographie reste à la fois moins précise et plus concrète. Pour elle, le contraste entre l'Asie et l'Europe passe par la continentalité. Elle justifie involontairement l'opinion rapportée d'Extrême-Orient par Paul Claudel : « L'Occident regarde vers la mer et l'Orient vers la montagne » (*L'Oiseau noir dans le soleil levant*).

L'opposition est nette. Pour se baigner en mer, aucun Européen de l'Ouest ne parcourt plus de 350 kilomètres ; la distance est double pour un habitant de l'Europe centrale ; elle atteint 11 000 kilomètres pour un paysan de la plaine russe ; quant aux nomades d'Asie centrale, leurs interminables parcours sur les steppes et les déserts ne les conduisaient pas à la mer qu'ils ne voyaient jamais. Il n'est en cela rien d'étonnant vu le rapport de la longueur des côtes à la superficie continentale en Europe et en Asie : 4 kilomètres pour 1 000 kilomètres carrés pour la première, 1,7 kilomètre pour la seconde.

Les climats accentuent le caractère maritime de l'Europe

Aucune région n'y est sèche comme les bassins endoréiques de l'Asie centrale enclos par d'énormes chaînes ; leurs fleuves intermittents ne débouchent sur aucune mer et souvent expirent dans les sables. Même la puszta hongroise n'offrit pas à ses immigrants cavaliers l'équivalent de ces steppes immenses : grâce au Danube ! En pays méditerranéen, les chaînes côtières s'opposent à la pénétration de douceurs subtropicales et contrarient le développement des cours d'eau, à l'exception du Pô, du Rhône et de l'Èbre. Du moins vers l'ouest au-delà de ces reliefs, l'Océan et ses annexes prennent le relais ; les vents océaniques, les pluies et les fleuves qu'elles gonflent répandent les humidités atlantiques jusqu'aux versants de l'arc alpin. Ainsi les plaines européennes ouvertes au nord-ouest respirent l'haleine océanique, à l'inverse des Middle et Far West américains privés de la douceur du Pacifique par l'écran des Rocheuses, et éloignés, sauf sur le Mississippi inférieur, des moiteurs exhalées par le golfe du Mexique. Il n'est donc guère de secteurs, en Europe, qui ne soient accessibles aux influences vivifiantes de l'iode et du sel marins.

Le tracé, enfin, des fleuves européens facilita les liaisons des rivages avec l'arrière-pays. Bien que sans aucune commune mesure avec les fleuves chinois ou l'Amazone, ceux de l'Europe prolongent jusqu'au cœur du continent les rythmes de la navigation maritime : le Danube jusqu'à Budapest et Vienne, le Rhin jusqu'à Strasbourg.

Sans doute, d'autres exemples confirmeraient les prédispositions maritimes de l'Europe. Mais l'essentiel n'est-il pas de savoir où celle-ci commence ? La limite paraît correspondre non pas à une ligne montagneuse, fluviale ou politique, mais à la zone où, pour la première ou la dernière fois, à l'est ou à l'ouest, se nouent les relations entre les espaces maritimes orientaux de l'Europe, la Baltique et la mer Noire, par des routes et des fleuves, entre les golfes de Finlande et de Crimée ou, au Moyen Age, de Novgorod à Caffa. Ces deux mers continentales sont les foyers intimes de la pénétration des influences marines à travers isthmes et détroits, d'île en île et de golfes à péninsules.

L'Océan et ses marges

La compénétration, pour ne pas dire l'enchevêtrement, des terres et des mers est sans doute le trait le plus saisissant de l'image aérienne de l'Europe. Cette intimité résulte des mouvements orogéniques et, dans les régions nordiques, des variations des niveaux glaciaires. Face à l'Europe, l'Atlantique fait figure d'héritier de l'océan circulaire familier aux Anciens et aux hommes du Moyen Age. Depuis son prolongement arctique en mer de Barents, il étend une nappe continue jusqu'aux confins subtropicaux de la « Méditerranée océane » rencontrée par Fernand Braudel au large de Gibraltar. Pourtant, cette masse n'est pas uniforme ; il s'y personnalise des secteurs distincts, limités par des seuils et communiquant entre eux plus ou moins largement. Le golfe de Gascogne – ou mer de Biscaye – puis la mer Celte, entre les Cornouailles française et anglaise d'un côté et l'Irlande de l'autre, appellent leurs riverains vers le grand large. Mais par des « manches » ceux-ci sont sollicités à remonter au nord. La mer d'Irlande, rétrécie à 23 kilomètres en son passage le plus étroit, débouche sur la mer de Norvège, à l'est d'un seuil de l'Écosse à l'Islande. La Manche proprement dite mérite son synonyme « Channel » puisque, étroite de 34 kilomètres entre Calais et Douvres, elle mène à la mer du Nord, et celle-ci est une Méditerranée nordique, analogue à la Méditerranée océane mentionnée plus haut, par sa fonction d'antichambre de la mer Baltique. Sur cet ensemble d'annexes de l'Océan, des îles, d'importance très différente, jouent un rôle d'avant-garde car leur socle continental atteste leur appartenance à l'Europe ; cela est vrai de la Grande-Bretagne et de l'Irlande, comme des îles adjacentes (Man, Shetland, Orcades, Hébrides et, plus au nord en zone arctique, Lofoten et Svalbard), ainsi que de l'Islande et même, tout à fait au sud, des Açores.

Les routes des mers intérieures : le Sund et Gibraltar

Au cœur de l'Europe continentale, la Baltique et la Méditerranée se donnent réciproquement la réplique en des conditions dont les différences équilibrent les similitudes. Sans doute, le quadrilatère massif de la péninsule Ibérique n'est en rien comparable à la silhouette effilée du Jutland et si, dès le haut Moyen Age, les navigateurs frisons rompaient charge pour passer de la mer du Nord en Baltique au plus étroit de la presqu'île danoise, en revanche l'isthme aquitain, dans la mesure où il mérite ce nom, ne fut traversé qu'au XVIIe siècle par le canal du Midi, « une promesse non tenue » (P. Wolff). L'accès des deux Méditerranées européennes, celle du Nord et celle du Midi, connut des vicissitudes sur les plans physique, économique et géostratégique.

Naviguer dans les détroits danois, traverser celui de Gibraltar ou les survoler en avion permet d'en saisir l'importance et le rôle. Analogies et différences sautent aux yeux. Pour le passager venant de l'ouest, le Skagerrak fait figure d'une Manche avant de s'effiler dans l'entonnoir du Kattegat. Rien de semblable dans l'approche de Gibraltar, largement ouverte entre le golfe de Cadix et le Maroc. En revanche, le débouché des détroits vers chacune des mers intérieures est assez impressionnant. Au nord, si la voie n'était pas tracée par le cortège des navires voguant à allure réduite, un œil inattentif pourrait hésiter sur la route à suivre entre les îles innombrables (le Danemark en compte 474), dont la plus grande, Seeland, ouvre accès au fjord de Roskilde ; et le capitaine d'un navire même de faible tirant d'eau risquerait de le mettre au sec sur les hauts-fonds du Grand et du Petit Belt. Au contraire la voie est sûre par le Sund, malgré une limite de profondeur à – 8 mètres et l'étroitesse (environ 5 km) du passage entre Helsingborg sur la rive suédoise de la Scanie et Helsingor sur la côte danoise. Le nom d'Elseneur et le souvenir d'Hamlet sont dans toutes les mémoires ; et, quoique depuis 1857 il n'y ait plus lieu d'acquitter le péage institué en 1429, un instant de réflexion s'impose au moment où l'on accède à un autre domaine marin. Rien n'empêcherait, il est vrai, d'abréger le voyage en empruntant le canal de Kiel qui coupe l'isthme danois à son pédoncule, mais le gain de temps prive le voyageur d'expérimenter le passage de la mer du Nord à la Baltique.

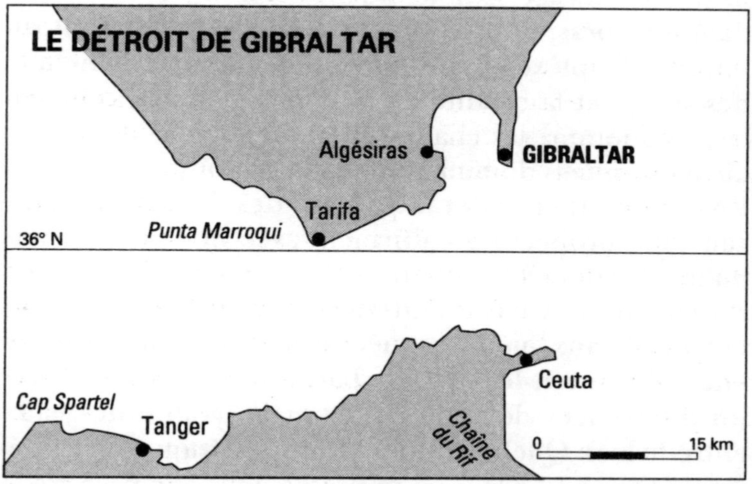

Le contraste est net entre la monotonie des rivages du Sund et la grandeur du relief à Gibraltar. L'altitude dans l'île de Seeland ne dépasse pas 172 mètres et la Scanie n'est guère plus élevée ; les glaciers quaternaires en rabotant le pays l'ont préparé à recevoir l'invasion de la mer. Il en est différemment à Gibraltar. Le chenal nous fait laisser à bâbord les rives basses de l'Andalousie, dominées au loin par des sierras dénudées, doubler la Punta Marroqui, qui porte Tarifa, point le plus proche du Maroc, à 7,7 kilomètres, puis, dans la baie très riante d'Algésiras, déboucher en face du rocher de Gibraltar, en abrupt de 425 mètres sur la mer : sorte de « sphinx de granit, énorme, démesuré » (Théophile Gautier). L'âpreté du paysage contraste avec les platitudes verdoyantes des rives du Sund, et l'intense lumière méridionale s'oppose aux ciels en demi-teintes, même par temps clair, de la Baltique.

D'avion, les impressions visuelles sont plus vives ; elles offrent des panoramas étendus et un seul regard saisit la configuration des détroits. Au moment où l'appareil pique vers l'aérodrome, quasi amphibie, de Copenhague, le paysage semble indéfini et infini à la fois : îles danoises, bras de mer, plaine suédoise composent un univers complexe et sans limite. Au contraire, la netteté des reliefs et la crudité de la lumière opposent en un large panorama les chaînes ibériques, le roc de Gibraltar, les sommets dominant Ceuta et, au loin, les crêtes du Rif. L'affrontement et la parenté des deux sœurs africaine et européenne s'affirment avec violence. La mer du moins adoucit la rigueur de l'image par le charme de ses couleurs. A basse altitude, la gamme des nuances entre les eaux méditerranéennes et atlantiques laisse entrevoir, sinon les niveaux bathymétriques, du moins les différences de profondeur et la qualité des eaux entremêlées. Quel carrefour ! Europe-Afrique, mer Intérieure-Océan ! Le lieu est privilégié pour comprendre la place de l'élément marin dans les destins de l'Europe. Les Colonnes d'Hercule sont à quelques encablures de Trafalgar, tout comme le château d'Elseneur rappelle, mieux que le royaume « pourri » hanté par Shakespeare, les grandeurs de la Hanse, les ambitions de Gustave Adolphe et de Pierre le Grand et les rivalités navales anglo-allemandes. L'histoire a maintenu sur les deux sites des symboles concrets. Car ce n'est pas sans motifs que le royaume de Danemark d'un côté et celui d'Angleterre de l'autre ont établi, l'un sur le Sund un contrôle fiscal qui dura un demi-millénaire, l'autre à Gibraltar une surveillance navale en action depuis près de trois siècles.

Si les situations géographiques justifient par leurs conséquences une comparaison, porteuse d'analogies, les conditions de la navigation méritent examen à leur tour. Les courants de surface d'abord. A Gibraltar, sur les quelque 32 milles marins que comporte son franchissement, les eaux atlantiques s'écoulent d'ouest en est à une vitesse de 2 à 3 nœuds en recouvrant un flux de sens inverse, plus salé, plus chaud et plus lourd, à une profondeur d'environ – 100 mètres. Pour la raison inverse, dans les détroits danois le courant superficiel s'établit de l'est vers l'ouest. L'explication vient de l'opposition entre les bilans des deux mers, celui de la Méditerranée étant déficitaire parce que son alimentation en eau douce est inférieure à l'évaporation, alors qu'en Baltique l'importance des fleuves est considérable. Cependant, le rythme de la navigation est régi par d'autres influences ; d'abord dans les deux cas les sautes de vent, encore que Gibraltar pâtisse parfois d'absences de vent en Méditerranée ; dans les eaux de Malaga des navires sont restés encalminés pendant des jours, des semaines ; même des bâtiments demeurèrent en panne quatre mois, au XVIIIe siècle. Plus souvent, à Gibraltar comme dans les détroits danois, la fréquence des brumes est particulièrement dangereuse ; le danger est alors double, l'échouage et l'abordage. La navigation hivernale est difficile, parfois impossible, pendant plusieurs semaines, aussi bien entre Méditerranée et Atlantique qu'entre Baltique et mer du Nord. Pourtant, le gel hivernal des détroits danois n'est pas une règle annuelle et la durée en est variable. Dans ces conditions, la sécurité prend une importance croissante avec l'affluence des navires. L'acuité de ce problème est maximale dans le pas de Calais, un des points névralgiques de la circulation maritime mondiale. Des statistiques récentes évaluent à 91 000 le nombre de bâtiments transitant par ce détroit d'ouest en est ou entre les rives française et anglaise, soit presque le double du trafic (57 000) à Gibraltar. En Manche, les conditions ne sont ni plus ni moins dangereuses qu'ailleurs ; les risques résultent de l'intensité de la circulation qu'il a fallu régler dans la Manche comme on l'a fait sur les côtes bretonnes avec le système du « rail ». Mais entre Douvres et le cap Gris-Nez l'étroitesse du chenal dans un passage large de moins de 34 kilomètres est aggravée par la présence de hauts-fonds autour de Calais et Dunkerque et, souvent, par la violence des ondes de tempêtes venues de la mer du Nord. Un exemple retentissant des périls ainsi encourus est celui de l'Invincible Armada en 1588, mais on pourrait en citer beaucoup d'autres comme les catastrophes célèbres de 1421 et de 1953. Il faut donc que le jeu en vaille la chandelle pour que les Européens exploitent à ce très haut niveau les chances offertes par les routes maritimes unissant Gibraltar au Sund, et l'Angleterre à la France.

La pleine valeur d'un détroit est acquise lorsque les passages développent leur rôle de carrefour. Mais qui dit carrefour peut aussi bien dire charnière ou verrou. Un détroit commande un passage. Historiquement, ce qu'on a dit du Danemark « portier de la Baltique » s'est appliqué à la prétention anglaise au contrôle de Gibraltar, et à Constantinople « guichet de la mer Noire ».

Les péninsules et les îles : « premiers personnages de l'histoire »

Les péninsules méditerranéennes sont pour Fernand Braudel « les premiers personnages de l'histoire ». Elles découpent les pièces majeures du puzzle évoqué plus haut selon un patron capricieux où se moulent les baies, les golfes profonds et les mers adjacentes. Disposées dans le sens des méridiens, elles s'offrent comme des « chaussées vers l'Afrique » (R. Blanchard), ouvrent des voies vers l'outre-mer autant qu'elles facilitent la pénétration marine au cœur du continent européen. C'est le cas de l'Italie, encadrée par le golfe de Gênes et par l'Adriatique où la mer s'insinue dans les chenaux (*canali*) de l'archipel dalmate.

L'orientation méridienne permet de multiples occasions de pénétration marine, par exemple à l'extrémité de la botte italienne entre son pied et son talon légendaires. Ailleurs prédominent des articulations semblables à la main humaine, en vraie grandeur au Péloponnèse, à moindre échelle en Chalcidique (trois pointes, cinq golfes), en simple ébauche en Crimée. Il s'ajoute le pullulement des îles de toutes tailles, cadeaux faits à la mer ou conquis par elle à la suite de séismes, d'épanchements volcaniques et quelquefois d'un envasement littoral. La Méditerranée occidentale compte ses îles à l'unité, mais elles sont plus grandes en général (Baléares, Corse, Sardaigne, Sicile) ; sa sœur orientale peut à peine les dénombrer, sur la côte adriatique et dans la mer Égée. L'interpénétration paraît donc plus ordonnée et plus rationnelle à l'ouest, plus fantaisiste à l'est.

Entrées moins précocement dans l'histoire, les péninsules atlantiques jouent un rôle assez analogue, avec un dispositif nord-sud équivalent dans les principaux cas. La massivité ibérique largement assise du nord au sud assure l'individualité méditerranéenne, comme la position médiane du Jutland et l'allongement de la Scandinavie sur 16 degrés de latitude préservent l'individualité de la Baltique. Ces « personnages » ne sont pas uniques. Au cœur de la Manche, le Cotentin impose tour à tour ses avances et ses menaces à l'Angleterre. Tournés vers le grand large océanique, les trois caps celtiques, Land's End en Cornwall, les pointes bretonnes du Finistère français et le cap Finisterre en Galice affirment leur vocation de terminus de la marche des peuples vers le soleil couchant ; Alphonse Dupront l'a remarquable-

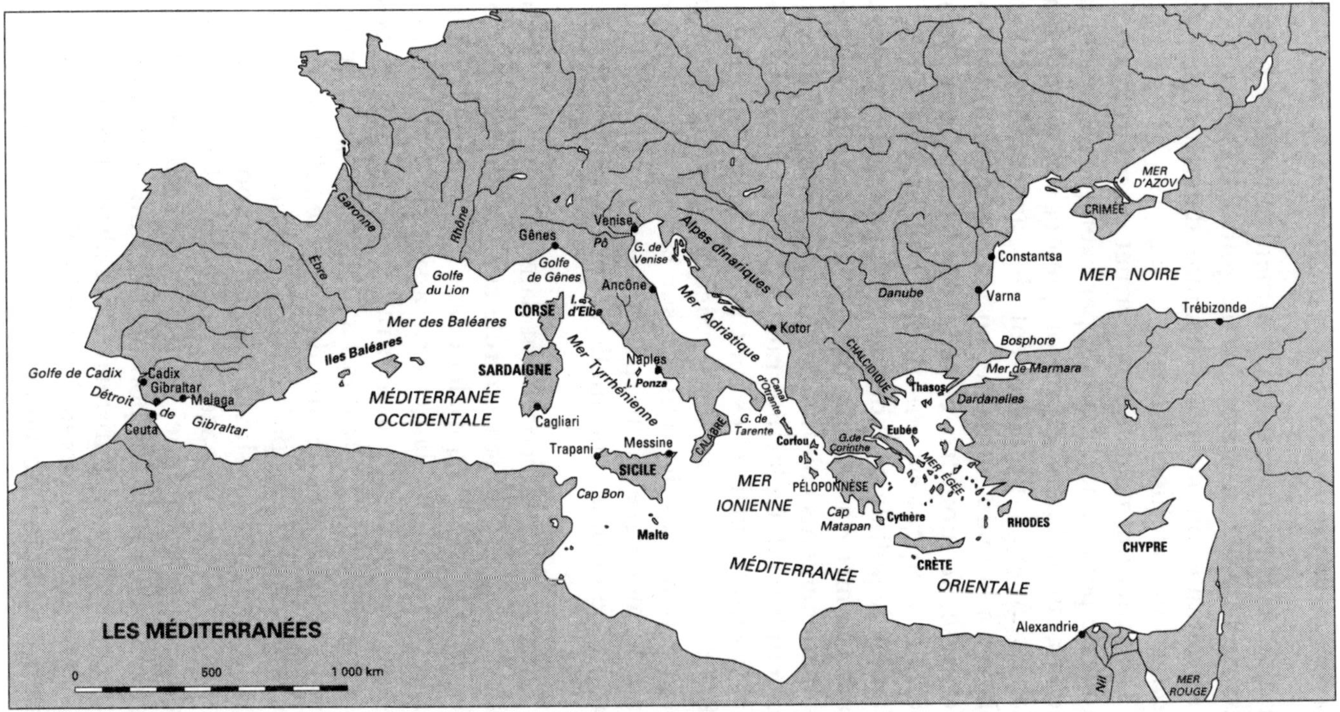
LES MÉDITERRANÉES
0
500
1 000 km
Golfe de Cadix
Cadix
Gibraltar
Malaga
Détroit
de
Gibraltar
Ceuta
Garonne
Èbre
Rhône
Golfe
du Lion
Mer des Baléares
Iles Baléares
MÉDITERRANÉE
OCCIDENTALE
Gênes
Golfe
de Gênes
CORSE
I.
d'Elbe
SARDAIGNE
Cagliari
Mer Tyrrhénienne
Naples
I. Ponza
Trapani
Messine
SICILE
Cap Bon
Malte
Venise
Pô
G. de
Venise
Ancône
Alpes dinariques
Mer Adriatique
Kotor
Canal
d'Otrante
G. de
Tarente
CALABRE
Corfou
MER
IONIENNE
MÉDITERRANÉE
ORIENTALE
PÉLOPONNÈSE
G.de
Corinthe
Cap
Matapan
Cythère
CRÈTE
Eubée
MER ÉGÉE
RHODES
CHYPRE
CHALCIDIQUE
Thasos
Danube
Dardanelles
Mer de Marmara
Bosphore
Varna
Constantsa
MER NOIRE
CRIMÉE
MER
D'AZOV
Trébizonde
Alexandrie
Nil
MER
ROUGE

ment compris et décrit à propos de Saint-Jacques-de-Compostelle. Mais, inversement, ces promontoires, avec les îles qui les précèdent – Sein, Ouessant, Scilly –, signalent au navigateur venant de l'ouest l'approche d'un monde où la mer fait cause commune avec le continent.

Les Méditerranées

La sectorisation des mers européennes est particulièrement accentuée en Méditerranée, où la distinction de deux bassins, résultat du jeu des plaques continentales, est évidente. La Sicile et les îles avoisinantes qui en occupent la charnière sont assises sur un socle profond d'une centaine de mètres seulement entre Trapani et le cap Bon, et même relevé à – 20 mètres près de Malte. A l'ouest de ce seuil, une zone individualisée commence au sortir de Gibraltar, avec, selon Braudel, la « Méditerranée océane » ; à sa suite la « mer des Baléares » s'étend vers la Corse à la profondeur de – 3 420 mètres. Des hauts-fonds relient la Sardaigne à la Tunisie, bornant la mer Tyrrhénienne, creuse de – 3 730 mètres vers les îles Ponza. Superficie et distances n'y sont pourtant pas grandes, puisque, d'un avion volant à forte altitude au-dessus du Sud de la Sardaigne, on peut simultanément voir le golfe de Cagliari, deviner la Sicile et au loin suivre la chaîne, enneigée dès l'automne, de la Calabre, traçant un trait d'union entre l'Europe et l'Afrique.

Aristote, dans les *Météorologiques*, s'étonnait déjà des profondeurs méditerranéennes, à peine soupçonnées en son temps. Il ignorait les abîmes de plus de 4 000 mètres au sud du cap Matapan ; mais il n'était pas plus insensible que les hommes de son époque à la difficulté du passage entre les deux Méditerranées. Homère l'avait décrite ; Virgile l'a rendue légendaire : « Tomber de Charybde en

Scylla » ne peut plus ni nous étonner ni nous effrayer. Les mers dites sans marée réservent des surprises. En effet, un écart de six heures entre les mers Ionienne et Tyrrhénienne pour un marnage faible (20 à 40 cm) suffit à provoquer toutes les six heures un courant de 5 nœuds accru par l'étroitesse du détroit de Messine (moins de 3 km) ; la rencontre de ce courant avec des contre-courants littoraux détermine des tourbillons violents sur les rochers de Scylla au nord de Messine. Bien que d'autres régions du monde connaissent des phénomènes de ce genre, ce souvenir transmis par la culture classique atteste, à travers la littérature, l'importance des liens des peuples européens avec la mer.

Au-delà, voici l'espace marin des dieux et des héros antiques. Platon eut cette phrase : « Nous sommes groupés autour de la Méditerranée comme des grenouilles autour d'un marais. » Le propos est dur parce que les compatriotes du philosophe ne se sont pas bornés à coasser sur le rivage. L'Adriatique, appelée au Moyen Age, non sans raison, golfe de Venise, est bien autant un golfe qu'une mer adjacente, et plus encore un long couloir marin (460 milles), menant au pied de l'arc alpin, à proximité des accès montagnards de l'Europe centrale. Le contraste est marqué entre la rive occidentale, peu hospitalière à l'exception d'Ancône, et l'orientale, où la mer, en arrière des nombreuses îles allongées comme un rempart, pénètre au cœur des Alpes dinariques parfois profondément, aux bouches de Kotor par exemple. Improprement nommé canal, celui d'Otrante est en réalité un détroit large de 40 milles seulement et profond de – 740 mètres; il commande à la fois l'accès de l'Adriatique et l'itinéraire côtier au large de l'Albanie et de la Grèce. Vrai carrefour, le canal d'Otrante vit s'affronter l'Orient et l'Occident. Sur la rive orientale commence un antique itinéraire naturel vers Constantinople, la via Aegnatia; et c'est en ces eaux que s'est joué, à plusieurs reprises, le sort de l'Europe : Actium (31 avant J.-C.), Lépante (1571), Navarin (1827). La mer y affirma son rôle dans le destin du continent.

A qui commande le canal d'Otrante, le chemin est ouvert vers la Méditerranée orientale. Le canal de Corfou, parcouru par un courant, offre un itinéraire abrité, quoique plus long que la traversée de la mer Ionienne. Cette route est sans doute la plus favorable à la pénétration en Grèce occidentale, mais qui redoutait le contournement du Péloponnèse dut attendre le creusement des 6 kilomètres du canal de Corinthe, entre de hautes falaises de calcaire blanc, achevé de 1882 à 1892 ; il avait été ébauché sous Néron en 67.

Les « Détroits »

Sur l'ambivalence continentale et maritime de la péninsule Hellénique, tout a été dit, depuis les Anciens

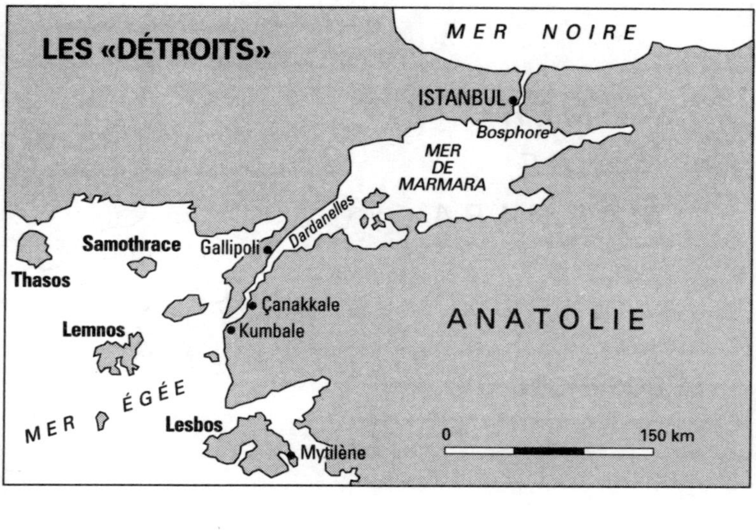

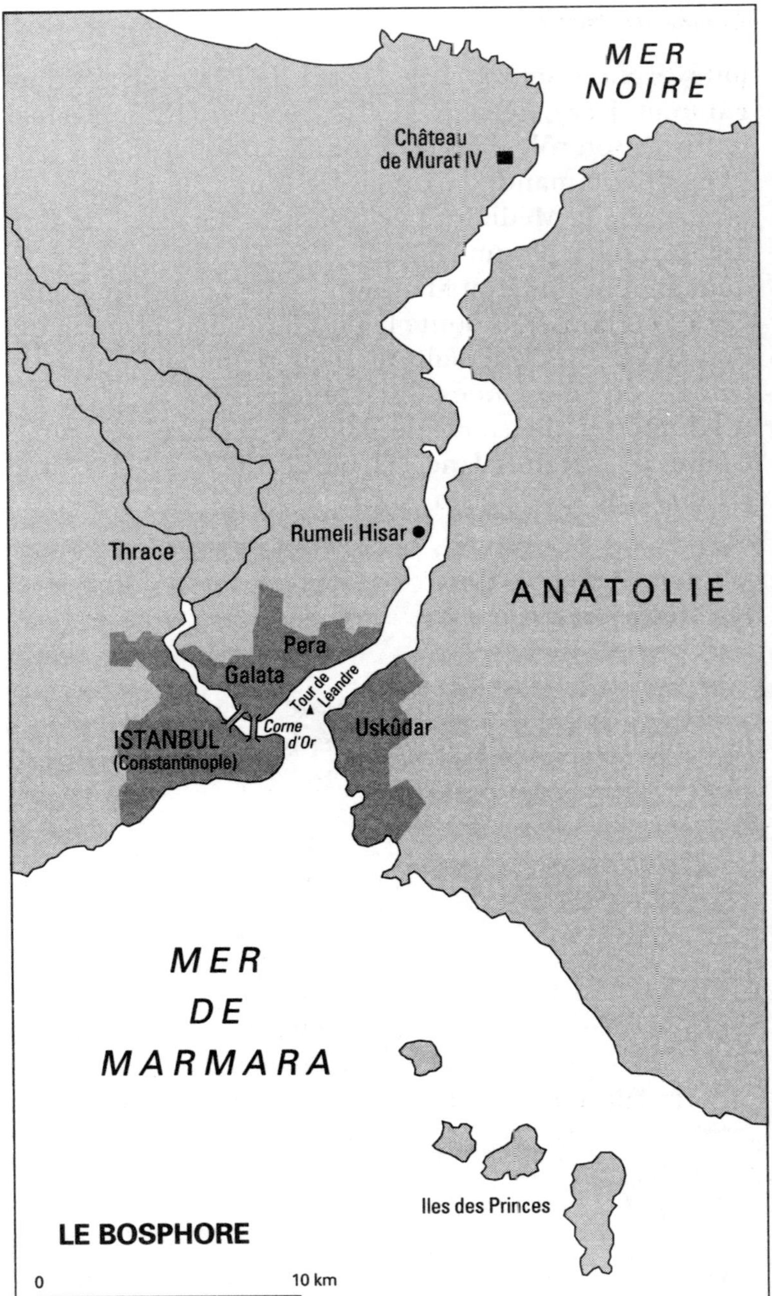
MER
NOIRE
Château
de Murat IV
Thrace
Rumeli Hisar
ANATOLIE
Pera
Galata
Tour de
Léandre
Corne
d'Or
Uskûdar
ISTANBUL
(Constantinople)
MER
DE
MARMARA
Iles des Princes
LE BOSPHORE
0
10 km

jusqu'à nous. Vue d'Europe, exception faite de la navigation interne des archipels égéens, la circulation est dominée par deux pôles d'attraction. L'un échappe à l'Europe, sans la laisser indifférente, car les relations avec le Proche-Orient et au-delà de Suez font partie de ses horizons. L'autre lui reste propre, car, avec deux autres mers annexes, Marmara et la mer Noire, il concerne certains secteurs névralgiques de l'histoire, les Dardanelles et le Bosphore, les « Détroits » par excellence. La convergence des routes maritimes en direction d'Istanbul implique toute la Grèce insulaire et fait pénétrer la navigation dans les innombrables anfractuosités de ses rivages. En 1992, un panorama ne saurait oublier les côtes anatoliennes; sans appartenir géographiquement à l'Europe, elles lui sont liées par beaucoup de souvenirs et, actuellement, sont sous la souveraineté d'un associé de l'Europe. Notre essai de synthèse a tout à y gagner.

Les « Détroits » posent un problème politique et militaire dont il sera fait état plus loin. Ici, contentons-nous des données géographiques sur le plan maritime. Qu'ils proviennent d'Alexandrie, Beyrouth, Rhodes et Izmir, Thessalonique et Athènes après le détroit de Corinthe, ou directement des ports de la Méditerranée occidentale, les navires remontant à Istanbul se retrouvent à Ténédos, avant de pénétrer dans les Dardanelles. A l'est, l'entrée du Bosphore collecte les navires venus des ports européens de Varna, Constantza, Odessa, la Crimée et la mer d'Azov, sans oublier, en Asie, Trébizonde. Tout ce monde se presse aux deux extrémités des Détroits, et la diversité des pavillons constitue un élément complexe de la question.

Accéder aux Dardanelles en venant de la mer Égée n'est pas sans difficulté, même à notre époque, à plus forte raison au temps de la marine à voiles. En mer Égée, les vents sont instables en mauvaise saison. Le cheminement sur les 70 kilomètres des Dardanelles comporte le risque de l'étroitesse du passage (4 km à l'entrée et 1 800 m au plus étroit) ; il est dangereux de s'écarter du chenal, signalé en temps de paix (il ne l'était naturellement pas en mars 1915 !), et parcouru par un courant défavorable à qui monte vers le Bosphore, favorable en sens inverse ; à la mauvaise saison règnent de violentes rafales (35 à 50 nœuds) d'un vent glacial du nord. Le contraste est vif avec la belle saison où les vents étésiens, en mer Égée, soutiennent la navigation.

Sur la mer de Marmara, le régime est identique et la mer parfois hachée. La difficulté vient des courants superficiels, pourtant moins rapides depuis le Bosphore, et des brouillards côtiers qui, même en été, constituent des risques d'échouage. Au surplus, le navigateur doit prendre en considération l'inversion du balisage entre les Dardanelles et le Bosphore : dans les premières, l'Europe est à bâbord, et dans le second à tribord, car le droit maritime international, reconnaissant l'égalité juridique de la Méditerranée et de la mer Noire, accorde le même statut aux deux rives d'Europe et d'Asie du fait de leur appartenance depuis près de cinq siècles et demi à la souveraineté ottomane. Toutefois, ce principe est limité par l'usage international du passage pour toutes les nations, notamment les riverains de la mer Noire. Ainsi s'entrouvre un des chapitres importants des rapports de l'Europe avec la mer.

Les mouillages en mer de Marmara n'offrent pas une sécurité absolue, par exemple près de la rive d'Asie devant Dolma Balce (la tour de Léandre) où les navires chassent sur leurs ancres ; les fonds, peuplés d'épaves, sont des conservatoires d'histoire. A toute époque, il a mieux valu se laisser porter par le flot avec l'aide d'un pilote vers l'abri de la Corne d'Or, profonde de 7 kilomètres, car ses eaux calmes offrent sur les deux rives d'excellentes possibilités de station. Cependant, la Corne d'Or n'est pas un séjour idyllique tout au long de l'année. Les Anciens en témoignent; l'expédition des Argonautes ne fut pas une croisière de luxe, et plus près de nous Pierre Loti, dans *Les Désenchantées,* dénonce l'illusion du printemps éternel et prophétise pour l'hiver « le couloir sinistre où s'engouffrent, sous un ciel de plomb, toutes les rafales glacées de la Russie et tous les courants dangereux par lesquels communiquent les deux mers ». En ce carrefour de contrastes, la belle saison offre au contraire les séductions des mers lumineuses. Il est peu de visions plus belles que le spectacle offert, d'avion, par une radieuse fin de journée : le vent souffle de l'ouest et pour atterrir l'appareil a pris position à la verticale du débouché du Bosphore sur la mer Noire ; les minarets d'Istanbul se détachent sur l'azur du ciel, encadrés par la mer de Marmara et les collines thraces. Ici l'Europe s'achève sur un des plus beaux panoramas marins du monde.

Achèvement? Les deux rives du Bosphore se ressemblent comme les versants d'une vallée, ce qu'il était jadis. Mais quelle vallée ! 32 kilomètres de sinuosités encaissées au point de devenir une gorge large de 2,5 kilomètres à 550 mètres avant de s'ouvrir de nouveau à 4,7 kilomètres en débouchant sur la mer Noire. La limite maritime de l'Europe serait, là, presque imperceptible sans la grandeur sauvage de la nature et les œuvres des hommes, les fortifications d'autrefois et naguère le pont intercontinental. Le courant de décharge venant de la mer Noire apporte, avec son impétuosité, la froideur de ses eaux peu salées : quel contraste avec les Dardanelles !

La mer Noire est un monde à part. Terminus méridional de la ceinture marine de l'Europe, elle paraissait très lointaine aux Anciens. La mélancolie d'Ovide, en exil sur ses rives, rejoint les sombres évocations des froidures pontiques chez Hérodote ; il est vrai que l'enthousiasme des soldats de Xénophon à la vue réconfortante de la mer familière compense un peu ces impressions pessimistes. La sortie du Bosphore en mer Noire n'exige pas moins de prudence que l'entrée, même pour l'usager des *Instructions nautiques* contemporaines, et les rivages européens sont rarement hospitaliers, sauf dans les estuaires. Enfin, les mers européennes s'achèvent, au nord-est du môle de Crimée, en une annexe dont le bilan hydrologique est encore plus positif : la mer d'Azov, abondamment alimentée par le Don, a une profondeur inférieure à 14,5 mètres en son centre et sa communication avec la mer Noire, le détroit de Kertch (le Bosphore cimmérien), n'est qu'un goulet large de 130 mètres et profond de – 7,30 mètres au maximum. Ainsi se clôt la longue ceinture maritime qui court de Gibraltar aux premières pentes du Caucase.

Mers du Nord et mers du Sud

Au sud comme au nord, l'Europe est donc environnée de mers disposées en arcs de cercle et grossièrement symétriques. L'arc méditerranéen court du 6,5°O au 41°E (mer Noire incluse) et s'étale entre le 31°N et le 47°N (mer d'Azov) ; l'arc baltique monte en latitude au 54°N non loin du cercle polaire et couvre 19° en longitude (du 11°E au 30°E). Dès le XIe siècle, Adam de Brême, à qui l'on doit une chronique des archevêques de la ville, expliquait la désignation populaire de cette mer par sa forme de fossé circulaire (*in modum baltei*). A l'entendre, l'étymologie *belt* expliquerait donc le nom de la Baltique. Avant lui Éginhard, conseiller de Charlemagne, et bien plus tôt encore Pythéas de Marseille y voyaient une baie profonde dépendant de l'Océan. Il n'est pas de désignation équivalente pour la forme de la Méditerranée. Toutefois, l'appellation « *mare nostrum* » donnée par les Romains retient la conception d'une mer, sinon close, en tout cas incluse dans un univers politique d'abord unique, et centré sur l'Europe, ensuite partagé avec l'Afrique.

L'aire baltique, moins étendue, constitue un monde intégralement européen. Dans le Sund, le voyageur peut être enclin à comparer Elseneur et Gibraltar, et les îles baltes et méditerranéennes. Bornholm, Öland et surtout Gotland, avec son port historique de Visby, feraient songer à Malte et à Chypre ; et l'archipel finlandais est aussi impossible à dénombrer que les îles de la mer Égée. Les golfes prennent parfois la proportion de mers adjacentes : par exemple celui de Botnie, en arrière des îles d'Åland. Les rivages de la Baltique sont beaucoup moins articulés que ceux de la Méditerranée, bien que les *hafen* y rappellent, en quelque sorte, les limans de la mer Noire, sujets eux aussi au gel hivernal, mais à un degré et avec une durée moindres.

Toutes les deux, mer Noire, mer Baltique, jouent un certain rôle de régulatrices, sinon de trouble-fête, dans l'ensemble des mers européennes. L'orogénie glaciaire, le climat et le régime hydrographique contribuent à l'expliquer. Certes, le gel hivernal affecte seulement les marges septentrionales de la mer Noire, mais il prend chaque hiver le golfe de Botnie et peut s'étendre à toute la Baltique, comme en 1942. Le trait commun est l'abondance de l'apport fluvial accumulé en arrière des seuils danois et turc ; de cela résultent la faiblesse de la salinité et un bilan hydrologique déficitaire dans les deux cas.

Des conditions hydrologiques aux conditions biologiques il n'y a qu'un pas. Entre l'Océan, les mers nordiques et le système méditerranéen, la répartition des ressources halieutiques favorise l'Atlantique septentrional et la mer du Nord. Le plancton s'y développe à la faveur de la superposition et du mélange d'eaux de propriétés différentes et suit la remontée du courant nord-atlantique. La diversité des espèces est grande et leurs migrations animent la pêche depuis les détroits danois jusqu'en mer d'Irlande. Quoique la Méditerranée soit moins poissonneuse, la pêche y fait ses prises les plus fructueuses là où le plateau continental est moins profond.

Autres ressources, moins également offertes par les eaux européennes : les produits minéraux. Le sel d'abord, indispensable à la nourriture des êtres humains et des animaux comme à la conservation des aliments et, de nos jours, aux industries chimiques, est disponible en proportion de sa teneur dans l'eau de mer. Sa nécessité a suscité tous les procédés d'exploitation : évaporation solaire estivale là où il abonde (Méditerranée et rivages atlantiques), traitement par ébullition de l'eau marine sur les rivages nordiques. Nulle part absent, le sel marin est l'un des éléments de la relation de l'Européen avec la mer. A la différence de ce sel exploité depuis les âges les plus anciens, le pétrole n'est repéré et tiré que depuis quelques décennies des fonds sédimentaires de la mer du Nord entre l'Angleterre et la Norvège.

Ainsi, le patrimoine marin de l'Europe, pour inégalement réparti qu'il soit, existe et exige une exploitation concertée de la part de ses bénéficiaires européens et non européens.

L'inégale répartition des ressources maritimes selon le dispositif des fonds et le tracé des côtes illustre une complémentarité et une solidarité naturelles que les longueurs comparées des rivages des pays d'Europe mettent en lumière. Celle-ci comporte près de 68 000 kilomètres de côtes auxquels s'ajoutent 10 000 kilomètres sur les rivages arctiques de la Russie. Aux premiers rangs figurent la Norvège (20 000 km), la Grèce (13 575 km), la Suède (7 624 km), l'Italie (7 458 km), le Danemark

(7 438 km), la France (5 400 km), l'Espagne et le Portugal (4 359 km). De cette énumération, même partielle, se dégage une légère prédominance de l'Europe du Nord. Entrent en ligne de compte : l'importance des péninsules, bien marquée pour la Scandinavie, l'Italie, la partie occidentale de la péninsule Balkanique et la Grèce ; les échancrures parfois profondes des côtes rocheuses, en particulier sur la façade atlantique ; enfin, le nombre considérable des îles de toutes tailles nées des mouvements orogéniques et modelées par l'érosion. De son côté, la topographie littorale contribue à la localisation des ports et à leur développement. En fin de compte, le tracé des rivages exerce une influence considérable sur la compénétration des eaux marines et des terres, des sociétés maritimes et des milieux terriens.

Revenant à la constatation qu'en Europe peu de points du continent sont exagérément éloignés d'une côte, nous observons qu'entre les deux grands secteurs maritimes du Nord et du Sud, la liaison périphérique assurée par l'Océan est doublée par des relations isthmiques organisées par l'homme avec une inégale facilité. De bonne heure il a songé à aménager de telles liaisons, soit en utilisant des situations naturelles, soit en construisant des jonctions. Certains projets conçus dès l'Antiquité (Suez et Corinthe) et le Moyen Age (Kiel) n'ont été réalisés qu'à une époque proche de nous. Il existe un double isthme français, l'un en Aquitaine, l'autre entre l'estuaire de la Seine et le delta du Rhône ; de même, un isthme unit la mer du Nord à l'Adriatique ou à la mer Noire à travers l'Europe centrale par le Danube ; et l'on a formé un projet d'autoroute de la Baltique à la mer Noire. Une carte représentant les initiatives réalisées ou prévues exprimerait mieux que de longs rapports la solidarité des secteurs maritimes d'une Europe continentale petite en réalité. Élargissons la perspective. Les progrès de la technologie contemporaine rejoignent de lointaines expériences. Suez, Corinthe et Kiel ne sont pas seulement les réalisations de projets anciens. On prévoit une jonction entre le golfe de Finlande et les estuaires de la mer Noire. L'isthme russe cessant alors d'être une vue de l'esprit, les bateliers varègues du haut Moyen Age apparaîtront comme de singuliers précurseurs.

Ainsi, entre les mers du Nord et du Midi, la silhouette de l'Europe s'est affinée au fil des siècles et son environnement maritime semble plus prégnant. L'agencement des pièces du puzzle devient délicat, mais nécessaire. Le dire n'est pas un plaidoyer en faveur d'un quelconque impérialisme maritime de l'Europe. Mais on peut souhaiter qu'en l'organisant ne soient oubliés, ni même minimisés, la présence et le rayonnement de la mer. Il est vrai que l'histoire paraît, sauf exception, les avoir négligés en s'intéressant davantage aux travaux sédentaires des champs et au martèlement conquérant des bottes. Son regard privilégiait le territoire effilé où les peuples affluent et se pressent. Des explications multiples, l'une des plus plausibles est la méconnaissance mutuelle, durablement vécue par les deux façades maritimes de l'Europe. Deux mots résument l'ancienneté et la profondeur de ce dos-à-dos : Levant, Ponant ; leur consonnance est particulièrement vive dans le parler des pays latins, français et espagnols, dotés à la fois d'un versant méditerranéen et d'une ouverture atlantique.

CHAPITRE II

Antériorité de la Méditerranée

(d'Athènes aux cités italiennes)

Avatars d'une image : deux univers distincts

Jusqu'au cœur du Moyen Age, c'est-à-dire vers la fin du XIIIe siècle, les deux aires maritimes de l'Europe se sont souvent tourné le dos. Elles ont vécu leur vie propre, en circuit à peu près fermé, et les hommes de la mer, parlant des langages différents, concevant le monde à leur manière, s'ignoraient. L'image de l'Europe vue de la mer ressemble alors à celle d'un miroir fêlé, mais non cassé.

Elle était un symbole, la naissance de l'éponyme de l'Europe sur les rivages phéniciens, avant son envol vers la Crète sur le dos d'un taureau ailé. Et c'en est un autre que l'éveil du continent à la vie maritime grâce aux flottes de son héritier, le roi Minos, à qui, selon Thucydide, les Hellènes doivent leur modèle. Le rôle européen de la Méditerranée depuis l'Antiquité a été célébré par Victor Bérard et Albert Thibaudet. Jacqueline de Romilly a renouvelé le thème autour de Thucydide. Maurice Lombard a formulé des hypothèses fécondes sur le rôle médiateur de la mer Intérieure. H. Ahrweiler, J. Rougé et M. Reddé ont consacré aux marines méditerranéennes antiques des ouvrages devenus classiques. Fernand Braudel enfin a laissé des pages définitives sur la Méditerranée. Contentons-nous de

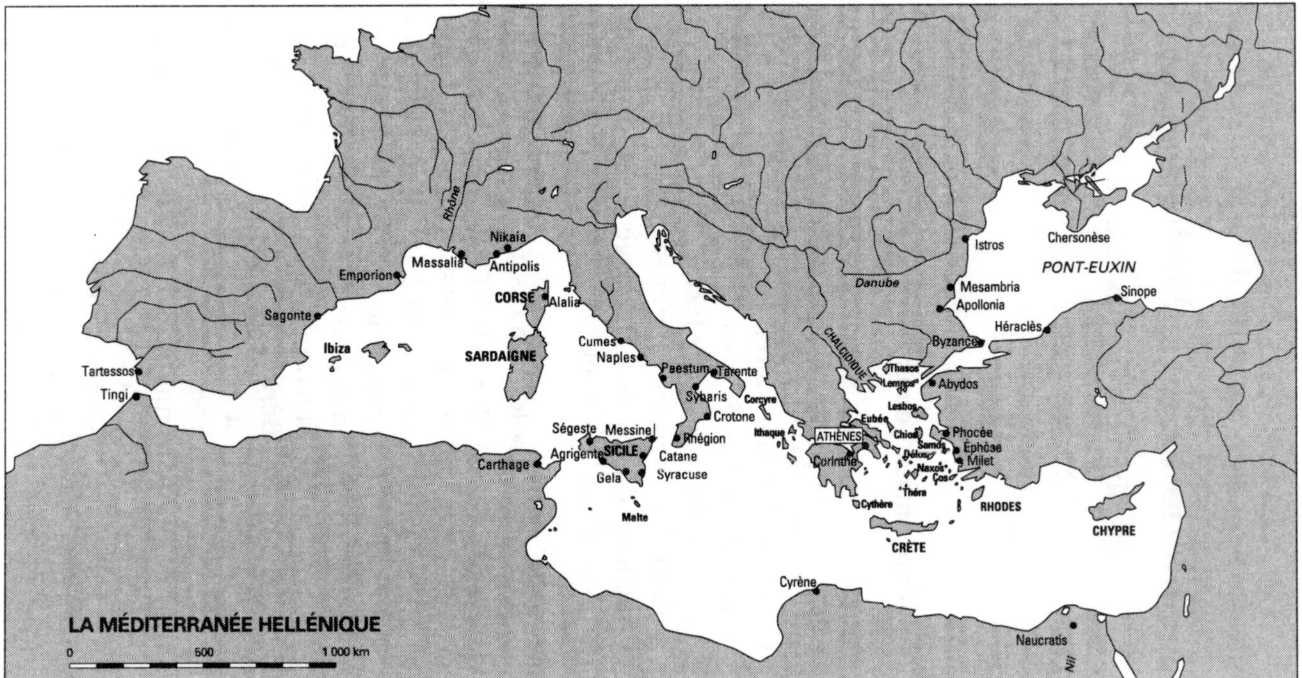
LA MÉDITERRANÉE HELLÉNIQUE
0
500
1 000 km
Tartessos
Tingi
Sagonte
Emporion
Massalia
Rhône
Nikaia
Antipolis
Ibiza
CORSE
Alalia
SARDAIGNE
Carthage
Cumes
Naples
Paestum
Tarente
Sybaris
Crotone
Rhégion
Ségeste
Messine
Agrigente
SICILE
Catane
Gela
Syracuse
Malte
Corcyre
Ithaque
ATHÈNES
Corinthe
Cythère
CRÈTE
Cyrène
CHALCIDIQUE
Thasos
Lemnos
Lesbos
Eubée
Chios
Samos
Délos
Naxos
Cos
Théra
Phocée
Éphèse
Milet
RHODES
Abydos
Byzance
Danube
Istros
Mesambria
Apollonia
Héraclès
Chersonèse
PONT-EUXIN
Sinope
CHYPRE
Naucratis
Nil

nous placer alternativement sur les rivages méridionaux de l'Europe et en pleine mer, pour essayer, limitant notre ambition, de discerner quelques ressorts historiques de la relation Europe-Méditerranée.

L'attraction du soleil

L'attraction exercée par les rivages ensoleillés sur les peuples du Nord est millénaire. La vogue contemporaine des croisières méditerranéennes est une lointaine héritière des navigations septentrionales vers le soleil. Parmi beaucoup de raisons, on peut retenir la poussée des masses les unes sur les autres. Venus en vagues successives, les Hellènes n'ont pas tous adopté la vie maritime, mais la piraterie et les razzias des « peuples de la mer » ont laissé des souvenirs sinistres. Les navires longs profilés et pontés des Mycéniens vinrent à bout des gros et lourds bateaux crétois et permirent une expansion rapide d'une part jusqu'en mer Tyrrhénienne, de l'autre jusqu'en mer Noire : on reconnaît ainsi l'Odyssée d'Ulysse et l'expédition des Argonautes, premières épopées maritimes européennes. Les grandes invasions de la fin du monde romain virent se succéder les vagues des peuples germaniques en quête de la mer. Si tous n'y parvinrent pas, tels les Francs, d'autres comme les Goths s'installèrent autour de la Méditerranée occidentale, alors que, troisième groupe, les Vandales achevaient de la cerner en prenant pied en Afrique.

Ainsi, la direction méridionale concurrença celle de l'ouest, par une orientation née des circonstances et de la réputation accueillante des civilisations méditerranéennes. La mer Noire partagea cet attrait. Rappelons la descente des Varègues par les fleuves russes jusqu'à

Constantinople, où le basileus se concilia leur vigueur en recrutant une garde parmi eux. Au IXe siècle également, la Méditerranée occidentale recevait la visite des Vikings. Ces épisodes ressemblent à des vols d'oiseaux précurseurs de migrations. Celles-ci vinrent plus tard sous la même impulsion de l'attrait du mieux-vivre et de la richesse. Voici la descente des Normands du Cotentin, compagnons de Tancrède de Hauteville et des Guiscards, fondateurs du royaume de Sicile au temps où leur compatriote Guillaume conquérait l'Angleterre. Héritiers des Normands de Sicile, les Hohenstaufen conduisirent jusqu'à l'extrémité méridionale de l'Italie des Allemands attirés par la clémence du ciel méditerranéen. Le nom de l'empereur Frédéric II, au XIIIe siècle, résume à lui seul l'acclimatation des éléments germaniques aux séductions méridionales. La plupart des nouveaux venus ne cherchèrent pas à regagner les froides et humides régions d'où ils étaient sortis. Mieux encore, gagnés par l'environnement méditerranéen, ils songèrent à pousser leurs conquêtes au-delà de la mer en direction de Byzance. D'ailleurs, il faut ajouter à l'attirance méditerranéenne la participation des Européens du Nord aux croisades au prix d'une longue traversée, par exemple au XIIe siècle.

La Cité naît et croît sur les rivages méditerranéens

L'installation sur les rivages méditerranéens a fixé pour l'avenir nombre de points de contact de l'Europe avec la mer Intérieure. Là ont été fondés des ports et entre eux se sont noués des liens de dépendance ou des relations, en même temps que se développait la vie de la Cité. Risquons l'anachronisme par des rapprochements défiant les distances et les siècles. Une carte des ports essaimés par les cités grecques sur la frange littorale européenne peut être confrontée à d'autres cartes figurant les dépendances génoises et vénitiennes au XIVe siècle. La coïncidence de beaucoup de lieux est vérifiée par l'archéologie et les textes. La toponymie antique survit parfois dans les dénominations actuelles ; le cas est net sur les côtes du Péloponnèse, à Corfou, en Grande-Grèce, en Sicile, dans les escales insulaires de la route du Bosphore, par exemple à Thasos et sur les rivages du Pont-Euxin. Les Génois et les Vénitiens ont occupé les sites autrefois choisis par les Grecs sur les côtes occidentales de la mer Noire et en Crimée ; en cours de route, Byzance a précédé Constantinople. L'Adriatique, longtemps négligée au profit de la traversée directe du canal d'Otrante, vit plus tard la même animation éveiller Raguse et les ports illyriens avant de gagner Aquilée et de fonder Venise au plus creux de la pénétration maritime dans le continent, au débouché des vallées alpines. De même, au fond de la Tyrrhénienne, Gênes s'est logée au pied du mur montagneux, à la charnière du continent et de la péninsule. A l'ouest, la flamme était venue directement à la rencontre de la Gaule sur les sites de Marseille et d'Arles, comme à celle de l'Ibérie sur les rives de la future Catalogne et du Levant espagnol. Il n'est pas besoin d'insister pour reconnaître les continuités.

De la Cité maritime à la thalassocratie

La domination de la mer fut, dans l'Antiquité comme au Moyen Age, un objectif naturel des villes maritimes. La notion de *sea power* ne leur fut pas étrangère, avec ses

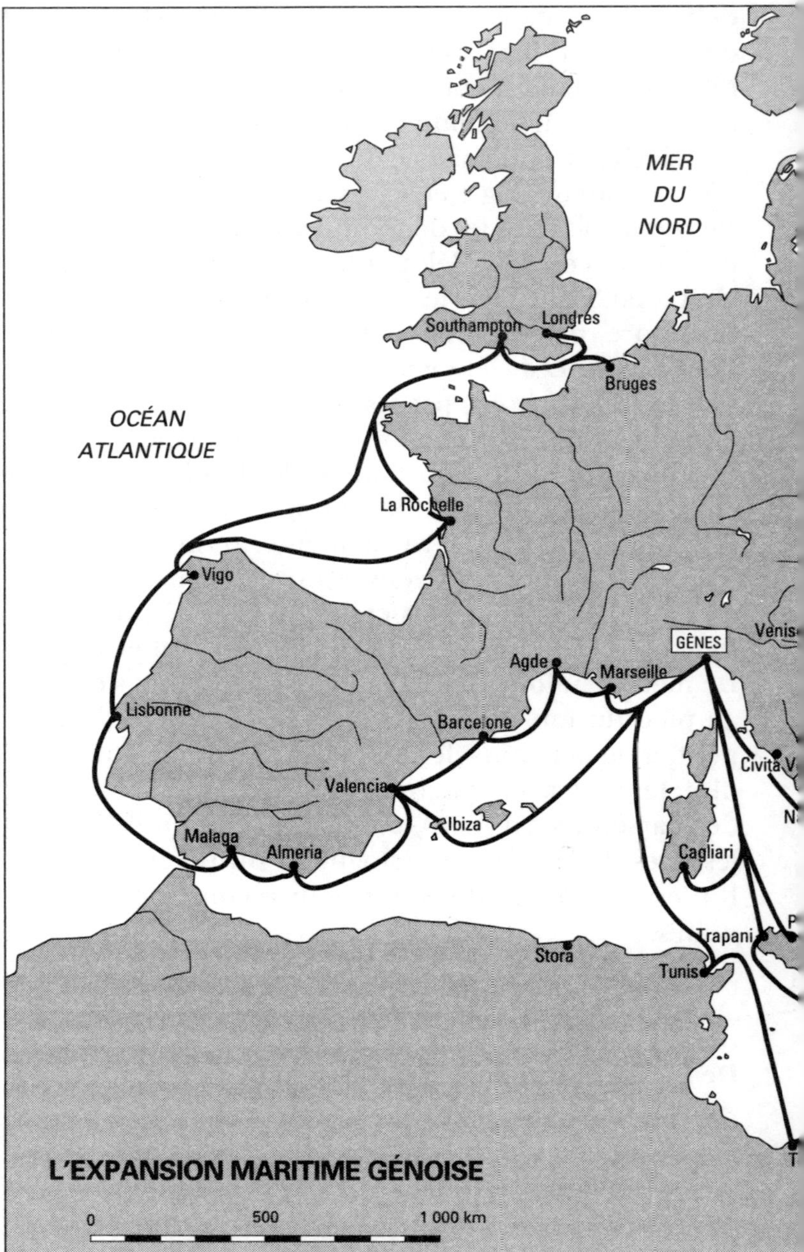
MER
DU
NORD
OCÉAN
ATLANTIQUE
Southampton
Londres
Bruges
La Rochelle
Vigo
Lisbonne
Agde
Marseille
GÊNES
Venis
Barcelone
Valencia
Ibiza
Malaga
Almeria
Civita
Cagliari
Trapani
Tunis
Stora
L'EXPANSION MARITIME GÉNOISE
0
500
1 000 km

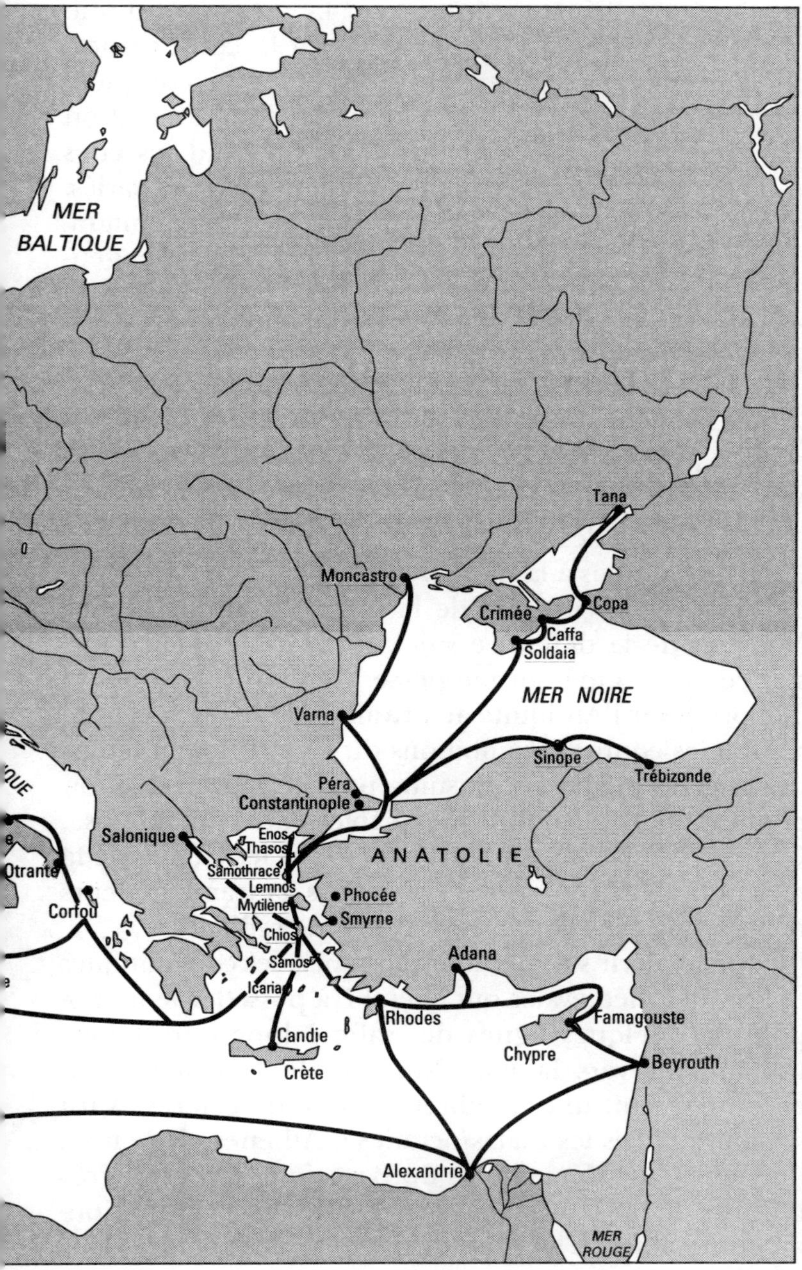
MER BALTIQUE
Tana
Moncastro
Crimée
Copa
Caffa
Soldaia
MER NOIRE
Varna
Sinope
Trébizonde
Péra
Constantinople
Salonique
Enos
Thasos
ANATOLIE
Otrante
Samothrace
Lemnos
Phocée
Corfou
Mytilène
Smyrne
Chios
Adana
Samos
Icaria
Rhodes
Famagouste
Candie
Chypre
Beyrouth
Crète
Alexandrie
MER ROUGE

implications diverses, comportant la possession d'une force navale apte à l'acquisition et à la conservation de la richesse commerciale ainsi qu'à la conquête du contrôle politique des voies de communication maritimes. Les processus qui y conduisirent les cités antiques comme les métropoles médiévales furent variés. L'expansion prit souvent la forme initiale d'une émigration résultant soit d'une surpopulation relative engendrée par un déséquilibre entre les ressources et le nombre des bouches à nourrir, soit de dissensions partisanes contraignant les vaincus à l'exil. Ces cas de figure bien connus à Athènes se retrouvèrent dans la Gênes et la Barcelone médiévales. Plusieurs ports de Grande-Grèce et de Sicile furent aussi les créations de fugitifs. Marseille doit son origine à une concession accordée par un chef local à des émigrants phocéens. D'autres fondations furent dues à la mère patrie athénienne soucieuse de s'assurer le contrôle de la route du blé de la mer Noire et de la défendre soit contre des concurrents, soit contre l'impérialisme perse. Ce disant, l'on pense d'abord pour l'Antiquité aux rivalités des cités, à la lutte d'Athènes contre les ambitions du Grand Roi au temps des guerres médiques. Ensuite, pour le Moyen Age, on peut évoquer les conflits inexpiables entre Amalfi, Pise, Gênes et Venise, du XIe au XIVe siècle. Si les Génies de la mer pouvaient conter leurs souvenirs, la trame de leurs récits serait, sans doute, encombrée de redites.

Pour acquérir sur mer leur puissance, les cités antiques et les villes médiévales ont cherché à posséder le monopole de quelques lignes de trafic à longue distance, notamment vers la mer Noire et le Proche-Orient, en entretenant une nombreuse flotte de galères. Ainsi se sont édifiées les thalassocraties d'Athènes, de Venise, de Gênes, de Marseille et de Barcelone, à des degrés inégaux de puissance et avec des différences institutionnelles notables. L'emprise d'Athènes s'était coulée dans le cadre de la Confédération de Délos. Plus tard, sous une apparence de souplesse, il y eut autant de rigueur dans le régime imposé par Venise à ses dépendances coloniales d'Illyrie, de Morée, de l'Archipel et du Pont-Euxin. Les Génois laissaient aux patriciats de leurs comptoirs davantage d'autonomie ; Péra et Caffa sont, à cet égard, des cas originaux. Les marchés comme les mouvements saisonniers des flottes (par exemple les *mude* à Venise) dépendaient des décisions prises en métropole. On ne peut guère hésiter devant l'emploi du mot thalassocratie puisqu'il désigne étymologiquement un système politique fondé sur la domination de la mer ; pour l'Italie médiévale, les qualificatifs « Sérénissime » et « Dominante » ne laissent pas de doute à cet égard et les rites de l'investiture des doges de Venise sont significatifs : dès le XIIe siècle, leur accession à l'autorité sur les eaux marines (*dignitas aquarum*) est célébrée par les fastes des épousailles de la mer (*sposalizio del mare*).

La domination de la mer ne fut, ni dans l'Antiquité ni au Moyen Age, un phénomène spécifiquement urbain. On peut parler de thalassocratie « impériale » pour Rome, pour Byzance et, au XIIIe siècle, pour l'Empire germanique et le royaume angevin de Sicile, plus tard enfin pour la couronne d'Aragon. Certains caractères affectaient cet aspect de la souveraineté : la primauté dans l'ensemble méditerranéen, l'ambition de le dominer et la vocation de l'Europe à le régir. Sans doute, chacune de ces « thalassocraties » visait à étendre le rayonnement de son autorité au-delà des horizons de la mer Intérieure sur les confins asiatiques et africains ; cependant la Méditerranée était conçue essentiellement au service de l'Europe comme un moyen utile, comme un repoussoir, à la prise de conscience de sa personnalité, en face des autres continents, surtout contre l'expansion islamique.

« *Mare nostrum* »

La notion romaine du « *mare nostrum* » signifiant l'appropriation européenne de la Méditerranée eut la vie dure. Sans rapport avec la prétention anachronique du fascisme mussolinien à la faire revivre au XXe siècle, cet idéal avait été recueilli dans les décombres de l'empire d'Occident par Byzance, depuis Justinien, puis par Venise naissante. L'« Empire romain de la nation germanique » le releva à son tour sous Frédéric II ; les *Capitula* qu'il promulgua en 1239 attestent sur le plan maritime une volonté législatrice dont la portée fut internationale ; il s'y retrouvait un héritage des rois normands de Sicile ; et à leur tour les ambitions méditerranéennes d'un Charles d'Anjou au XIIIe siècle et de l'Aragonais Alphonse le Magnanime au XVe ne manquèrent pas de s'inspirer de ces précédents.

« *Mare nostrum* » : cette orgueilleuse mais légitime formule qu'on prête aux Romains trouve sa justification originelle dans leur victoire sur Carthage. La ruine de la métropole punique acheva de placer la Méditerranée sous la tutelle de l'Europe. Finie la puissance maritime de toute cité ou royaume d'Afrique ou d'Asie puisque, tour à tour, Carthage et la Syrie ont été vaincues. Pourtant les Romains, n'étant pas un peuple de marins, avaient dû improviser des forces navales par des emprunts et des imitations et faire leur apprentissage de la navigation. L'exemple des flottes hellénistiques, leurs alliées, leur servit d'expérience ; la lutte contre le fléau endémique de la piraterie fut une école rude, où Pompée trouva l'occasion de quadriller la Méditerranée orientale et de mettre à l'épreuve la supériorité navale romaine. Il en sortit le double aspect commercial et militaire du *sea power* romain, fondé d'abord sur le dispositif, étudié par M. Reddé, d'une marine militaire répartie en flottes régionales, ensuite sur l'organisation de transports commerciaux, décrite par J. Rougé, qui acheminaient les convois de l'annone d'Alexandrie et Carthage vers Ostie, Aquilée et Thessalonique : l'Europe était ainsi le débouché principal de ce trafic. Cette prépondérance européenne contribua à engendrer un déséquilibre maritime au temps des invasions.

Byzance retrouva le *sea power* en Méditerranée à la faveur de la reconquête justinienne, mais incomplètement et temporairement. L'organisation des « thèmes » lui permit de constituer par secteurs ses forces navales et de faire face à la piraterie. Elle ne put pas cependant empêcher le grignotement de ses bases, d'un côté par les Normands en Italie du Sud et en Sicile, de l'autre par les Arabes en mer Égée, pas plus qu'elle ne put faire face à la concurrence des villes italiennes. Venise fut la grande bénéficiaire de la chute de Constantinople en 1204, mais soixante ans plus tard Michel VIII Paléologue put, en reconquérant sa couronne, inaugurer les derniers efforts navals de l'Empire byzantin avant la conquête turque en 1453.

La Méditerranée, poumon et nourrice de l'Europe antique et médiévale

Le dialogue Europe-Méditerranée se poursuivit jusqu'au terme du Moyen Age, et peut-être même au-delà, en des conditions assez semblables à celles de l'Antiquité. Comme dans un organisme humain, la mer Intérieure joua le rôle régulateur d'un poumon ; l'air d'Orient apportait le souffle de l'esprit et l'activité maritime soutenait la fonction nutritionnelle de la circulation.

Les courants intellectuels et spirituels eurent presque tous leur source en Méditerranée. Un ouvrage de Jacqueline de Romilly montre ce que l'idéal de liberté publique et individuelle doit à la Grèce et comment, en particulier, la victoire de Salamine sur les Perses conserve une valeur symbolique. Cet exemple est le plus actuel de l'enrichissement philosophique et scientifique reçu par l'Europe de ses marges méditerranéennes. Sans elles, que serait notre culture classique ?

C'est grâce à ses relations maritimes que la société romaine fut initiée aux cultes et aux mystères orientaux. C'est au prix de navigations tourmentées que saint Paul apporta le christianisme en Italie. A son exemple, le monachisme oriental aborda par mer les rivages provençaux et le nom de saint Honorat attaché à un monastère des îles de Lérins en conserve la mémoire. En sens inverse, la pratique du pèlerinage aux lieux saints de Palestine s'établit, en Occident, comme un retour aux sources, d'abord à titre individuel pendant plus d'un demi-millénaire ; le voyage de l'Espagnole Éthérie au IVe siècle en est un des exemples les plus anciens. La croisade elle-même fut initialement un extraordinaire pèlerinage collectif de piété et de pénitence qui, malgré des déviations, demeura tel pour un grand nombre de personnes. L'expression de « passage d'outre-mer » sous laquelle elle resta désignée était chargée de sens : lourde de dévotion bien sûr, lourde de renoncement, lourde aussi de toute l'inquiétude inspirée par les difficultés et la longueur du voyage sur un élément redouté : la mer. Qui pouvait être assuré de son retour ? Pourtant, la Méditerranée était une voie de salut.

Elle ne l'était d'ailleurs pas pour les seuls chrétiens, majoritaires il est vrai en Europe, car la brouille de 1054 n'est devenue déchirure qu'en 1204 lorsque les Latins mirent la main sur Constantinople. Les juifs occidentaux, nombreux en Espagne, en Provence et en Europe centrale, n'oubliaient pas leur Palestine originelle par-delà la mer. L'islam, enfin, réalisa une large part de son expansion par la voie maritime en Sicile, aux Baléares, comme du Maroc vers l'Andalousie grâce à la brièveté de la traversée.

Quant à l'interdépendance matérielle de l'Europe et de la Méditerranée sur le plan des échanges, il faudrait, pour la décrire, rappeler toute l'histoire des ports, considérer la nature, le volume, les modalités du commerce, suivre la distribution des produits. Un livre y suffirait à peine. L'essentiel serait moins de chiffrer le trafic (évaluation impossible avec exactitude) que d'en estimer la fréquence et surtout de déterminer la nature des échanges et les points de rencontre entre la mer et le continent.

De la mer, les rivages méditerranéens attendaient d'abord leur subsistance. En première ligne, dès l'Antiquité, les grains, que les navires grecs, athéniens en tête, chargeaient dans les ports du Pont-Euxin ; du maintien de cette ligne de communication, on sait que la survie et la liberté helléniques dépendirent.

A leur tour, les Romains connurent le même impératif. Ils y furent contraints naturellement par l'accroissement démographique de leur Ville ; par la nécessité aussi ; mais non par atavisme. En expliquant les origines du port appelé à devenir le premier dans l'Italie romaine, Ostie, Joël Le Gall constate que, les descendants d'Énée ayant perdu l'humeur voyageuse de leurs ancêtres, la vie maritime est venue les chercher par le Tibre en la personne des Grecs au IVe siècle. Les élèves ont dépassé leurs maîtres et le trafic maritime du blé devint une institution soutenue par l'Afrique. Avec le trafic du blé, celui du vin, décrit par A. Tchernia, animait tous les ports de la côte européenne. Il s'y ajoutait l'huile et le sel, récolté partout où la montagne laisse la place à des marais côtiers. On ne saurait enfin oublier les articles rares, et, comme tels, chers, attendus de l'Orient : « épices » et parfums en particulier. Outre un géographe comme Strabon, l'auteur anonyme au IVe siècle de l'*Expositio totius mundi et gentium* a groupé les éléments d'un catalogue de ce que l'Europe recevait de la Méditerranée. Et pourtant, on n'y connaissait plus l'intense activité d'antan.

L'expansion musulmane, quoi qu'en ait écrit Henri Pirenne, n'a pas modifié grand-chose. Elle n'a pas, autant qu'il l'a pensé, empêché toute « planche » de flotter sur la Méditerranée. La fonction portuaire d'Arles a mérité au IXe siècle une élogieuse description par l'archevêque de Lyon, Théodulfe.

Venise, au début de sa carrière, jouissait d'un rayonnement plus étendu encore qu'Arles. Celle-ci approvisionnait les pays du Rhône, Lyon en particulier. Mais les relations de Venise s'étendaient déjà jusqu'à l'Allemagne du Sud par les vallées alpines comme sur les rives de l'Illyrie. Maurice Lombard a montré que les ports méditerranéens recevaient de l'intérieur la gamme des bois indispensables aux constructions navales, ainsi que des métaux, ferreux ou non, et des tissus de laine et de lin échangés en Orient contre des soieries. L'interdépendance du continent et de la mer posa de bonne heure les conditions d'un développement prometteur.

Ce développement des échanges méditerranéens dans le cadre de l'Europe n'attendit pas la fin du XIIIe siècle pour déborder les limites de la Méditerranée. Ce fut même une nécessité politique, militaire, économique, autant que le fruit d'un rayonnement intellectuel, religieux, et la manifestation d'une curiosité géographique. Lointains, les horizons d'au-delà Alexandrie entouraient d'un halo mystérieux les relations extra-européennes de l'Antiquité. Le miroitement de l'or et des gemmes s'y mêlait aux parfums liturgiques de l'encens. Le monde hellénistique transmit ces survivances, et les cadeaux du calife Haroun al-Rashid à l'empereur franc nourrirent et prolongèrent des rêves.

En fait de rêves, les brumes du Nord ne le cédaient pas aux effluves de la mer Rouge et de l'océan Indien. A vrai dire, les certitudes sont minces. Par les voies terrestres, il arrivait, de temps à autre, à Constantinople, Venise ou Arles une matière organique fossile, sorte de résine, recueillie sur les plages, le succin, commercialisé par des marchands barbares qui l'avaient acheminé depuis les rives de la Baltique par la Pologne, la Bohême et la Styrie. C'était la route continentale de l'ambre, qu'un chevalier romain reçut de Néron mission de reconnaître. L'ambre n'était pas la seule importation reçue par les Méditerranéens à travers l'Europe continentale ; il faut y ajouter le miel et la cire, les fourrures, notamment les castors, et ne pas oublier une traite assez active d'esclaves. Monnaies, céramiques et bronzes de facture romaine attestent ces trafics dans les sites archéologiques de l'Europe centrale.

Hérodote écrivait déjà qu'en plus de l'ambre, l'étain « venait du bout du monde ». La technique de fabrication du bronze à partir de l'alliage du cuivre et de l'étain fit chercher ce dernier dans les sols anciens. Les pays celtiques en recelaient en Galice, en Armorique, dans les deux Cornouailles. Les Romains l'apprirent des Puniques et sur leurs traces allèrent le chercher par la voie de terre, et aussi par la mer jusqu'aux îles Scilly (les Cassitérides) et à la pointe de la Vilaine, justement nommée Penestin. Tel fut, vraisemblablement, avec l'ambre et l'étain, l'objet de la mission confiée, dit-on, par Alexandre à Pythéas de Marseille. Cette exploration reconnut les côtes britanniques et la mer du Nord, peut-être jusqu'à la latitude de Bergen. L'épisode, précoce et sans lendemain immédiat, constituait un précédent. On sait que César fit campagne sur les côtes de l'Armorique contre les Vénètes et franchit la Manche, que Drusus,

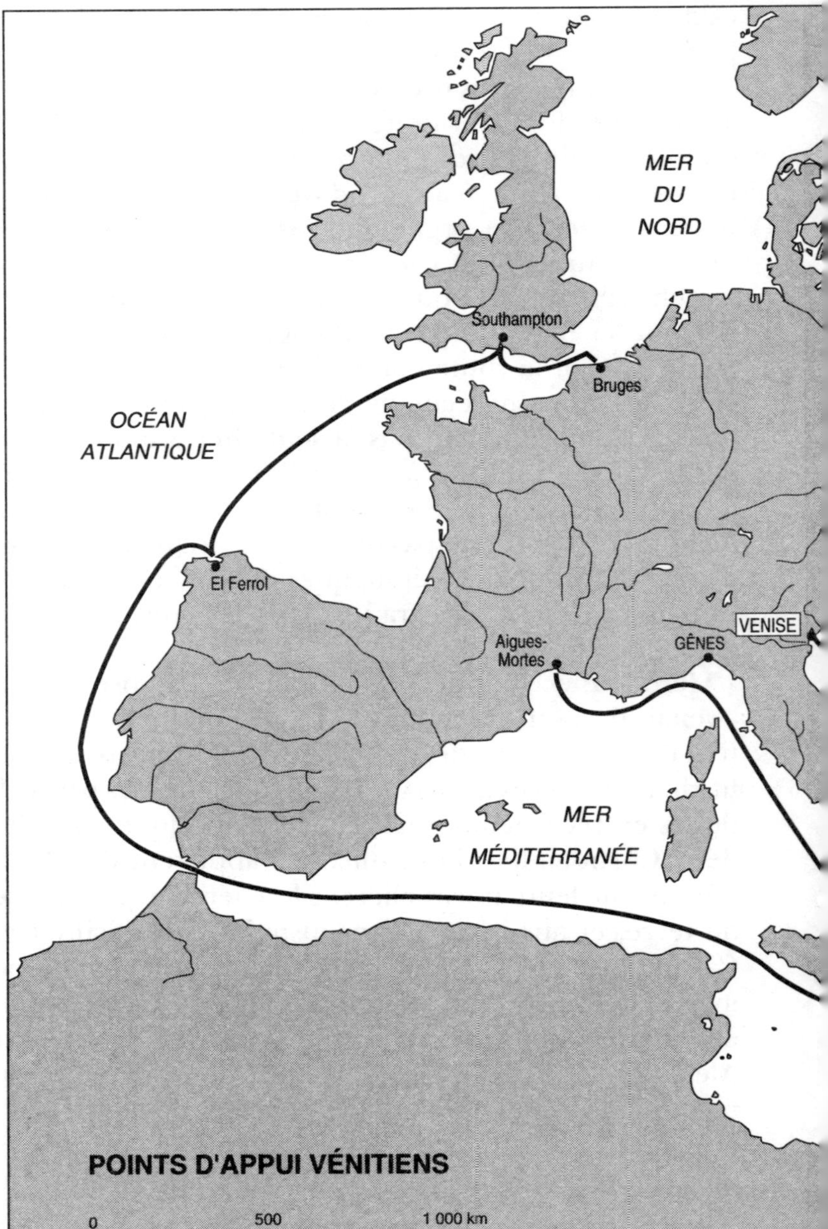
MER
DU
NORD
Southampton
Bruges
OCÉAN
ATLANTIQUE
El Ferrol
VENISE
Aigues-
Mortes
GÊNES
MER
MÉDITERRANÉE
POINTS D'APPUI VÉNITIENS
0
500
1 000 km

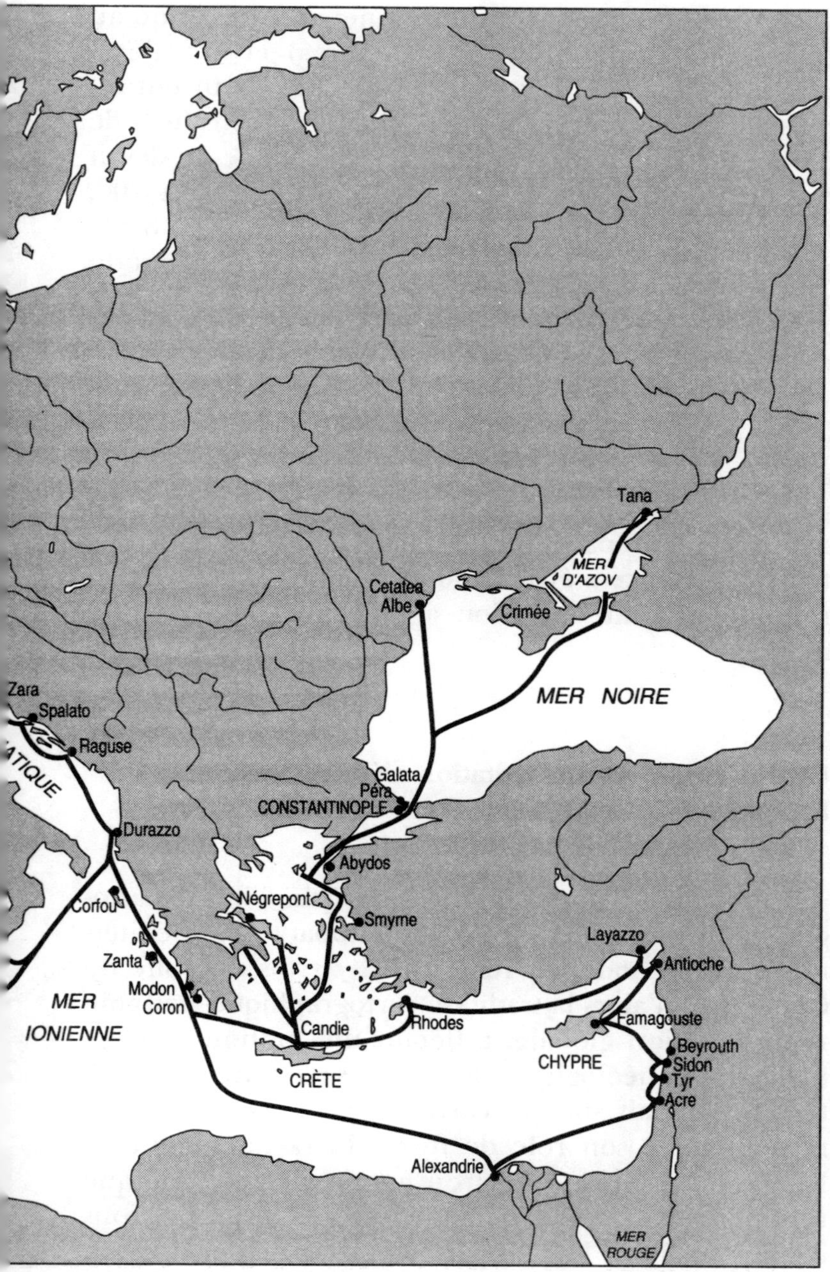

Tana
MER D'AZOV
Cetatea Albe
Crimée
MER NOIRE
Zara
Spalato
Raguse
ATIQUE
Galata
Péra
CONSTANTINOPLE
Durazzo
Abydos
Négrepont
Corfou
Smyrne
Layazzo
Antioche
Zanta
Modon
Coron
MER IONIENNE
Rhodes
Candie
Famagouste
Beyrouth
Sidon
Tyr
Acre
CHYPRE
CRÈTE
Alexandrie
MER ROUGE

vers 4-6 après J.-C., conduisit une escadre jusqu'au Jutland (le promontoire des Cimbres) et que l'Empire entretint une flotte sur la Manche. Ce furent les plus anciennes entreprises des Méditerranéens hors de leurs eaux familières vers le nord. L'exemple ne devait pas être unique, ni l'expérience perdue. Avant 700, l'évêque Arculf revenant d'Orient s'embarqua en Sicile pour l'Angleterre et l'Irlande. Autre jalon : au début du XIIe siècle, l'archevêque de Santiago, Gelmirez, fit venir en Galice un Génois et un Pisan pour construire deux bateaux destinés à la lutte contre les sarrasins.

Cependant, d'une façon coutumière, les Méditerranéens s'en tenaient à leur mer Intérieure et laissaient aux marins de l'Océan et des mers nordiques la tâche de parcourir les leurs. Mais, dès la deuxième moitié du XIIIe siècle, la répartition des tâches entre les deux secteurs commence à évoluer, alors que des initiatives correspondent à une mutation significative de l'image du monde.

Une invention et une invitation méditerranéennes : le portulan

Brusquement, au terme du XIIIe siècle, l'image cartographique change et l'innovation apparaît en Méditerranée occidentale, en Italie, sur les rives du golfe de Gênes. Jusqu'alors la tradition cartographique était une représentation globale, reflétant une notion conceptuelle, voire théologique, de l'univers terrestre. La Méditerranée tenait sur ces cartes la place centrale, correspondant à son rôle de foyer du rayonnement de l'Évangile. L'Europe se trouvait privilégiée, quoique représentée assez gauchement avec des disproportions invraisemblables. La plus parfaite de ces mappemondes, datée des environs de 1240, était conservée en Allemagne, à Ebstorf, avant sa destruction par un bombardement aérien ; il en existe heureusement d'excellentes reproductions. Le cartographe avait, de son mieux, tenté de concilier le schéma traditionnel avec le souci de la curiosité et la fidélité au détail concret. Les différentes parties de l'Europe sont à leur place approximative mais les formes en sont fantaisistes.

Tout changea en un demi-siècle. La célèbre Carte pisane, conservée à la Bibliothèque nationale de Paris, est construite sur un schéma complètement différent. Elle fut l'œuvre d'un cartographe génois vers 1296-1300, mais sa qualification vient de ce qu'elle fut achetée par une vieille famille de Pise. Dessinée à la plume sur une peau de vélin, elle représente, malgré son mauvais état de conservation, le bassin méditerranéen de la mer Noire à l'Atlantique et l'Europe occidentale. Son originalité tient au mode de sa construction. Elle repose sur une connaissance précise des rivages. Les Méditerranéens l'avaient acquise grâce à la détermination de la situation des ports. Pour cela, ils disposaient des résultats de calculs obtenus par la science arabo-judéo-chrétienne, mis au point depuis le XIIe siècle, particulièrement au XIIIe siècle dans les *Tables Alphonsines*, du nom du roi de Castille Alphonse X le « Savant ». En outre, l'usage de l'aiguille aimantée, attesté au XIIe siècle, fut diffusé au XIIIe, à la faveur de l'invention (prêtée à Gioia d'Amalfi) de la petite boîte (*bossola*) destinée à la contenir ; ainsi la boussole permit de préciser et vérifier la position des ports. Justement, les navigateurs italiens usèrent couramment de livres indiquant la situation et la description des ports et pour cette raison appelés *portolani*, c'est-à-dire livres-portulans. Ces renseignements furent représentés graphiquement sur des cartes-portulans, ou plus simplement portulans.

La technique inventée, semble-t-il, dans les milieux

maritimes italiens consistait à inscrire en rouge et en noir selon leur importance les noms des ports, en tenant compte de leurs distances réellement connues, sur un canevas de lignes disposées en étoiles suivant les directions des vents et des points cardinaux, dans des circonférences tangentes entre elles et divisées en aires de vents.

Telle qu'elle est, la Pisane témoigne de l'avance méditerranéenne. Sa date correspond, à quelques années près, aux premiers convois génois et vénitiens en Flandre. Cette « première » cartographique est donc contemporaine de la « première » nautique. Les indications qu'elle contient sont symptomatiques. Elles proviennent, sans doute aucun, d'informations vécues, exactes pour la Méditerranée, encore peu nombreuses de Gibraltar à Bruges, et floues pour le littoral méridional anglais, à peine reconnaissable. Peu importe, un pas en avant était franchi.

Le progrès de la technique cartographique était porteur de possibilités alors insoupçonnées, mais réelles. Certes, le portulan ne comporte ni système de projection, ni coordonnées géographiques. Mais la Pisane est orientée vers le nord magnétique, et, du premier coup semble-t-il, l'extension de la Méditerranée en longitude est rectifiée, à 1 degré près de sa vraie dimension. Surtout, le gage d'avenir était que le système des roses des vents, inscrit dans un ensemble de cercles tangents (deux pour les deux secteurs de la Méditerranée), se prête à une possibilité indéfinie de représentations de proche en proche.

Concluons. Les marins méditerranéens ont donné d'abord un exemple, ensuite proposé la rencontre avec leurs confrères du Nord ; enfin, le cadeau d'une nouvelle technique cartographique extensible à la terre entière peut paraître une prémonition de la maîtrise européenne de l'univers marin.

CHAPITRE III

L'Océan entre en scène

(XIe-XIVe siècle)

Un lent lever de rideau

La « brume obscure de l'Océan glacé où l'œil pouvait à peine percevoir quelque chose » : cette évocation par Adam de Brême au XIe siècle introduit le récit d'une navigation sur l'Atlantique Nord. Cultivé (il était chanoine), l'auteur mêlait le souvenir des ténèbres et du vent qui régnaient sur les eaux primitives (Genèse 1,2) aux réminiscences virgiliennes de l'*Énéide.* Mais cet homme fut un des rares voyageurs informés et crédibles de son temps ; son histoire des archevêques de sa ville se présente comme une Geste de leurs efforts apostoliques auprès des peuples nordiques. A ce moment, Venise, héritière de Byzance, de Rome et de la Grèce, inaugurait son expansion en concurrençant Gênes et Amalfi. Un décalage dans leurs rapports avec l'Europe continentale continuait à opposer la Méditerranée et les mers du Nord, la lumière des latitudes subtropicales aux brumes subarctiques.

Celles-ci se sont dissipées lentement. Les flots successifs des peuples venus de l'est ont, jusqu'au XIe siècle, contribué à obscurcir les horizons d'un monde inquiétant. Légendes et mythes allaient survivre jusqu'aux Grandes Découvertes et même dans les rêves du romantisme. C'est à croire que l'Europe n'a d'abord touché l'Océan que du bout des doigts : discrétion plus apparente que réelle d'une main touchant le Sud d'un côté, de l'autre effleurant le Nord, appliquant sa paume sur les rivages de l'Ouest.

Au temps d'Adam de Brême, les mystères n'étaient plus aussi épais qu'aux siècles antérieurs ou, du moins, ce qu'ils voilaient se décantait progressivement. Quelques voies parcouraient l'Océan. Où menaient-elles ? Qui les fréquentait ? Qui unissaient-elles et qui opposaient-elles ? L'univers atlantique a présenté successivement et cumulativement un espace de rêve, un champ d'affrontements, un domaine ouvert au profit et à la puissance. A travers ces étapes, l'Europe a pris conscience et possession de ses mers nordiques.

Un espace de rêve

Au commencement était le rêve. Mais, pour les contemporains des origines, ce qui par la suite fut reconnu rêve pouvait apparaître comme une réalité. Dans les représentations matérielles, humaines et mentales de l'imaginaire médiéval des mondes nordiques, la mer tient une place notable. Les références maritimes des mythologies celte, scandinave et germanique reflètent une intimité avec la mer, qui ne le cédait pas, en la matière, à leurs homologues méditerranéennes, avec une note plus rude peut-être. Ainsi, chez les Scandinaves, Njord, le dieu de la mer, n'aime pas le hurlement des loups dans la montagne ; mais sa femme, Skathi, géante des collines, ne supporte pas le cri des oiseaux marins et ne peut pas dormir sur l'eau ; il en résulta la rupture du ménage. Trouverait-on meilleur témoignage des conflits internes d'une société où les répugnances instinctives pour les dangers de la mer le disputent à l'attrait de l'aventure ? Une autre légende, cette fois dans l'*Edda*, évoque l'origine de la vie chez le géant Ymir ; la terre est son corps ; mais son sang est la mer ; cependant, enfant, Ymir a été nourri par la vache Audumla. Au passage de la terre parcimonieuse à la mer prometteuse répondait le retour au sol générateur, symbolisé en des cérémonies traditionnelles à l'île de Man et aux Shetland. Ici, pendant la douzième nuit de chaque année, on brûle solennellement un bateau viking. De telles survivances prouvent l'enracinement de certaines notions plus profondément que leur résurgence mondaine aux XIXe et XXe siècles chez des écrivains, des artistes et des hommes politiques, en quête des ressorts profonds de l'âme germanique. En 1799, l'université de Copenhague mit au concours le thème des avantages de la mythologie scandinave sur celle des classiques. La nostalgie sentimentale du passé remit en honneur la légende d'Ossian.

La vogue des traditions germaniques et scandinaves supplanta longtemps le souvenir du folklore celtique, dont la personnalité est vigoureuse, sur le plan maritime au moins.

L'exemple le plus célèbre est la légende de saint Brandan. L'ermite irlandais aurait, dès le VIe siècle, erré sur l'Océan d'île en île, pendant trois mois selon les uns, sept ans selon les autres, avec dix-sept marins sur un bateau de forme circulaire, fait de peaux tendues sur une armature de bois léger, sans gouvernail. Au cours de leur recherche de l'île du Bonheur, ils auraient connu des aventures extraordinaires, tel l'échouage, le matin de Pâques, sur le dos d'une baleine prise pour une île, et qui se mit à bouger pendant la célébration de la messe. La légende, enrichie d'une époque à l'autre, persistait à l'époque des Découvertes, au point de s'exprimer jusque dans la cartographie du Turc Piri Re'is, inspirée

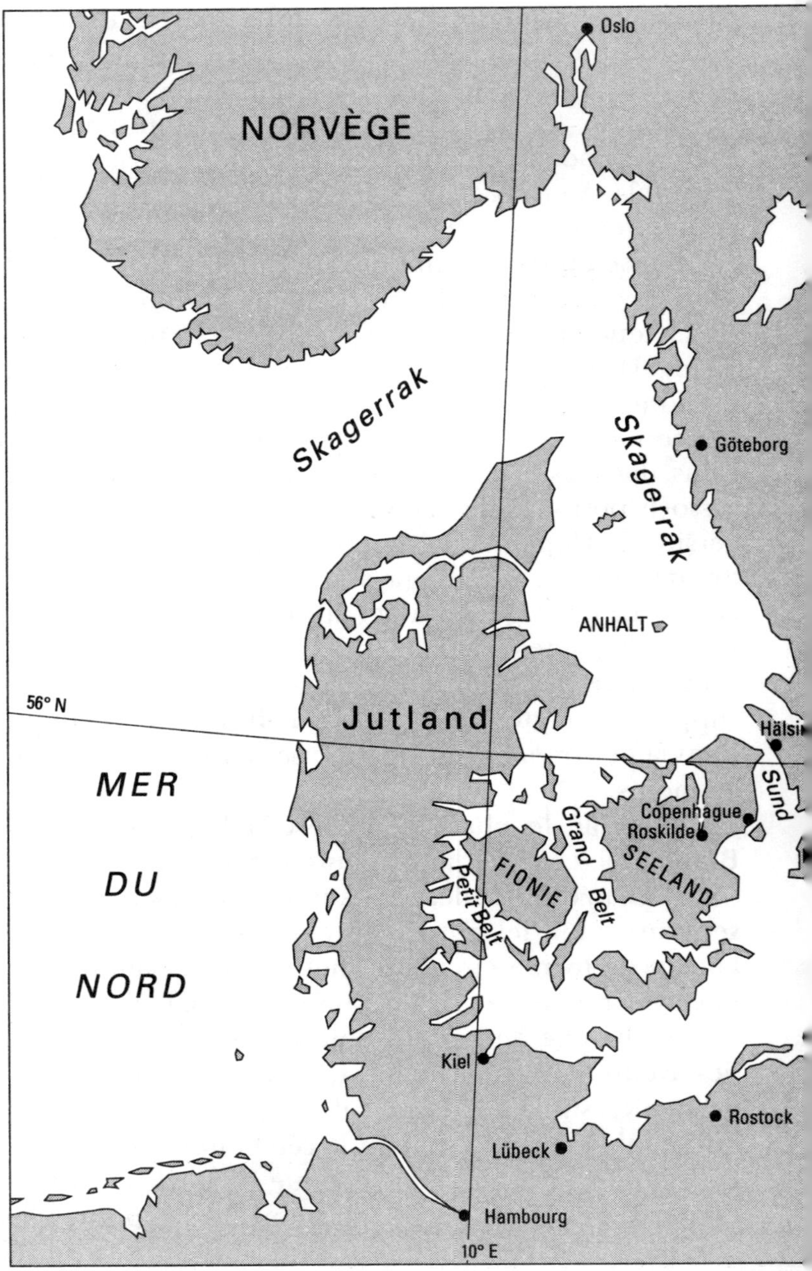
Oslo
NORVÈGE
Skagerrak
Skagerrak
Göteborg
ANHALT
56° N
Jutland
Hälsi
MER
DU
NORD
Sund
Copenhague
Roskilde
Grand Belt
SEELAND
FIONIE
Petit Belt
Kiel
Rostock
Lübeck
Hambourg
10° E

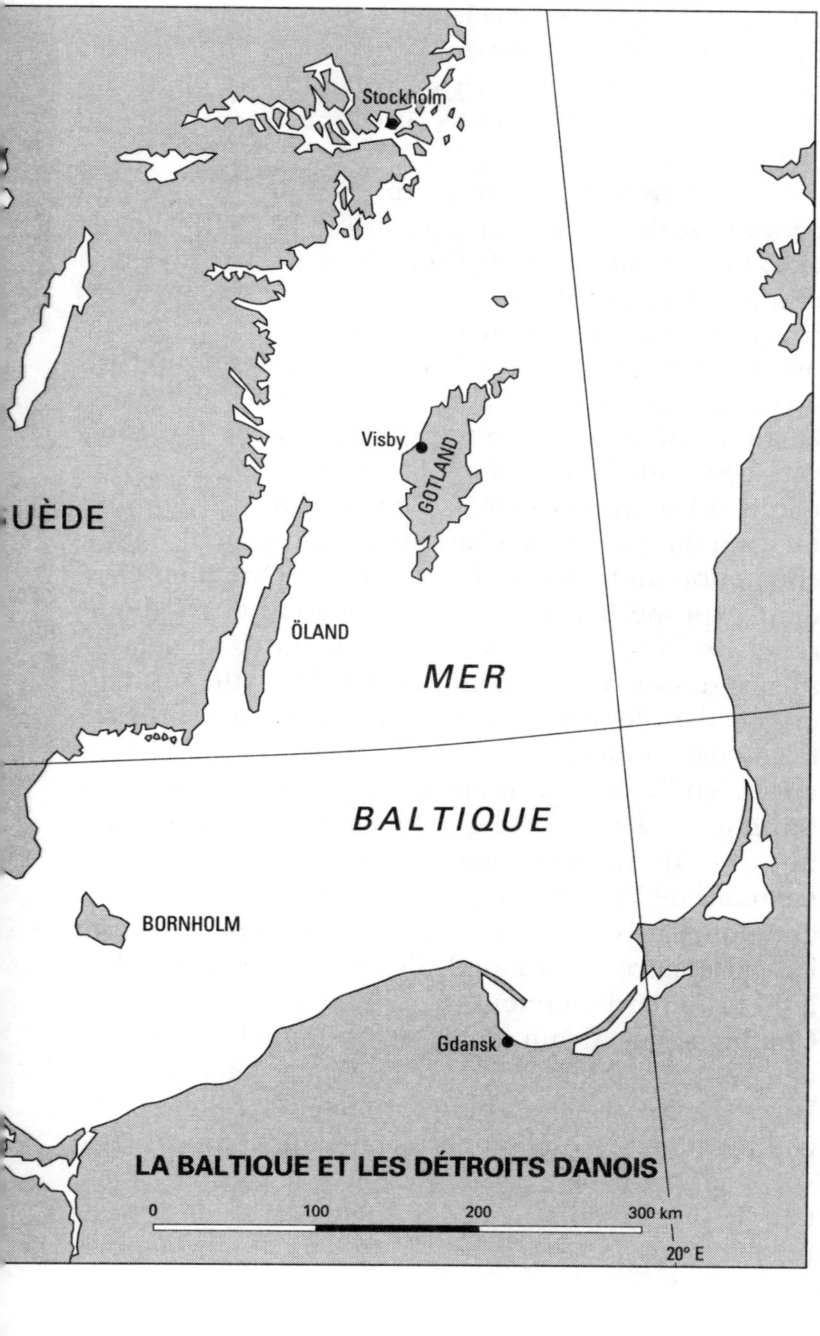
Stockholm
Visby
GOTLAND
UÈDE
ÖLAND
MER
BALTIQUE
BORNHOLM
Gdansk
LA BALTIQUE ET LES DÉTROITS DANOIS
0
100
200
300 km
20° E

d'un modèle génois. Les éléments d'une tradition maritime européenne étaient ainsi amalgamés : une embarcation primitive, une navigation hasardeuse, la quête d'un monde idéal et nouveau – une trame païenne christianisée.

Au fond résidait le mythe universel de l'île, « grand personnage de l'imaginaire humain » (J. Le Goff) : monde clos, mystérieux, où la fiction engendre la projection d'une facilité idéale. Le concept d'île correspond à des rivages lointains, extérieurs à l'œkoumène (*extra orbem*), mondes nouveaux (*alterae orbes*), au-delà des brouillards de la mer immense. Au cours de son premier millénaire, la chrétienté occidentale transposa des rives d'Anatolie vers celles du Grand Nord la caverne des Sept Dormants d'Éphèse, vieillards dont les corps et les vêtements n'ont pas, depuis un temps immémorial, subi la corruption du tombeau. Ce transfert d'Orient en Occident exprime le mythe d'une hibernation nordique, reflet de l'éternité ; ailleurs, et plus tard, au-delà du silence des extrémités péninsulaires, le mythe insulaire projeta dans les îles Fortunées et dans l'« île du Brésil » la nostalgie d'un nouveau paradis terrestre. Patrick Gautier-Dalché fonde sur d'anciens textes anglo-saxons et carolingiens l'hypothèse que l'inconnu des *ultimae fines* fut, dès l'origine, indispensable à la psychologie des habitants de l'Europe. Il a raison sans doute de poser la question, car certains hommes s'interrogeaient déjà sur l'appartenance à leur monde des terres « perdues » dans les « brouillards immenses ». Plus tard, à la cour de Charlemagne, Alcuin, anglo-saxon lui-même, et chrétien, sentait la différence entre l'héritage païen des insulaires du Nord et la culture romano-chrétienne des continentaux : « Quel rapport, écrit-il, peut avoir Ingeld (héros d'une tribu germanique) avec le Christ ? » Pourtant, le plus grand poème des Anglo-Saxons, le *Beowulf*, ne mettait pas de différences entre eux et leurs cousins continentaux, Danois et Saxons. De leur côté, Dicuil et Jean Scot Érigène ne considéraient pas comme hors de leur monde les îles lointaines de l'Occident. Il est vrai que le premier était venu d'Irlande auprès de Charlemagne, qu'ayant voyagé jusqu'aux îles Féroé il mentionne le pays du soleil de minuit, Thulé, et qu'il a laissé un *Livre sur la mesure de l'orbe terrestre.* Quant au second, irlandais aussi, il fit l'éloge de la mer ; loin d'être, à ses yeux, un élément perfide, elle l'attire : « C'est là, dit-il, que la raison peut donner sa pleine mesure. » Cette attitude est exceptionnelle, inspirée, peut-être, par quelque cliché. La tradition celtique, passée par l'Irlande, contaminée par les Anglo-Saxons, a dû exercer quelque influence. Dialoguant avec Alcuin, son précepteur, Pépin, fils de Charlemagne, avoue sa peur et sa curiosité d'aller en mer ; Alcuin le rassure. « Un vaisseau, lui dit-il, est une maison errante, une auberge partout, un voyageur qui ne laisse pas de trace. » Un quart de siècle plus tard, le propos n'eût plus été le même. D'espace de rêve, l'Océan et ses annexes nordiques étaient devenus, au regard des habitants des pays côtiers, un champ d'affrontements répétés. La curiosité cédait à la peur.

Un champ d'affrontements

Même l'agressivité des peuples péjorativement désignés vikings contribua à la personnalité de l'Europe primitive. Pendant plusieurs siècles, leur dialogue avec la mer fut orageux et conflictuel. Le récit de ces scènes de ménage entre moins dans notre propos que la constatation de ce dont ce couple inséparable reste marqué, car finalement l'apport viking à l'image maritime de l'Europe apparaît, à certains égards, réellement positif.

A ce que le sol ingrat de la montagne norvégienne refusait à une population trop nombreuse, la mer apportait compensation par la pêche, et les rêves suscités par les horizons infinis suggéraient des espoirs d'établissements lointains ou, pour le moins, de fructueux butins. La mer engendra l'aventure des îles du Grand Nord, les descentes vers les riches estuaires du continent, le pillage des cités et des monastères, la capture d'esclaves destinés à des marchés lucratifs. Les expéditions vikings doivent être considérées du large et pas seulement des rivages visités.

Certes, les dévastations des VIIIe et IXe siècles ont mis à feu et à sang les côtes occidentales, provoqué les paniques dont les Annales et les Chroniques font état. Pour l'abbé de Saint-Riquier, Hariulf, la mer est l'antichambre de l'enfer, sinon l'enfer lui-même. « La mer, écrit-il, vomit sur ses rivages les monstres qu'elle a nourris de ses poissons... Les Danois, ces barbares, du milieu de leurs mâts élevés, nous représentent les bêtes fauves dans les forêts. » Devant eux, les habitants fuient vers l'intérieur, les moines, tels ceux de Noirmoutier, transfèrent d'étape en étape les reliques de leurs saints, qui sont leur trésor et leurs égides. *A furore Normannorum, libera nos, Domine,* chantent alors les litanies. La législation carolingienne organise trois « marches » défensives entre l'Escaut et l'Armorique ; mais les efforts sont vains. Le littoral, déjà peu peuplé, est déserté même par les ermites, et, au XIIe siècle encore, le poète Wace, lui-même normand de la jeune « Normandie », déplore que « n'osoit nul homme demourer es rivages ». On dirait qu'autour de l'An Mil l'Europe continentale se détourne de la mer. Était-ce général ? Était-ce définitif ?

Tandis qu'en France les ancêtres des Capétiens défendaient le sol à défaut d'action sur mer, le roi anglais Alfred, dit le Grand à juste raison (871-899), fit sur terre la part du feu en abandonnant, provisoirement, les régions du Nord à la « loi des Danois » (le *Danelaw*), mais la construction d'une flotte lui permit de leur interdire l'accès des côtes du Sud-Ouest, en attendant que ses successeurs réalisent un royaume binational, anglo-saxon et scandinave.

On se demande s'il n'est pas aussi excessif de prendre au pied de la lettre les gémissements, légitimes cependant, des victimes des razzias et des pirateries vikings que de célébrer sans réserve les exploits des « rois de la mer ». Chacun sait que les sagas sont des textes littéraires, rédigés plusieurs générations après les événements par des auteurs qui ont « brodé » sur un thème réel. Il n'est donc pas paradoxal de concéder aux Vikings un rôle stimulant dans l'histoire maritime de l'Europe naissante. Stimulation négative : contre eux, l'Angleterre a connu sa première réaction défensive sur le plan naval, et à la génération suivante les Bretons du comte Alain Barbetorte rejetèrent à la mer les Scandinaves qui avaient conquis Nantes. C'est aussi l'insuffisance de leur nombre qui empêcha les Vikings de fonder plusieurs « Normandies ». En revanche, leur installation en Neustrie fut un stimulant positif, car leur dynamisme savait choisir les sites d'estuaire ; sur la Seine ils réussirent mieux que sur la Loire. Cette perspicacité jointe à l'esprit d'entreprise, à l'endurance, à la pratique consommée de la construction navale et de la navigation, leur permit de supplanter leurs prédécesseurs et concurrents dans leurs activités et avec leurs méthodes. Au butin de la piraterie le Viking ajoutait les bénéfices du commerce. Les mers du Nord-Ouest et du Nord européens retrouvèrent leur vocation de domaine du profit et de la puissance qu'elles n'avaient d'ailleurs jamais oubliée.

Un domaine offert au profit

Les Scandinaves, comme leurs prédécesseurs anglo-saxons et celtes, ne négligèrent pas les profits des trafics dont le Nord était capable : étain, ambre, pierres, bois, sel, vin, grains, armes, tissus, fourrures. Mais, en ce domaine, l'exemple le plus caractéristique est celui des Frisons, objet d'une étude importante de Stéphane Lebecq. La Frise, au sens large, couvrait les côtes de la mer du Nord entre le Jutland et l'Escaut. Cette situation valut aux riverains le rôle d'intermédiaires dans les échanges à longue distance, entre la Baltique et la Manche, où les Frisons ne manquèrent pas de pénétrer. De plus, la topographie de leur plaine amphibie ne laissait guère d'autre choix que l'exploitation de la mer ; leur habitat trouvait ses seuls points d'ancrage continental sur des éminences construites par l'homme, les *terpen.* A l'entour, ils tiraient de l'eau de mer le sel nécessaire à leur survie, à celle de leurs bêtes et à la conservation du poisson, autre ressource demandée à la mer. Les fleuves, tel le Rhin, au cours encore incertain, ouvraient les marchés intérieurs de l'Europe à une batellerie assez développée. Ainsi les Frisons sont représentatifs de la relation de l'Europe avec la mer sur un champ élargi en toutes directions. Marchands avant tout et moins belliqueux que les Vikings dont ils eurent à souffrir, les Frisons acquirent une prépondérance dont l'apogée, au IXe siècle, profita aux peuples du vaste arrière-pays carolingien.

Au confluent du Lek et du Rhin « tortueux » (de nos jours), l'archéologie a trouvé les vestiges du principal port frison, Dorestad (aujourd'hui Wijk-Bij, Duurstede), et, sur près d'un kilomètre, des appontements sur pilotis, perpendiculaires au fleuve, où venaient s'amarrer les bâtiments. Céramiques et monnaies dégagées au cours des fouilles confirment les témoignages textuels d'un rayonnement économique qui fit de Dorestad l'ancêtre de Rotterdam.

Sur une carte, les relations frisonnes s'inscrivent sur les mêmes itinéraires que les scandinaves, d'un côté vers l'Angleterre et de l'autre vers la Baltique par le Jutland. Les destinations étaient : Londres, où Bède rencontra en 678 un trafiquant d'esclaves, premier marchand frison de l'histoire ; York, où Alcuin prit passage en 780 pour Dorestad ; Hamwich (aujourd'hui Southampton), d'où la traversée de la Manche rejoignait dans l'estuaire de la Seine l'itinéraire côtier venu du nord. Le parcours vers l'est suivait le littoral saxon par Heligoland jusqu'au Jutland ; de là, pour gagner la Baltique, le choix s'offrait entre deux passages ; l'un coupait l'isthme danois, non loin de l'actuel canal de Kiel, en suivant le cours de la Treene, puis, ayant rompu charge, une route terrestre de 18 kilomètres débouchant sur la rade de Haithabu ; l'autre passage, plus au nord, coupait le Jutland à Riba, pour atteindre l'archipel danois. A peu près seule, la route norvégienne venue du Grand Nord arctique descendait par les détroits danois. Mais presque tout le trafic débouchant en Baltique convergeait à Haithabu.

Sous contrôle frison au VIIIe siècle, ensuite danois, le carrefour de Haithabu « dispatchait », par l'île de Rügen, le trafic entre les côtes polonaises et suédoises à travers l'archipel danois et par les îles d'Öland et de Gotland, celle-ci à la veille de son essor. Les convois frisons achevaient leur voyage à Birka d'abord, puis à Sigtuna un peu plus au nord, dès la fin du Xe siècle. Dans leurs comptoirs lointains, sur les rives de la Baltique comme dans les ports anglais, les Frisons, comme leurs émules scandinaves et slaves, constituaient des colonies. La vie de saint Anschaire cite l'exemple fort curieux de la dame Frideburg, une riche chrétienne de Birka qui, au milieu du IXe siècle, mande à sa fille Carla, avant sa mort, de distribuer des aumônes aux pauvres de Dorestad où, dit-elle, ils sont nombreux alors qu'il n'y en a pas à Birka. A tort ou à raison, un rapprochement vient à l'esprit entre ces colonies marchandes germaniques du lac Mälar et leurs homologues italiennes de Crimée et de la mer d'Azov, quelques siècles plus tard.

Cette analogie, compte tenu de l'écart chronologique et toutes proportions gardées, connaît au moins un fondement dans les prolongements des trafics à travers l'épaisseur russe. Au XIe siècle, la liaison entre les ports du lac Mälar et Novgorod par le lac Ladoga demandait deux semaines; ensuite par les fleuves on rejoignait la mer Noire. De même que les marchands italiens établissaient la liaison entre la mer Noire et la Russie profonde, leurs comptoirs de la mer d'Azov et de Tana s'ouvrirent aux perspectives asiatiques. Les voyageurs de langue arabe, Ya'qub par exemple décrivant Haithabu au Xe siècle, attestent ces prolongements orientaux, et l'archéologie en acquiert des preuves dans les trouvailles monétaires des bords de la Baltique. L'Europe du Nord n'était donc pas en reste avec celle du Midi pour son ouverture à la vie maritime, même si la zone arctique demeurait mystérieuse.

Une occasion de puissance

Le commerce nordique ne pouvait prospérer qu'avec la faveur des princes territoriaux. Ce fut le cas pour la Frise, dépendant des royaumes anglo-saxons et des seigneuries ecclésiastiques germaniques, pour le royaume danois et pour les principautés slaves de la Baltique. Cela étant, la source de puissance offerte par le contrôle de la mer n'échappa pas aux pouvoirs politiques. Cette puissance avait diverses formes : la richesse tirée du commerce et de la fiscalité qui le taxait, la possession des rivages et de leurs ressources, la domination de la mer. On serait tenté de dire que certains potentats nordiques du VIIIe au XIIe siècle conçurent le *sea power* en termes presque modernes.

Pourtant, les seigneurs riverains de la mer n'eurent pas une aussi claire notion de l'importance de leurs prérogatives et de leurs intérêts côtiers avant la fin du Moyen Age.

On relève précocement chez quelques souverains une ambition maritime. Vigoureuse avec les Anglo-Saxons, chez un Alfred le Grand, elle fut éphémère dans les expéditions norvégiennes et les ambitions danoises. Les premières, encore autour de 1100, cherchaient à étendre une emprise authentiquement viking sur les archipels environnant la grande île Britannique, les Hébrides, les Orcades, l'Irlande, l'île de Man et le pays de Galles ; les descendants d'Harold aux Beaux Cheveux ne purent pas renouveler ses succès. La réalisation danoise de Knut le Grand eut une tout autre portée : son empire engloba la majeure partie de la Norvège, le Sud de la Suède et toute l'Angleterre, et s'étendit de la Baltique à la mer d'Irlande. Centré sur la mer du Nord et les détroits danois, appuyé sur une force navale organisée, l'empire de Knut fut un type d'État maritime, mais il ne survécut pas aux forces centrifuges nées de son extension même.

Pourtant, même affaiblie, la puissance danoise conserva son prestige et un potentiel naval non négligeable ; cela lui permit encore à la fin du XIIe siècle d'imposer sa loi aux pirates et de dominer la Baltique. L'on s'explique, dès lors, que la royauté capétienne, s'éveillant aux affaires de la mer, ait recherché des alliances

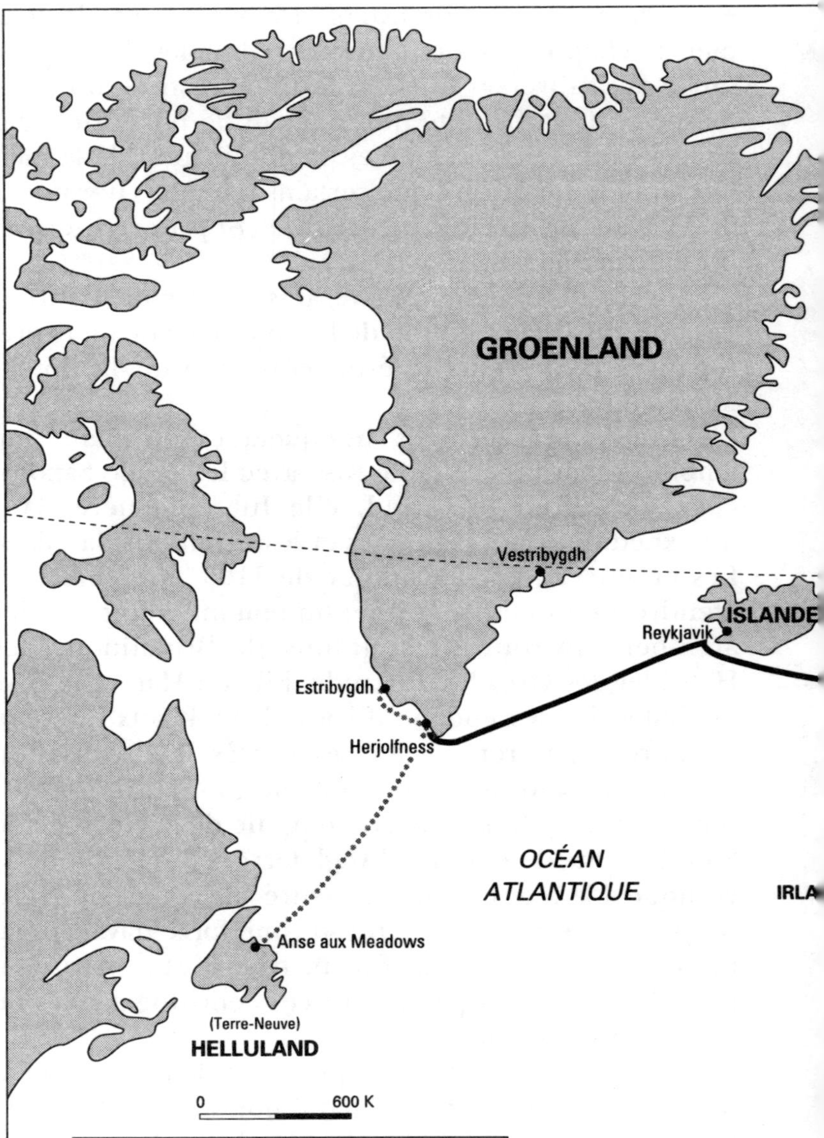
GROENLAND
Vestribygdh
ISLANDE
Reykjavik
Estribygdh
Herjolfness
OCÉAN
ATLANTIQUE
IRLA
Anse aux Meadows
(Terre-Neuve)
HELLULAND
0
600 K
Voies maritimes attestées
Voies maritimes possibles
Prolongements terrestres des voies maritimes
Extension des navigations scandinaves

MERS ET NAVIGATIONS NORDIQUES (Xe-XIIe SIÈCLE)

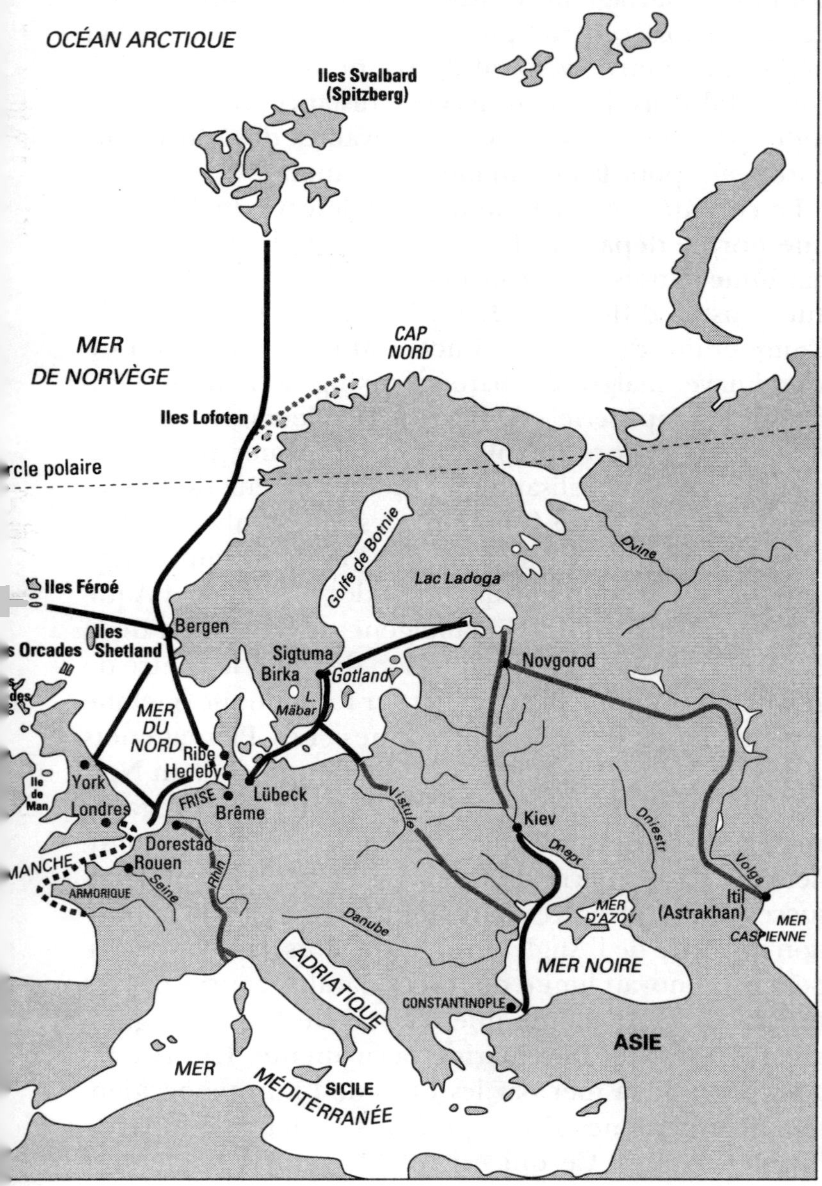

nordiques contre ses adversaires anglais : une première fois contre Jean sans Terre quand Philippe Auguste contracta mariage avec Ingeburge de Danemark, une deuxième fois, cent ans plus tard, lorsque Philippe le Bel négocia le concours naval du roi de Norvège en 1295 contre Édouard Ier. A un siècle de distance, ces deux épisodes jalonnent l'extension des rivalités des souverains européens pour la domination de la mer.

La conquête normande de l'Angleterre en 1066 eut une portée dépassant la liquidation de la domination maritime danoise ; à terme elle devait en engendrer une autre, assez différente. L'expédition de Guillaume le Conquérant, de l'avis de Lucien Musset, n'eut rien de scandinave, malgré l'apparence viking de la flotte figurée sur la « tapisserie » de Bayeux. D'ailleurs, son objectif n'était pas encore l'exploitation de la mer pour elle-même, mais son utilisation à l'union de deux domaines continentaux. Cette fonction, destinée d'abord à lier l'Angleterre à la Normandie qui l'avait conquise, prit une tout autre ampleur quand la dot d'Aliénor d'Aquitaine apporta à Henri II Plantagenêt le Sud-Ouest de la France. Yves Renouard avait raison de situer le centre de gravité du royaume Plantagenêt sur l'Atlantique quelque part au large des côtes bretonnes. Les Plantagenêts venus du Maine, comme le Conquérant né, lui, en Normandie, persistèrent cependant à porter leurs regards au-delà et par-dessus la mer avant que les déboires continentaux de la guerre de Cent Ans eussent amené leurs successeurs à prendre clairement conscience de la position insulaire de l'Angleterre. Jusqu'alors, la « Navy » disposa d'un noyau limité de forces navales, fourni par les *Cinque Ports*, de même que les rois de France organisaient lentement une marine permanente. La prise de possession de la mer par les États de l'Europe occidentale ne commença donc que dans la deuxième partie du Moyen Age. Ce qui est valable pour l'Angleterre

Plantagenêt et la France capétienne l'est aussi pour les royaumes ibériques et la Bretagne. Celle-ci perçut assez rapidement les avantages de sa situation péninsulaire et ses ducs ne tardèrent pas, comme l'a montré J. Kerhervé, à tirer parti de la mer sur les plans politique, militaire, commercial et fiscal.

La Hanse

Le Nord européen, de son côté, avait connu, dès le milieu du XIIe siècle, le début d'une hégémonie dont la mer était la base principale. La fondation de Lübeck en 1158-1159 et les associations de marchands, et bientôt de villes, préludèrent à la domination de la Hanse sur la mer du Nord et la Baltique, puis à l'expansion de son commerce jusqu'en Europe méridionale. Le terme de thalassocratie paraît s'appliquer ici. La Hanse, dont Philippe Dollinger a présenté une brillante synthèse historique, allait progressivement grouper du Zuiderzee au golfe de Finlande près de deux cents villes marchandes dont les plus importantes étaient situées sur la mer, Stralsund, Danzig (Gdansk), Visby, Riga, Hambourg et Brême ; des comptoirs extérieurs servirent de bases aux lignes habituelles du trafic ; parmi eux Bruges, Londres, Bergen et Novgorod furent les piliers de la Hanse. La mer commandait cette répartition, qui n'exclut pas une foule de ports moins importants. On reconnaît l'héritage lointain du commerce frison, en une structure vigoureuse rayonnant jusqu'à la Méditerranée. De la prépondérance commerciale à l'hégémonie politique, l'enchaînement fut logique et les impératifs maritimes déterminants ; on le voit dans les décisions de la Diète et surtout dans celles du Conseil de Lübeck. Cette ville exerçait un rôle pilote. Une organisation, née de l'opportunité des situations, associait souplesse et initiative. Autonomes pour leur gestion, les quatre grands comptoirs étaient à la fois les incitateurs d'actions communes ou locales et les relais de décisions collectives. Un tel empirisme, déroutant pour des esprits latins, fut d'une efficacité redoutable contre les concurrents. La Hanse réprima, ou utilisa, la piraterie (les *Vitalienbrüder*), endémique et parfois encouragée par certains de ses membres. Cependant, à l'usage de la force, utilisée par exemple à Visby contre le Danemark ou contre l'Angleterre, aux frais et aux risques de la guerre, les Hanséates préféraient souvent certaines contraintes économiques ; blocus, fermeture ou transfert temporaires des comptoirs et factoreries, surtaxation des concurrents pouvaient aboutir à des règlements diplomatiques. Grâce à l'usage habilement dosé de ces moyens, les Hanséates s'insinuèrent en Scandinavie, s'implantèrent aux Pays-Bas et en Angleterre, s'imposèrent au Danemark, éliminèrent les Anglais de Bergen, s'ouvrirent la route du pas de Calais vers les salines atlantiques de Bretagne, du Poitou et du Portugal, où ils apportaient leur bois et leurs grains.

La réalisation de cette vaste expansion et son apogée vers la fin du XIVe siècle sont dus à l'esprit d'entreprise des marchands, à l'intrépidité des navigateurs, ainsi qu'au nombre et à la qualité du matériel naval. La mer était source d'une richesse et d'une puissance dont la comparaison s'impose avec celles des grands ports méditerranéens. De leur liaison devait naître la personnalité maritime de l'Europe moderne ; au terme, il est vrai, d'un long parcours.

Une source de connaissances

Le développement de la vie maritime en Europe du Nord fut, cependant, inégal, car les brumes originelles s'y dissipèrent lentement. Très longtemps les légendes et le folklore se sont entremêlés avec les connaissances classiques reçues de l'Europe gréco-latine. Bède le Vénérable écrit de judicieuses observations sur les marées. Alfred le Grand ajoute à sa traduction d'Orose le récit d'un voyage probablement réel, en 890, au-delà du cap Nord. Adam de Brême raconte le drame, apparemment vécu, de navigateurs qui n'avaient échappé aux tempêtes que pour être affrontés à des... cyclopes, de stature parfaitement conforme aux adversaires d'Ulysse. De leur côté, des cartographes osaient localiser sur des mappemondes d'inspiration théologique des lieux quasi infernaux, peuplés de dragons : vrai royaume du péché. Voisine de cette conception, illustrée par un Henri de Mayence, mais bien plus orthodoxe, apparut l'*Image du Monde* d'Honorius en même temps qu'un projet cartographique d'Hugues de Saint-Victor. Nous voici au XIIe siècle, et les connaissances se font plus claires : Saxo Grammaticus précise les notions d'Adam de Brême sur l'incurvation de la côte norvégienne en direction de la mer Blanche, qu'il semble individualiser. Le manuscrit d'une *Histoire de Norvège,* du XIIIe siècle, découvert en Écosse au XIXe, entremêle les théories livresques traditionnelles et des informations concrètes sur les Orcades, les Féroé et l'Islande : cependant, aux Lapons « skiant » sur la glace plus vite que des oiseaux à l'aide de planches de bois lisses sous leurs pieds, se mêlent cyclopes et amazones !

Ces images ont pris, au moins jusqu'au XIVe siècle, le caractère de clichés que la littérature « scientifique » a recueillis. Les *Otia Imperialia* composés par Gervais de Tilbury à l'usage d'Otton IV sont un conservatoire du folklore. Les encyclopédistes du XIIIe siècle, tel Vincent de Beauvais, ont accepté le savoir, fondé ou non fondé, de leur temps, sans négliger, avec Roger Bacon, de le passer au crible de la critique et du primat de l'expérience, ni de l'enrichir d'observations vécues ; par exemple, Barthélemy l'Anglais décrit la « mer tardive ou congelée » en Islande et interprète les «îles de Cristal » de la *Navigation de saint Brandan* comme une évocation de la banquise et des icebergs. Le « merveilleux géographique » fusionne les apports de l'Occident et de l'Orient. Celui-ci jouissait de la prédilection du public qui fit, au XIVe siècle, le succès d'écrivains comme Jean de Mandeville et le franciscain espagnol auteur du *Libro del conoscimiento*, qui ne soufflent mot des navigations dans le Nord.

Un changement, en revanche, vint des contemporains de la seconde moitié du XIVe siècle ; ils commencèrent à manifester pour les côtes de la Baltique et de la Scandinavie un intérêt qui n'était plus seulement livresque et qui transforma l'image en cours chez les Européens. Le développement du commerce de la Hanse y a contribué, ainsi que l'ouverture du Sund à la navigation internationale, et l'essor des pêcheries en mer du Nord et en Scanie. Mais, au-delà des explications économiques, les relations humaines, sur les plans intellectuel, religieux et social, ont été décisives. Les visiteurs venus des pays du Nord et de l'Est en Occident furent nombreux désormais : étudiants suédois, norvégiens et danois dans les jeunes universités allemandes ou dans les collèges fondés pour eux auprès des facultés italiennes et françaises, tel Skara à Paris ; collecteurs et nonces pontificaux ; évêques venant *ad limina sancti Petri* ; représentants des Églises scandinaves aux conciles de l'époque du Schisme ; en sens inverse, des chevaliers, en quête de prouesses, s'engageaient dans la « croisade de Prusse ». Tout ce monde rapporta un ensemble exceptionnel d'informations pour un public friand d'aventures.

La critique fait la part des erreurs d'observation et des exagérations tantôt vantardes et laudatives des croisés de Prusse, tantôt optimistes de « touristes » vaniteux, tantôt dépréciatives chez les déçus. Certains eurent le mérite d'un effort d'objectivité. La cartographie en a tiré profit; Giovanni da Carignano représente correctement la Baltique, ainsi que les côtes norvégiennes, et, pour meubler les vides, dessine des ours blancs. Ses successeurs sont plus précis, notamment ceux qui apportèrent aux pères du Concile de Florence des renseignements sur l'Église d'Islande. Une littérature fleurit autour des voyages nordiques. Auprès de Gaston Phœbus et de Jacques de Lalaing, le plus prolixe est Philippe de Mézières. Vétéran de la croisade d'Orient, replié sur celle de Prusse, il a, dans le *Songe d'un vieil pèlerin*, étayé des réflexions édifiantes sur des connaissances remarquables aux points de vue géographique et nautique. Dans les mers nordiques, cet habitué de la Méditerranée paraît désemparé. Pour deux naufrages survenant dans la mer Intérieure, on en compte, selon lui, quarante au « pays des Teutons », qu'il estime « très arriérés dans leur métier ». Dans les mers nordiques, précise-t-il, il faut naviguer à la sonde, sans boussole; on ne voyait qu'« une côte basse et des montagnes dans la brume », non sans « anxiété de moelles »; pour s'y retrouver, il recourut à un vieux pilote, Jean, comparé à l'homme juste évitant le péché. De cent marins partis vers le Grand Nord, à peine en revient-il le tiers. D'après Mézières, il faut trois ans avant de revenir de Norvège et « en chemin on trouve merveilles, fantômes et diableries ». De son côté, Antoine de La Salle, autre héros des croisades nordiques, a noté l'extension saisonnière de la banquise « épaisse de quarante coudées, étendue de quarante lieues en mer, et qui ne fond qu'en juin ». Au cours de cette prise de conscience du bornage arctique, l'humaniste Aeneas Sylvius Piccolomini – futur pape Pie II – eut une vision assez exacte de la Baltique et rectifia l'opinion des Anciens ignorants de son unique liaison, occidentale, avec l'Océan. L'Église romaine communiquait avec ses antennes nordiques : l'Islande depuis le XIIe siècle et le Groenland jusqu'à la catastrophe qui, au XVe siècle, ensevelit les corps de son évêque et de ses ouailles, retrouvés, gelés, au XXe siècle. Enfin, sur un autre front, au nord-est, un ambassadeur impérial, Sigismond de Herberstein, allait bientôt, en 1512-1526, atteindre la mer Blanche, vers l'estuaire de la Dvina.

Originalité des mers nordiques

Dans un cadre allongé du nord de la Baltique à la côte portugaise et tourné à l'ouest vers l'infini, l'Europe du Nord et du Nord-Ouest affirmait l'originalité de son identité maritime. Les marées stupéfiaient les Méditerranéens. Malgré des différences notables d'amplitude, par exemple, entre les côtes de l'île de Wight où elles sont maximales et les minima observés dans les golfes de Botnie, leur alternance diurne détermine des conditions de navigation et des rythmes de vie sociale ignorés des Méditerranéens.

L'Europe du Nord et du Nord-Ouest fournissait à la construction navale, avec une abondance inconnue sur les rives méditerranéennes, des bois de chêne pour les carènes, les pins scandinaves propres à la mâture, la poix, leur succédané nécessaire au calfatage, le chanvre et le lin pour la voilure et la corderie.

Le développement de l'archéologie navale et l'étude

des documents figurés, comme les stèles de Gotland du VIIIe siècle et la « tapisserie » de Bayeux du XIe, permettent une approche technique. Sans méconnaître les types celtique et anglo-saxon, antérieurs aux navires vikings, ceux-ci ont, par l'effet des invasions, contribué à répandre des modèles adaptés à des missions militaires ou commerciales. Le prototype monoxyle à fond plat, étudié par Éric Rieth, était un bâtiment long, construit à clin, dont les bordés se chevauchent, longtemps amphidrome, propulsé à rames et à voiles, avec un gréement carré, gouverné par deux rames latérales; ensuite, on usa d'un navire plus creux, au bordage plus élevé, plus apte aux transports. Cette filiation donna naissance à la kogge, puis à la houlque, adaptées, écrit Jacques Bernard, aux grosses cargaisons d'une économie conquérante, sans éliminer les petits caboteurs locaux. Dès la fin du XIIIe siècle, l'Europe océanique était équipée pour faire face à la concurrence méditerranéenne. Aux aspects techniques s'ajoutent les composantes d'une culture maritime propre à l'Europe du Nord et du Nord-Ouest. La mer est, si l'on peut dire, le lieu géométrique opposant ou rapprochant des populations ethniquement différentes, mais analogues par les conditions de leur existence. La vie des pêcheurs de la mer du Nord en est un exemple; le cas de la Baltique aussi : Germains, Slaves, Scandinaves, Finnois y baignent simultanément les pieds; leurs représentants cohabitaient à Visby, pourtant fort troublée au XIVe siècle. La mer fut toujours un lien, parfois un facteur d'unité, même à longue distance. Dans la christianisation des pays celtiques et scandinaves, le rôle vecteur de la mer, souvent, a été oublié; ainsi la Norvège, à partir de Bergen, a porté l'Évangile « jusqu'aux extrémités du monde » alors récemment découvert, c'est-à-dire l'Islande et le Groenland.

D'autres signes, d'ailleurs, attestent la parenté des

peuples maritimes du Nord, dans le cadre matériel de leur vie courante, leurs villes, leurs maisons. De même, les sociétés de marins partagent certains rythmes de vie professionnelle, familiale et sociale, par exemple la sortie et le retour des navires au port au rythme de la marée comme au gré du vent, à Bergen comme à Dieppe, à Penmarc'h, à Pasajes, etc. ; le calendrier des mariages et des naissances est réglé sur celui des campagnes en mer ; la liturgie des péris en mer suit les caprices des tempêtes. De façon aussi convaincante du partage des mêmes problèmes, les gens de mer usent de coutumes semblables dans le vaste secteur du Nord-Ouest : *Rôles d'Oleron,* coutumes de Damme et lois de Visby, dont la possible filiation depuis le XIIe siècle et les emprunts mutuels laissent ouvertes bien des questions, mais dont la parenté ne fait pas de doute. Enfin, les gens de mer, à force de se fréquenter, ont inventé une solution au problème de leur communication : non sans analogie avec la *lingua franca* méditerranéenne, le langage des marins du Ponant finit par constituer, d'un peuple et d'une langue à l'autre, un ensemble auquel chacun a contribué. Vers 1520, en France, un capitaine de la marine royale, Antoine de Conflans, put écrire : « Il s'entend que dans les mers méditerranéennes le langage est meslé et semble que Normans et Prouvençaux se peuvent entendre. » En effet, depuis plus de deux siècles, Ponant et Levant étaient en étroits contacts.

CHAPITRE IV

Convergences

Avances méditerranéennes (fin XIIIe siècle)

Vers la fin du XIIIe siècle et le début du XIVe, les Européens perçurent l'intérêt d'une liaison directe entre les deux secteurs maritimes. Une circonstance favorable fut certainement le progrès de la *Reconquista.* Son achèvement au Portugal permit la garde du cap Saint-Vincent; l'Aragon maître de Valence (1238), la Castille de Carthagène (1245), de Séville et de Cadix (1248) pouvaient surveiller les abords du détroit et offrir escales et refuges aux navires en difficulté et pourchassés par les pirates. D'ailleurs, une sorte de *modus vivendi,* plus ou moins précaire, entre les riverains chrétiens et musulmans du détroit atténuait les aléas du passage d'une mer à l'autre.

Remontées vers le nord

Entre 1275 et 1300, la croissance de trois séries de faits apparaît saisissante. La première est l'établissement progressif de lignes de navigation commerciale entre Gênes et Venise, d'une part, et, d'autre part, la Flandre. En 1277, un membre d'une famille notable de Gênes, Nicolozzo Spinola, appareille de ce port vers L'Écluse;

l'année suivante, deux de ses compatriotes, Nicolino Zaccaria et Uguetto Embriaco, font de même à destination de Southampton, Sandwich et Londres. En 1287 et en 1293, des galères génoises sont signalées respectivement à La Rochelle et en Bretagne ; dans l'intervalle, d'autres transportent de l'alun d'Asie Mineure en Flandre en 1289 et en 1292. Ce fut le prélude d'une circulation annuelle à partir de 1298, perceptible dans la documentation au moins jusqu'au milieu du XIVe siècle. Gênes conserva la priorité, mais, à leur tour, des galères vénitiennes sont en route vers la Flandre par Gibraltar à partir de 1314.

Parallèlement à ces relations commerciales, la liaison Méditerranée-mer du Nord connut une activité militaire. Simultanément, les rois de France et d'Angleterre, en guerre mais démunis de forces navales, contractèrent l'habitude de recourir aux services méditerranéens. Du côté français, Philippe le Bel passa commande de trente galères à Gênes en 1292 ; celles-ci, parties de Marseille le 1er avril 1295, rallièrent l'estuaire de la Seine en deux mois et rejoignirent les spécialistes génois et provençaux venus, par terre, apporter leur concours au Clos des Galées royales à Rouen.

Commodités nautiques

Une troisième série de faits, d'ordre technique, liés aux précédents, concerne les navires et la navigation. La venue des galères sur l'Océan ne paraît pas résulter d'une transformation de ces bâtiments ni d'un changement d'habitudes. Les navires méditerranéens continuèrent à hiverner pendant la mauvaise saison dans les ports où ils se trouvaient. D'autre part, l'historien célèbre de Florence, Giovanni Villani, signale, en 1304, l'adoption par les Génois, les Vénitiens et les Catalans d'un type de navire, la *coca*, emprunté au golfe de Gascogne, plus gros, ponté et économique. Les chantiers méditerranéens allaient en construire dans les décennies suivantes et en développer les proportions jusqu'à atteindre, à Gênes, les dimensions des grosses naves. La sécurité de ces bâtiments venait, pour une part, du gouvernail axial, fixé à l'étambot, le « timon bayonnais », qui, associé d'abord puis substitué aux avirons de gouverne, conditionnait la tenue du bâtiment en route.

La progression du commerce italien sur la route océanique se reflète dans les portulans. La première génération des cartes qui suivirent la Pisane contient une nomenclature sans cesse enrichie de sites portuaires. La côte européenne fut d'abord représentée par une simple ligne oblique orientée sud-ouest-nord-est de Lisbonne au Danemark. Au contraire, moins de vingt ans plus tard, l'œuvre du Génois Petrus Vesconte, le seul cartographe qui ait laissé un portrait de soi-même au travail, fait preuve d'une meilleure connaissance. Les côtes occidentales sont représentées d'une façon plus fidèle, autour de quelques points charnières de la navigation, le cap Saint-Vincent, le cap Finisterre, la pointe de Bretagne, *Land's End* et le Cotentin. Ces précisions sont particulièrement lisibles sur les portulans de la Bibliothèque nationale de Paris (1313) et de la Bibliothèque de la Ville de Lyon (vers 1321). Les pays baltiques bénéficient, particulièrement au milieu du XIVe siècle, de l'enrichissement de ces connaissances. Le *Libro del conoscimiento* atteste qu'en Espagne la situation des ports est bien connue et la toponymie plus reconnaissable qu'on ne pouvait le supposer ; si Litefame désigne la côte lituanienne et si Vçibandt précède le nom de Courlande, il n'y a aucune hésitation à comprendre Dançicha pour Danzig, Rivalia pour Reval et Ungradia pour Novgorod. De voyage en voyage, de portulan en portulan, la connaissance des côtes atlantiques progresse chez les Méditerranéens depuis la fin du XIIIe siècle.

Routes et escales

Le choix d'escales n'était naturellement pas incompatible avec des navigations en droiture sur des parcours plus ou moins longs. Cependant, il ne paraît pas raisonnable de généraliser la performance de quelques navires génois transportant directement l'alun depuis Chio jusqu'à L'Écluse. La longueur des voyages (trois mois de Gênes en Angleterre), les risques, la nécessité de faire de l'eau et de recueillir des nouvelles sur la situation politique en certaines zones maritimes et continentales où la paix était précaire, impliquaient des escales techniques et des arrêts en quelques ports d'ordres. On conçoit mal une navigation en droiture de la Galice à la Bretagne sans atterrissement quelque part aux abords du cap Finisterre d'un côté et de la pointe Saint-Mathieu de l'autre. Les Méditerranéens avaient l'habitude de naviguer à proximité des côtes. De plus, l'ouverture de la nouvelle route avait été précédée, souvent de longue date, par la mise en place d'un dispositif logistique. Puisque les Génois avaient été pionniers à l'ouest de Gibraltar, à Séville (1251) et trente-huit ans plus tard avec les Vivaldi en plein Océan, leur présence paraît naturelle encore en Galice dès le début du XIIe siècle, et à Lisbonne dès 1147. L'archevêque de Santiago, Diego Gelmirez (1100-1140), avait fait appel, nous l'avons vu, à deux constructeurs de navires : un Pisan et un Génois. Deux siècles plus tard, les premières galères en route vers la Flandre relâchaient en cette zone. Les Génois prirent à La Corogne des habitudes, attestées à partir de 1321, tandis que, pour les éviter, les Vénitiens, à leur retour de Flandre, s'arrêtaient au Ferrol. Un ouvrage d'Elisa Ferreira Priegue apporte sur ces faits la lumière attendue des archives galiciennes.

Une fois perdues de vue les falaises du cap Finisterre, les navires avaient le choix entre deux itinéraires. A La Rochelle, une petite colonie génoise les accueillait. Les premiers membres y étaient, peut-être, venus par la voie terrestre à travers l'isthme aquitain depuis Montpellier ou Narbonne, itinéraire court et sûr. D'autres avaient déjà pu s'y aventurer par la mer. Lors du rattachement de la ville au domaine capétien, en 1224, deux hommes d'affaires italiens figuraient sur la liste des habitants résidant depuis un an au moins ; l'un d'eux s'appelait Tommaso da Genova. Si l'on ignore comment ce dernier était venu, on sait en revanche que, huit ans plus tard, un de ses compatriotes, Gherardo Pessagno, évita une tempête en empruntant les couloirs abrités par l'île d'Oleron et n'échappa que de justesse aux insulaires qui spéculaient sur son naufrage pour piller son épave. La Rochelle était si connue des Italiens que Marco Polo appelait les eaux poitevines et saintongeaises la « mer de Rocelle ». A La Rochelle, au terme du XIIIe siècle, la présence d'agents de compagnies commerciales et bancaires italiennes, de Pistoia en particulier, en affaires avec les ports galiciens prouve la fréquence des relations.

Accueillants pour leurs compatriotes en Saintonge, les Italiens l'étaient aux autres étapes vers la Flandre. En Bretagne, c'est-à-dire à Nantes, Quimperlé, Quimper et Dinan, Renée Doehaerd a signalé la présence de galères génoises en 1293. Une enquête menée dans le duché en 1296 reflète l'activité des financiers lombards et, entre autres affaires, mentionne le naufrage à la pointe Saint-Mathieu d'un bateau de Morlaix affrété à un marchand de Florence pour transporter en Flandre du vin de La Rochelle. La précision des portulans du début du XIVe siècle traduit la connaissance des rivages bretons.

La route suivie par les Italiens devait se détacher des

côtes bretonnes à peu près à la hauteur de Saint-Brieuc en direction de l'Angleterre. A Southampton, les Italiens retrouvaient des compatriotes et ils y recueillaient les nouvelles de leurs associés installés dans leur ville de destination, Bruges. Ainsi, la route maritime était jalonnée de colonies italiennes, établies souvent depuis des décennies.

L'alternative mer-terre

Une sorte d'onde de choc paraît se propager de la mer Égée à celle du Nord : elle soude les deux pôles économiques italien et flamand, en une sorte d'économie-monde, selon la formule braudélienne, autour d'un centre d'abord occupé par Gênes. Celle-ci, victorieuse de Pise à la Meloria sur les côtes ligures (1284), puis de Venise en Adriatique à Curzola (Korcula) en 1296, apparut alors comme le champion de l'élan maritime de l'Europe. Les causes de cette évolution sont très complexes. L'instauration des échanges maritimes ne fut pas une innovation, car les itinéraires continentaux assuraient depuis longtemps des relations Nord-Sud par les foires de Champagne ; il faut plutôt voir en la route de mer un complément et une adaptation de la circulation commerciale à des circonstances économiques, politiques, techniques et même intellectuelles nouvelles.

A l'évidence, l'inauguration de la voie atlantique coïncide avec le « déclin » des affaires de Champagne plus qu'elle ne le provoque. Bien que longtemps discutée, une relation de cause à effet ne paraît pas étroite ni absolue. Les marins n'ont pas « poignardé » les routiers. De ceux-ci, les uns ont transféré leurs rencontres à Paris, au moins pour un temps ; les autres ont préféré l'itinéraire alpin et rhénan favorisé par l'ouverture du col du Saint-Gothard (depuis 1237). De toute façon, les foires de Champagne survécurent à l'ouverture de Gibraltar au plus tard jusque vers 1320, et les voies terrestres ont conservé un rôle actif, moins prépondérant cependant que ne le pense Jan Van Houtte. Le débat se situe, répétons-le, en termes moins concurrentiels que complémentaires. Les avantages de la voie maritime étaient ses coûts moindres, mais avec plus de lenteur, des possibilités de forts tonnages, l'économie des ruptures de charge, de la multiplicité des péages, et des tracasseries bureaucratiques; enfin, entre les deux, les risques s'équilibraient, qu'ils vinssent de la nature ou des hommes; altitude, orages et avalanches valaient bien les tempêtes et la substitution des pirates aux brigands. L'argument le plus convaincant est l'adaptation des modes de transport à la nature, au poids et au volume des cargaisons. Or, à la fin du XIIIe siècle, d'un pôle à l'autre de l'axe maritime, les trafics de masse commençaient à prévaloir, à commencer par celui de l'alun, entre les mains génoises.

Alors intervinrent le sens des affaires et l'esprit d'entreprise des marchands; parmi eux, à ce moment, le plus représentatif fut Benedetto Zaccaria, dont Roberto S. Lopez a retracé la carrière. Concessionnaire, avec son frère, de l'exploitation et du commerce de l'alun de la mer Noire et de l'Asie Mineure à la faveur de l'éviction des Vénitiens après la restauration de l'Empire byzantin, il détenait pratiquement le monopole de ce produit nécessaire aux industries de teinture des textiles et de traitement des cuirs. Ce brasseur d'affaires exceptionnel était aussi un politique et un homme de guerre. Sa flotte personnelle fut à la pointe de toutes les opérations commerciales et militaires génoises. Installé au Puerto Santa Maria, près de Cadix, par la faveur du roi de Castille, il contrôlait l'accès de l'Atlantique. On le vit quand, en 1292, ses galères chargées d'alun de Phocée passèrent le détroit à destination de Bruges. Sa réputation lui valut la clientèle de Philippe le Bel. Le roi ne se borna pas à embaucher à Gênes des spécialistes de la construction navale ; il y loua des navires et confia à Zaccaria le commandement de sa flotte avec le titre d'amiral. C'était, vers 1300, l'indice d'une symbiose effective de la Méditerranée et de l'Océan.

L'Océan rend la politesse

Dans le dialogue du Nord et du Midi, les Italiens ont souvent fait les demandes et les réponses. Demandes ? Réponses ? Ces termes furent d'abord inadéquats ; en effet, les navires génois, vénitiens et bientôt florentins, à leur retour de Flandre ou d'Angleterre, étaient souvent sur lest, et les Génois, particulièrement au XVe siècle, ne trouvaient qu'aux salines d'Ibiza un fret lourd et abondant destiné à leur ville et à ses clients.

De proche en proche

La situation évolua au fur et à mesure que les sociétés maritimes, prenant en main leurs chances, acquirent leur autonomie, constituèrent des unités propres et tendirent à réduire les obstacles qui fractionnaient leur activité, en obtenant le décloisonnement du Sund et une sécurité meilleure dans les ras bretons. Au sud, l'horizon s'éclaircissait vers les eaux prometteuses de soleil et de profits ; de proche en proche, des phares s'allumaient entre la Baltique et Gibraltar.

L'espace nordique s'organisa sous le contrôle de la Hanse germanique, puis, débordant ce cadre, atteignit la limite hispanique au seuil de la Méditerranée, en près de deux siècles. Dans le même sillage s'embarquaient des Hollandais et des Flamands.

A leur tour, les Anglais, tout en soutenant en mer du Nord et en Baltique une compétition dure avec les Hanséates, ont affirmé leur présence sur la voie méridionale que la possession de l'Aquitaine depuis le XIIe siècle et l'alliance portugaise depuis la fin du XIVe leur rendaient familière. Concurremment, les Bretons et les Basques ont introduit leurs contingents dans la cohorte flottante de l'Ouest européen.

Finalement, au XVe siècle, les Atlantiques ont si bien élargi leur place qu'après avoir frappé à la porte du détroit, ils ont fini par le franchir et pénétrer en masse dans la mer Intérieure d'ouest en est.

La progression hanséatique (entre le golfe de Finlande et la baie de Bourgneuf)

La progression des Hanséates vers l'ouest puis vers le sud a reposé sur la conquête, étape initiale et nécessaire, de l'espace marin germanique, slave et scandinave. Lübeck, Bergen, Londres, Bruges et Novgorod en furent les cinq bases, mais c'est à Bruges, plus encore qu'à Londres, que fut « appâté », par le contact italien au terme du XIIIe siècle, le désir de l'accès au Midi. Une autre circonstance favorable à un cheminement sur la Manche et sur l'Océan résulte du développement extraordinaire de la pêche en mer du Nord vers 1300. La salaison du poisson – du hareng principalement – ne disposait pas d'assez de sel de qualité par la technique de l'évaporation de l'eau, d'ailleurs peu salée, des mers nordiques ; de plus, la production du sel gemme de Luneboug, pourtant à forte teneur en chlorure de sodium, était insuffisante. De là vint l'habitude de recourir aux sels marins fortement concentrés de l'Atlantique et de la

Méditerranée. Il paraît que, déjà vers 1300, des Hanséates auraient rapporté du sel d'Ibiza ; ce fait reste isolé et exceptionnel, car les Hanséates prirent l'habitude d'un convoi annuel vers les salines de la Bretagne méridionale et du Poitou, dans la baie de Bourgneuf, au sud de la Loire ; le convoi du sel (*Baienfahrt*) comprit parfois un nombre considérable de bâtiments appartenant aux marchands des principales villes hanséatiques ainsi qu'à l'ordre Teutonique ; en 1449, les Anglais ne capturèrent pas moins de cinquante navires dans la Manche, sur la route du sel. Pour les hourques hanséates, les mouillages atlantiques de la « Baie » étaient familiers et, jusqu'au terme du XVe siècle, peu allèrent au-delà. En 1418, une partie des quarante navires de la *Baienfahrt* poussa jusqu'à Lisbonne ; de même en 1421. La capitale portugaise comptait un certain nombre d'Hanséates, fort bien vus, et qui participaient aux premiers actes de l'expansion portugaise. Un navire allemand contribua à la prise de Ceuta en 1415. Pénétrer en Méditerranée ne demandait que l'occasion. La fréquentation des salines d'Ibiza se renouvela en 1404. Au cours du XVe siècle, la présence allemande dans le Sud de la péninsule se fit de plus en plus active, à Lisbonne notamment, au début des Découvertes ; il faut citer Valentim Fernandes, Peter Reinel et les Behaim. La route entre les ports de la Baltique, Reval et Gdansk en particulier, n'avait guère de secrets pour les navigateurs munis des instructions du *Seebuch*, qui, véritable routier en langue allemande, décrivait les moindres aspects des rivages. Le nombre des bâtiments franchissant le Sund n'avait cessé de croître depuis que la Hanse avait imposé sa volonté au roi de Danemark en 1432 ; la comptabilité du péage, conservée depuis 1497 jusqu'au milieu du XIXe siècle, en fait foi. Déjà en 1464, quarante-quatre navires prussiens sont signalés revenant de Lisbonne. En cette ville, les hourques hanséates transbordaient sur des nefs portugaises les grains nordiques destinés à l'Andalousie, l'Afrique du Nord, la Catalogne et l'Italie. En effet, la composition des trafics présente l'équilibre des échanges entre le Nord et le Sud : à la descente, grains, cire, bois, goudron du Nord contre des fruits, de l'huile, du vin, du liège, et surtout le sel, l'alun et le pastel. Le sel portugais, d'une forte teneur, pouvait, mieux que son concurrent français moins blanc et moins sec, supporter le traitement des manufactures du Nord ; malgré son prix plus élevé et une distance plus grande, il fut le concurrent redoutable du « sel de la Baie ». Setúbal devint le point de rencontre des marins du Nord et de la Méditerranée, au moment où le sel, écrivait Virginia Rau, s'affirmait comme « un des éléments d'unité de l'économie occidentale ». Le trafic en masse de produits lourds, comme le sel et les grains, et encombrants, comme le bois, correspondait aussi à une certaine répartition des tâches entre la voie de mer et la route terrestre. La différence des taux de fret jouait au bénéfice de la mer et s'accentua avec le développement, au XVe siècle, du trafic vers le Nord de l'alun et du pastel dont l'usage se généralisait dans les centres industriels du Nord-Ouest européen.

A quoi attribuer le caractère tardif de la pénétration hanséatique en Méditerranée ? Les épisodes notés au XIVe siècle furent occasionnels, comme le vol d'une hirondelle qui ne fait pas le printemps. La Sicile a servi d'observatoire à Henri Bresc qui y rencontre un seul navire allemand pendant la première moitié du XVe siècle, et Jacques Heers fait une remarque analogue à Gênes. Les explications proposées sont diverses. La Hanse, ayant pour objectif immédiat la domination économique de la Baltique et de la mer du Nord, eut assez à faire pour s'imposer à Bergen et tenir tête à la poussée anglaise en Baltique. A l'ouest de Calais, seule la *Baienfahrt* était vitale et n'impliquait pas de voyage au-delà du Portugal. D'ailleurs, les contacts avec les Méridionaux

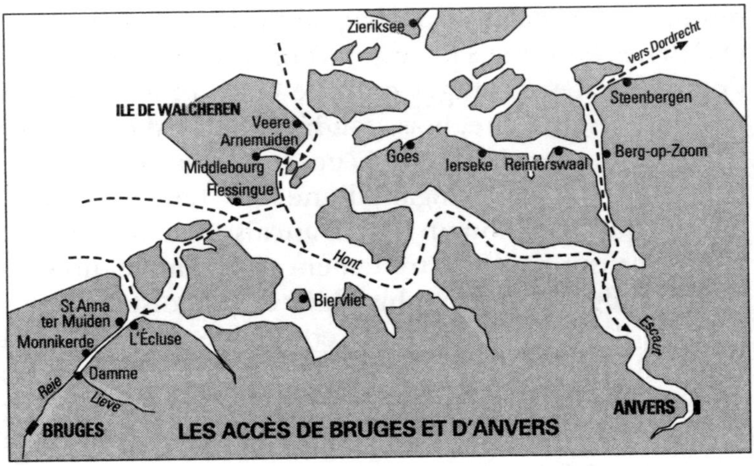

restèrent l'affaire des comptoirs de Bruges et de Londres jusqu'au moment où Anvers supplanta Bruges et Amsterdam Anvers, c'est-à-dire tard dans le XVIe siècle et au début du XVIIe. Les Néerlandais prirent alors la relève des Allemands et accompagnèrent les Anglais, notamment à Livourne et à Venise ; en cette dernière destination, Pierre Jeannin a relevé deux fois plus de Néerlandais que d'Hanséates à la fin du XVIe siècle.

Initiatives bourguignonnes

Tout à fait à part, et isolés, apparaissent au milieu du XVe siècle les efforts du duc de Bourgogne Philippe le Bon pour se faire une place en Méditerranée. Comme beaucoup de princes, ses contemporains, il ne négligeait pas les profits du commerce ; il n'était pas pour rien le souverain de Bruges et d'Anvers à ses débuts, ni l'époux d'une princesse portugaise, Isabelle. De plus, Philippe était de souche française et avait hérité des ambitions et des rêves de croisade des Valois. Des ingénieurs portugais furent appelés en Flandre pour lui construire une flotte. A grands frais, il acheta au duc de Savoie la jouissance d'un port méditerranéen, Villefranche. De telle sorte, pendant quelques années, la bannière du « grand duc d'Occident » flotta sur la mer Intérieure jusqu'en Orient. N'était-ce pas le moment où Jacques Cœur rappelait au royaume de France sa destinée méditerranéenne et où la chute de Constantinople réveillait la chrétienté somnolente malgré le péril ottoman ?

Éveil de Bristol : Robert Sturmy en Méditerranée

Au milieu des tentatives atlantiques pour disputer aux Méditerranéens le contrôle des intérêts maritimes de l'Europe, la participation anglaise retient l'attention.

Cette initiative ne vint ni de Londres, ni de Southampton, où la présence italienne assurait des profits sans risques. Au milieu du XVe siècle, l'Angleterre, à peine dégagée du bourbier de ses guerres continentales, s'engluait dans l'interminable rivalité des Deux-Roses, d'York et de Lancastre. L'étincelle, au contraire, vint du port dont les habitants, n'étant ni liés aux affaires hanséatiques, ni intéressés par les combinaisons financières italiennes, étaient libres de regarder loin vers le sud et bientôt vers l'ouest : Bristol.

Le retentissement de l'affaire Sturmy a valeur de symbole. E. M. Carus-Wilson en a éclairé les tenants et les aboutissants. Sturmy était un marchand entreprenant et avisé ; comme son contemporain Jacques Cœur, il saisit les chances offertes au milieu du XVe siècle. Comme lui, il profita de la fin de la guerre de Cent Ans, mais du côté anglais, en transportant les approvisionnements des troupes opérant en Normandie. Comme lui encore, il chercha à briser le monopole italien du trafic méditerranéen, dont le bénéficiaire en Angleterre était le concurrent de Bristol, Southampton. En 1446, sous couvert d'une licence d'exportation de laine et d'étain vers Pise et d'un transport de cent soixante pèlerins en Terre sainte, un sien navire, la *Cog Anne*, cingla de Bristol à Séville, franchit le « détroit du Maroc » et débarqua ses passagers à Jaffa. Tandis que ceux-ci préférèrent revenir par voie de terre, la *Cog Anne*, comme les navires de Jacques Cœur à la même époque, profita des difficultés des Vénitiens avec le sultan du Caire et chargea des épices à Alexandrie. Par malchance, le bâtiment sombra corps et biens sur les côtes grecques, en face de Modon.

Nullement atteint dans sa fortune, non plus que dans la considération que ses concitoyens lui conservèrent en l'élisant comme maire, Sturmy renouvela ses tentatives; en 1457 il arma trois navires pour le Levant dont les Archives de la couronne d'Aragon à Barcelone conservent le souvenir; mais les Génois, ayant juré sa perte, capturèrent deux navires près de Malte. Sans que la tentative de Sturmy eût, immédiatement, d'autre résultat qu'une brouille momentanée des rapports anglo-génois, il n'en reste pas moins que l'entrée des Britanniques en Méditerranée compensa l'interruption de leur commerce aquitain et annonça la prise en main, par et pour eux-mêmes, de leurs intérêts maritimes à l'échelle européenne.

Transporteurs obligeants : Basques et Bretons

Toutes retentissantes qu'aient été, avant le XVIe siècle, certaines descentes de navires hanséates et anglais en Méditerranée, elles n'eurent pas le caractère régulier et définitif du rôle exercé, à côté des Portugais et des Andalous, par les transporteurs basques et bretons. Les uns et les autres disposaient, surtout à partir de la fin du XIVe siècle, d'un nombre considérable de bateaux, généralement de faible tonnage, d'excellente tenue à la mer, montés par des équipages entraînés à naviguer en tout temps et connaissant parfaitement les passes et les amers qui leur permettaient de se situer. La laine castillane approvisionna, dès le XIVe siècle, la flotte à destination de la Flandre ; le fer de Biscaye s'exportait en Méditerranée, à Valence ou à Barcelone, comme vers le nord ; en contrepartie, les affréteurs du Nord ou du Midi utilisèrent les bateaux basques pour d'autres transports pondéreux, parfois sur de longues distances. Jean Delumeau situe autour de 1500 l'âge d'or de la marine basque, qui assurait la majeure partie des transports d'alun de Tolfa au départ de Civitavecchia vers Rouen en particulier.

Les Bretons étaient mieux placés que les Basques sur les itinéraires maritimes : leur situation les mettait au contact de toutes les flottes circulant entre la Manche et le golfe de Gascogne, et leur permettait d'exercer à leur égard, mieux qu'un contrôle et la saisie éventuelle de leurs épaves, une mission de sécurité. L'institution ducale des « brefs » assura aux étrangers depuis le milieu du Moyen Age la protection d'un système de convois au long des côtes, avec la possibilité d'y trouver refuge et ravitaillement. De là à suivre le sillage de ses clients et à leur louer ses services, la marine bretonne a vite franchi le pas. La Bretagne ne laissa pas aux seuls étrangers la distribution de son sel. Ses nombreux petits voiliers, vite chargés, vite repartis, peu coûteux, eurent la faveur jusqu'en Méditerranée. Ils y apportaient du blé, des toiles et les marchandises les plus diverses, en échange d'alun et de vin. Les voici parmi les navires que Fernand Braudel signale « en rangs serrés » passant Gibraltar d'ouest en est, vers 1530. Cependant, plusieurs décennies auparavant, antérieurement même aux aventures anglaises d'un Sturmy, des Bretons fréquentaient les ports méditerranéens ; ainsi Jacqueline Guiral-Hadjiossif note la venue à Valence d'un navire de Groix en 1413 ; de même les archives de Gênes signalent deux navires bretons présents en 1439. La descente des Bretons en Méditerranée s'accentua surtout après 1480, ce qui est vrai également des Normands, par exemple à Barcelone dès 1420.

Les Ponantais dans les guerres d'Italie

Les activités bretonnes et normandes en Méditerranée ne se limitèrent pas au plan commercial. Les nécessités des guerres d'Italie déterminèrent le concours des ressources navales atlantiques. L'union personnelle de la Bretagne à la couronne de France, par le mariage de la duchesse Anne avec Charles VIII, facilita l'osmose entre l'Océan et la mer Intérieure. En voici deux exemples. Du même coup de vent, trente nefs bretonnes sont devant Alicante le 14 juillet 1494 et treize autres venues de Normandie et de La Rochelle les rejoignent en vue d'un rassemblement et d'une revue navale passée devant Gênes par le duc d'Orléans (futur Louis XII). Moins de sept ans après, à l'aube du XVIe siècle, une opération d'envergure était menée en Méditerranée orientale, contre Mytilène, par une escadre en majorité atlantique, qui comptait la *Cordelière*, de Morlaix, célébrée jusqu'à nos jours par une chanson populaire. Mais, comme il se devait, au cours de l'empoignade internationale dont la Méditerranée fut l'un des théâtres, les Français ne furent pas les seuls à venir de l'Atlantique. Anglais, Castillans, Portugais furent présents aussi.

A cette époque, il est vrai, c'est à peine si l'artillerie embarquée permet de distinguer navires de guerre et navires marchands ; ceux-ci étaient tous plus ou moins armés, pour leur défense ou pour la course, mais à plus grands frais sur la Méditerranée que sur l'Océan. En définitive, que ce soit pour les travaux de la paix ou pour les risques de la guerre, l'Europe, vers 1500, mobilisait la totalité de ses rivages, au nord, à l'ouest et au midi.

CHAPITRE V

Rencontres et partages : genèse d'une Europe des marchands

(XVe-XVIe siècle)

La mer appartient à tous

Imaginons un instant la présence, vers 1450, d'observateurs postés simultanément sur les rives du Bosphore, du canal d'Otrante, des détroits de Messine et de Gibraltar, à Penmarc'h sur la pointe de Bretagne, à Calais ou à Douvres, et enfin sur la côte du Sund. Ils auraient pu, imaginons-le encore, établir des états de la circulation des navires, analogues aux registres du Lloyd's et du Bureau Veritas. Malgré beaucoup d'imperfections et de lacunes, l'image ainsi rêvée refléterait le mouvement presque incessant de bâtiments venus de toute l'Europe. Certes, une répartition régionale naturelle prévalait partout où le cabotage côtier prédominait ; cependant, les petits voiliers flamands, anglais, bretons, basques, portugais et méditerranéens se mêlaient aux *galere de mercato*, aux grosses caraques, aux galées et aux naves, aux hourques pesantes qu'ils croisaient en mer et dont ils redistribuaient les cargaisons après les avoir allégées. A ce moment-là encore, les navires génois passaient le Bosphore en direction de Caffa ; et récemment ils avaient pu rencontrer la flottille du duc Philippe de Bourgogne, construite à Bruges, nous l'avons vu, par des spécialistes portugais, dans le dessein, manqué, de secourir les croisés de Varna. Venise restait soucieuse du contrôle de son « golfe » adriatique comme d'une chasse gardée ; pourtant les Ragusains entendaient y élargir leur place, et étendre leur action en Sicile, à Naples, à Aigues-Mortes, à Barcelone.

A Gibraltar, Portugais, Basques, Bretons, Anglais se présentaient plus nombreux. En mer, ils avaient peut-être croisé les Méditerranéens en route vers Southampton, Londres et L'Écluse. Ils pouvaient trouver une autre occasion à la pointe de la Bretagne. Le port du Conquet, notamment, n'était pas seulement le repaire de corsaires et de pilleurs d'épaves dont la légende a amplifié les gestes ; c'était surtout un foyer de pilotes obligeants et de cartographes précurseurs des Brouscon, au XVIe siècle. La prudence était de règle et ce ne fut pas sans raison que les ducs de Bretagne avaient institué le système des « brefs de convoi et de sauveté », source non négligeable de recettes pour leurs finances. D'ailleurs, les côtes du Léon n'étaient pas les seules en Europe à faire les frais de naufrages dont les sinistres « marées noires » du XXe siècle sont les continuatrices sur les mêmes lieux.

Les rivages bretons constituaient une sorte d'antichambre de cette mer européenne par définition qu'est la Manche à toutes les époques. Les relations transversales entre la France et l'Angleterre n'allaient pas tarder, après la reconquête de Cherbourg (1450), à reprendre un rythme normal, ou presque. Nous ne sommes un peu informés que grâce aux *Customs Accounts* de Calais, tête de pont britannique sur le continent depuis 1347. La régularité des passages explique le souci anglais de les contrôler et de les taxer. Bon an, mal an, 20 à 25 % des importations de laine sur le continent franchissaient le détroit. Une bonne part du trafic londonien en provenance des côtes françaises de l'Atlantique (vin, sel, pastel) transitait également par ces eaux. Ainsi, comme viscéralement, la continuité des échanges liait l'Angleterre au continent.

De l'observatoire calaisien, on pouvait apercevoir en un sens les voiles des *mude* vénitiennes, des « caravanes » génoises et des flottes castillanes de la laine, et dans la direction inverse les gros transports hanséates en route vers les salines et les vignobles atlantiques d'où ils se déhalaient au retour, bien chargés, par dizaines, parfois davantage, vers les ports flamands, hollandais et allemands.

Dans le Sund enfin, où la couronne danoise avait institué un péage en 1429, la diversité des pavillons crût au XVe siècle. Les Hanséates luttaient âprement pour conserver la première place. Ils avaient réussi à refouler l'activité des Norvégiens au nord de Bergen, mais l'ordre Teutonique, leur affidé, fut battu par les Polonais à Tannenberg (1410) et dut se replier sur Königsberg (1466). De leur côté, Anglais et Hollandais profitaient des contestations internes de la Ligue hanséatique et des difficultés du comptoir de Novgorod (finalement pris par Ivan III en 1478) pour s'introduire en Baltique, à Gdansk notamment.

La violence des concurrences dans le Nord n'avait rien à envier à l'acharnement des rivalités méditerranéennes. Querelles de famille ! Toutes les contestations de ce genre ont pour objet le partage de droits similaires sur un héritage commun.

Similitude des types portuaires hérités du Moyen Age

La mer appartenant à tous, les Européens se rencontrent non seulement au large, mais en quelques lieux désignés par la nature et fixés par la conjoncture.

Comme pour en affirmer le caractère de biens de famille, les ports ont été aménagés, équipés, entretenus avec les mêmes soucis, que la diversité ne dément pas. Des différences résultent des conditions hydrologiques de l'Océan et de la Méditerranée ; mais l'homme a su tirer parti, ou s'affranchir, des impératifs des situations géographiques et des sites topographiques.

Une énumération reviendrait à décrire l'économie occidentale à la fin du Moyen Age et au début des Temps dits modernes. Besogne superflue. Les carrefours secondaires qui jalonnent les voies maritimes de l'Europe sont autant d'étapes et de relais ; pour saisir la cohésion de l'ensemble, l'attention devrait se fixer simultanément sur les deux pôles de la circulation maritime européenne, à cette époque décisive des XVe et XVIe siècles : les Pays-Bas au nord et les grands ports méridionaux. Un tel survol permettrait alors de discerner certains traits et certains comportements d'une personnalité unique : l'Europe.

Plus haut, nous avons observé d'avion les sites d'Istanbul/Constantinople et de Gibraltar. Cette vision contemporaine n'est pas incompatible avec celle que l'on peut avoir ailleurs du sommet d'une montagne ou d'un monument existant à la fin du Moyen Age : par exemple Gênes vue de ses montagnes, Venise à partir de son campanile, Marseille de la colline de Notre-Dame-de-la-Garde, Lisbonne de son château, Rouen des hauteurs de Notre-Dame-de-Bon-Secours, ou bien Barcelone des tours de sa cathédrale, Séville du sommet de la Sé ; la tour Notre-Dame de Bruges, haute de 122 mètres, et celle de la cathédrale d'Anvers sont des amers visibles de loin.

La richesse portuaire de l'Europe se prête à des classements selon les sites et les fonctions. Le rythme des marées ou leur absence a, depuis l'Antiquité, conditionné les dispositions portuaires, par l'intervention des techniques appropriées ; la principale fut la construction de bassins de retenue et d'écluses, notamment en mer du Nord et en Manche. Le dispositif continental a joué un rôle différent en Méditerranée et sur les côtes océaniques. Dans le premier cas, calanques ou baies foraines ont offert des sites assez faciles à protéger : Athènes, Raguse, Naples, Marseille, Collioure avec leurs vieux ports, Barcelone, Valence avec leurs larges « plaines ». Sur les côtes atlantiques, les sites exploités dès le Moyen Age étaient les estuaires bénéficiant d'un plan d'eau vaste et profond à l'écart des menaces marines : Séville, Lisbonne, Bordeaux, Nantes, Rouen, Southampton, Bristol, Londres, Anvers, Hambourg, Lübeck. Les ports côtiers ont utilisé souvent une ria (en Galice, Guipúzcoa, Bretagne, Norvège) protégée par un goulet, ou exploité leur situation soit sur les routes de trafic (La Rochelle, Brest, Saint-Malo, Calais), soit au débouché de régions d'agriculture et d'industrie développées. L'Europe médiévale a légué une gamme de ports adaptés au matériel naval de son temps ; leur nombre, supérieur aux possibilités d'une saine rentabilité, correspond néanmoins à une prise de conscience généralisée d'un potentiel maritime important.

Même différents, les types portuaires présentaient des aspects correspondant plus ou moins fidèlement à un modèle devenu banal : un accès naturel étroit ou resserré par le travail humain, entre des tours reliées, la nuit, par une chaîne : on connaît le sort de la chaîne du port de Marseille emportée comme trophée à Valence par les Aragonais en 1423. A l'extrémité de môles protecteurs, un ou plusieurs « foyers » ou phares gardaient l'entrée, par exemple à Gênes, à Dieppe, à Calais. Des fortifications côtières : on songe au Fort Saint-Jean à Marseille, à la tour de Belem à Lisbonne, aux défenses de Brest, à la Tour d'Ordre à Boulogne, à la Tour de Londres, au Steen d'Anvers, au Schloss de Danzig, au Burg de Lübeck. Le port même comporte, outre des mouillages en pleine eau avec la nécessité de manutentions et transbordements par allèges, des quais en terre puis en pierre, des appontements obliques, ensuite des cales perpendiculaires au rivage, desservies par des chariots et des porteurs, et pourvues de magasins. Pour les opérations de levage, il y avait des mâts de charge sur les navires et, sur certains quais, des grues (ou *cranes*) mues par une roue actionnée à force d'homme ; l'iconographie en a fixé le souvenir (Damme, Anvers) ; il en subsiste encore quelques spécimens (Gdansk, Lübeck...). Ces aménagements correspondirent aux trafics de masse (vin, sel, grains, bois, minéraux, laine...), pour lesquels des zones portuaires furent spécialisées. D'un bout à l'autre de l'Europe, le paysage portuaire comporte donc des similitudes et des différences qui résultent des fonctions spécifiques des ports et des pratiques en usage.

Des fonctions portuaires, retenons le rôle des usagers. Les ports de pêche étaient innombrables ainsi que les petits ports de cabotage, de relâche technique ou d'ordres où il convenait de prendre du ravitaillement, de faire de l'eau ou d'ouvrir les lettres contenant les instructions du (ou des) commanditaire(s) quant à la destination finale du voyage. Il s'y ajoutait les relâches sanitaires, aménagées depuis le dernier quart du XIVe siècle à l'exemple de l'institution ragusaine de la quarantaine. Une catégorie spéciale comprend les avant-ports, évitant aux bateaux de passage de remonter un estuaire, comme le Guadalquivir, la Gironde, la Seine, la Tamise ou l'Escaut, avec des eaux plus profondes que dans les ports intérieurs : le cas brugeois est typique avec les deux avant-ports de Damme et de L'Écluse (Sluis) aménagés au fur et à mesure de l'envasement de l'embouchure de la Reie. La typologie amène à considérer deux autres cas : les ports militaires spécialisés à partir de la diffusion de l'artillerie embarquée ; les concentrations navales à des fins de sécurité, par exemple les *mude* vénitiennes rassemblées à Venise, les flottes de la laine castillane, les *Baienflotte*, les « convois » protégés par la marine bretonne entre Saint-Malo et La Rochelle, enfin les flottes italiennes regroupées devant Rye (*Chamber* ou *La Chambre*) avant leur retour dans la péninsule. Selon un principe analogue, des zones comme la rade de Winchelsea ou les eaux néerlandaises servaient d'hivernage ; les Méditerranéens conservaient sur les côtes atlantiques l'habitude de suspendre leur navigation entre octobre et mars ; les navires hanséatiques attendaient aux Pays-Bas la débâcle en Baltique avant de rallier leurs ports d'origine.

Contacts personnels

A bord et dans les ports, les contacts humains sont significatifs du rôle de creuset joué par la vie maritime sur le plan international.

Le recrutement des équipages des petits bateaux de pêche et de cabotage avait, en général, une origine locale, voire familiale telle que Jacques Bernard l'a présentée à propos de Bordeaux, modèle demeuré valable pour tout l'Occident presque jusqu'à notre époque. Ces hommes, pourtant, n'étaient pas privés de tout contact avec des gens de mer d'autres régions : la violence des rencontres, parfois, s'accommodait cependant de la conscience d'appartenir au même métier. En un temps qui ne connaissait pas la répartition des « quotas », Normands, Bretons, Basques, Castillans et Portugais se disputaient déjà les mêmes lieux de pêche, et leurs bagarres ont dégénéré jusqu'à la guerre entre la France et l'Angleterre, par exemple sous le règne de Philippe le

Bel. La mer du Nord connaissait des conflits de bateau à bateau, de port à port, entre harenguiers normands, picards, flamands, hollandais et anglais ; ou bien, en dépit de la guerre, ils « s'abutinaient » en des ententes clandestines. En Méditerranée, les rencontres entre Provençaux et Sardes pour la récolte du corail étaient coopératives ou hostiles ; mais tous se sentaient, au moins implicitement, solidaires dans la même tâche.

Au commerce, un recrutement différencié et une circulation de large rayon posaient des problèmes. Parmi les gens de mer, des solidarités concentriques allaient de la parenté, de l'amitié et de la communauté d'origine au simple fait de partager la même vie à bord.

Souvent, cette solidarité ne dépassait pas les limites de ces groupes familiers ; elle pouvait exclure, selon qu'on était breton, normand, picard, flamand, poitevin, saintongeais, gascon, basque, catalan, languedocien ou provençal, les matelots qui ne l'étaient pas ; les comptes se réglaient en quelque taverne lors d'une escale d'une manière sanglante, surtout si un étranger, anglais, français ou autre, y était mêlé. A ce moment-là, finies les mésententes du bord ; les membres d'un équipage faisaient front ensemble ; il arrivait que des marins d'autres navires, voire de pays différents, leur prêtent main-forte. On vit à La Rochelle, en 1483, une ribaude nommée La Rousse faire le coup de poing avec des marins. Ces solidarités fugaces sont des solidarités de milieu et de nation plus qu'une expression de solidarité « européenne » ; leurs manifestations sont des réactions inspirées par des valeurs communes, perceptibles dans des enquêtes et des actes de justice – ainsi en France, dans les lettres de rémission octroyées par le roi ; au contraire, les sentences du bailli de l'Eau de L'Écluse dans la deuxième moitié du XVe siècle, par la diversité de ses justiciables, de pays différents, laisse une impression d'allure européenne.

Il ne s'agit pas seulement de rencontres occasionnelles. Les marchands et les hommes d'affaires, en quelques centres économiques d'importance internationale, constituèrent des groupes organisés selon leurs provenances géographiques et dotés, en tant qu'étrangers, d'un statut juridique et de privilèges concédés par les pouvoirs publics. Les relations que ces groupes conservaient avec leur pays et leur ville d'origine, comme les rapports qu'ils entretenaient entre eux, font pressentir les éléments – embryonnaires, il est vrai – d'une communauté marchande européenne.

« Nations » méridionales au carrefour brugeois

Quand le « père de l'Europe », Érasme, naquit à Rotterdam en 1467, dans les anciens Pays-Bas, sous le duc de Bourgogne Charles le Téméraire, Bruges exerçait pleinement une fonction de carrefour, avant de la céder à Anvers, puis à Amsterdam. Une manifestation grandiose en fut la démonstration, l'année suivante, lors des fêtes somptueuses du mariage du nouveau « grand-duc d'Occident » : Charles, fils de la Portugaise Isabelle, sœur d'Henri le Navigateur, convolait avec la fille du roi d'Angleterre Édouard IV, Marguerite d'York.

Dans un décor conçu par le peintre Hugo Van der Goes, personne ne manqua la fête dont les *Mémoires* d'Olivier de La Marche relatent le faste. L'occasion rassembla les représentants du milieu marchand, défilant après les ambassadeurs et les prélats, dans l'ordre suivant :

> Les Vénitiens venaient les premiers : dix marchands à cheval, vêtus de vermeil et portant chacun une torche, suivis de dix serviteurs à cheval.

> Après, venaient les Florentins : d'abord soixante hommes à pied vêtus de bleu, porteurs de torches, puis quatre pages vêtus de drap d'argent avec mantelines de velours cramoisi, sur des chevaux houssiés de satin blanc ; suivaient onze marchands conduits par Tommaso Portinari, leur chef et conseiller de Mgr le duc, vêtus de satin cramoisi ; après eux venaient onze facteurs vêtus de satin simple cramoisi ; enfin vingt-quatre serviteurs habillés de bleu, tous à cheval.
>
> Les Espagnols étaient vingt-quatre marchands à cheval, vêtus de damas violet, ayant vingt-quatre pages à pied vêtus de satin noir ; devant eux, allaient soixante porteurs de torches, vêtus de drap violet et vert.
>
> Les Génois faisaient aller devant eux une belle fille à cheval, représentant la pucelle que saint Georges protégea du dragon, puis saint Georges armé de toutes armes ; après, suivaient trois pages, et cent huit marchands à cheval vêtus de damas blanc, avec autant de valets vêtus de drap blanc.
>
> Les Osterlins faisaient porter devant eux soixante-douze torches ; à la suite de six pages vêtus de violet venaient les marchands au nombre de cent huit, à cheval, tous vêtus de drap violet.

Cette description haute en couleur traduit l'importance des groupes de commerçants et la considération dont ils jouissaient. L'auteur ne mentionne ni les Anglais, naturellement concernés par cette cérémonie, ni les Français, qui ne comptaient pas à Bruges comme étrangers, puisque la Flandre releva de la couronne de France jusqu'au règne de Charles Quint.

Les premiers résidaient en nombre restreint, car c'est par Calais que se faisait l'importation de la laine. Quant aux seconds, ils étaient assez nombreux pour disposer d'une maison commune, la « Halle de Paris » ; leur influence venait aussi de ce que leur langue servait d'organe de communication à des interlocuteurs venus du nord et du sud. Le problème des interprètes sur les places internationales n'a pas été étudié autant que le demanderait son importance. A Bruges, la variété des langues parlées était grande, et l'historien, qui, de nos jours, promène ses rêves sur les places, les quais et les canaux de la ville, attend à tout moment un mirage : la rencontre de personnages, familiers par leurs noms glanés dans les archives.

L'exemple brugeois ne présente pas seulement la diversité des nations selon les origines géographiques et les langues. La « nation » était ici une entité sociale et juridique aussi vivante que dans les universités ou, quelques décennies auparavant, dans les assemblées conciliaires au temps du Schisme. Un groupe national nombreux, cohérent et influent pouvait obtenir de l'autorité publique le statut de « nation », juridiquement différent d'une simple « colonie ».

A Bruges ou en tout autre port, il y avait convergence d'intérêts entre un groupe constitué en une sorte de syndicat de défense et le pouvoir soucieux de contrôler l'activité des étrangers.

La place éminente des Italiens dans le cortège décrit par Olivier de La Marche correspond à l'importance de leurs « nations » à Bruges, selon l'ancienneté et le poids de leur présence. Celle-ci était antérieure à l'ouverture des relations maritimes directes avec Gênes et Venise à la fin du XIIIe siècle ; mais l'organisation en nations reçut sa consécration au XVe siècle par des chartes ducales. Leur structure à Bruges était du même type qu'en d'autres villes. La nation groupe obligatoirement ses ressortissants ; leur assemblée, annuelle, élit un consul et des conseillers ; le consul exerce un pouvoir disciplinaire et juridictionnel sur les membres de sa nation ; il doit aussi les assister, en cas de besoin, devant les autorités locales. La nation dispose d'un immeuble. La confrérie qui généralement la double bénéficie de l'hospitalité d'un ordre religieux de son choix.

Le poids réel des nations présentes à Bruges correspondait au propos d'Olivier de La Marche, à commencer par les Florentins. La considération et le crédit dont

Tommaso Portinari jouissait rejaillissaient sur sa « nation ». Après une vingtaine d'années à Bruges, le directeur de la filiale des Médicis était devenu le conseiller du prince Charles avant que ce dernier ne devînt duc ; de celui-ci il partageait le goût et les tentations de la grandeur, menant grand train de vie dans une des plus belles demeures de la ville, acquise à haut prix, l'hôtel Bladelin, un vrai palais. Parlant couramment le français, Tommaso jouissait d'une influence et d'un prestige exceptionnels. Ce n'est pas que les autres groupes italiens fussent médiocrement représentés. Olivier de La Marche aurait pu mentionner les Lucquois, et nommer un Dino Rapondi et un Giovanni Arnolfini ; de même, il aurait pu faire état de leur activité dans les transactions financières passées dans l'hôtel des Van der Beurse, d'où la Bourse a tiré son nom en tout lieu.

Les autres nations méridionales n'étaient pas de même poids sur le plan financier ; mais leur rôle commercial était important. D'abord quatre (Biscayens, Castillans, Catalans, Aragonais), il s'y ajouta une nation navarraise au début du XVIe siècle. Leur organisation était semblable à celle des nations italiennes, chacune ayant son consul et sa maison ; la toponymie brugeoise en conserve le souvenir : rue des Espagnols, place des Biscayens, par exemple. Quelques patronymes émergent dans la documentation, souvent les mêmes qu'en d'autres ports ; nous les retrouverons à travers la diaspora ibérique.

Comptoirs hanséatiques du Nord et *Fondaco dei Tedeschi* à Venise

Les « Osterlins » qu'Olivier de La Marche présentait fermaient la marche du cortège nuptial de Charles le

Téméraire à Bruges. En cette ville comme en d'autres, les « Hanséates » avaient la particularité de constituer une nation fermée, avec son organisation et ses usages particuliers. Le bâtiment qui lui était propre conserve encore au XXe siècle l'aspect austère d'une caserne et d'un entrepôt. A Bruges pourtant, plus qu'ailleurs, les Hanséates se mêlaient à la population et avaient des contacts avec les autres nations. Cela résultait de la vocation brugeoise au rôle de charnière entre le secteur septentrional du commerce européen et les secteurs occidentaux et méridionaux. L'activité de transit comportait rupture de charge et prise de nouvelles cargaisons ; il s'y ajoutait souvent l'hivernage des navires jusqu'à une meilleure saison. Qu'en 1457 une assemblée dans le comptoir brugeois ait réuni plus de six cents marchands allemands n'avait rien d'insolite.

Ailleurs, les comptoirs hanséatiques avaient tendance à réduire leurs contacts avec les autres nations et à s'isoler.

A Londres, le *Steelyard*, au bord de la Tamise, se tenait à l'écart. A Bergen surtout, le quartier allemand était un ensemble de baraquements plus clos encore qu'une concession européenne en Chine à la fin du XIXe siècle. Il n'était pas question d'habiter ailleurs ni d'avoir des relations personnelles au-dehors. Cela peut s'expliquer par la jeunesse de la plupart des résidents allemands que l'autorité de Lübeck voulait préserver du contact avec la population. A Novgorod, par sécurité, des baraques de bois étaient groupées autour d'une église en pierre, dédiée au chef des Apôtres, servant de magasin, de lieu de culte et de refuge (le *Peterhof*), le tout entouré d'une palissade.

Au sud, dans une ambiance plus complexe, à Venise, à San Bartolomeo, le *Fondaco dei Tedeschi* était un bâtiment « farouchement gardé » (P. Braunstein). Les marchands d'outre-Alpes y logeaient obligatoirement, au point que

Bergen
Oslo
Tönsberg
Stockho
Copenhague
SCANIE
Falsterbo
Bornholm
Stralsund
Rostock
York
Hambourg
Wismar
Greifswald
Lübeck
Stettin
Boston
Brême
Ispwich
Lunebourg
Kampen
Francfort
Amsterdam
Zwolle
Brunswick
Deventer
Osnabrück
Magdebourg
Utrecht
Munster
Dortmund
Goslar
Londres
Soest
Elbe
Meuse
Bruges
Anvers
Erfurt
Cologne
Weser
Rhin
Escaut
Francfort
Dinant
LA HANSE AU XVe SIÈCLE

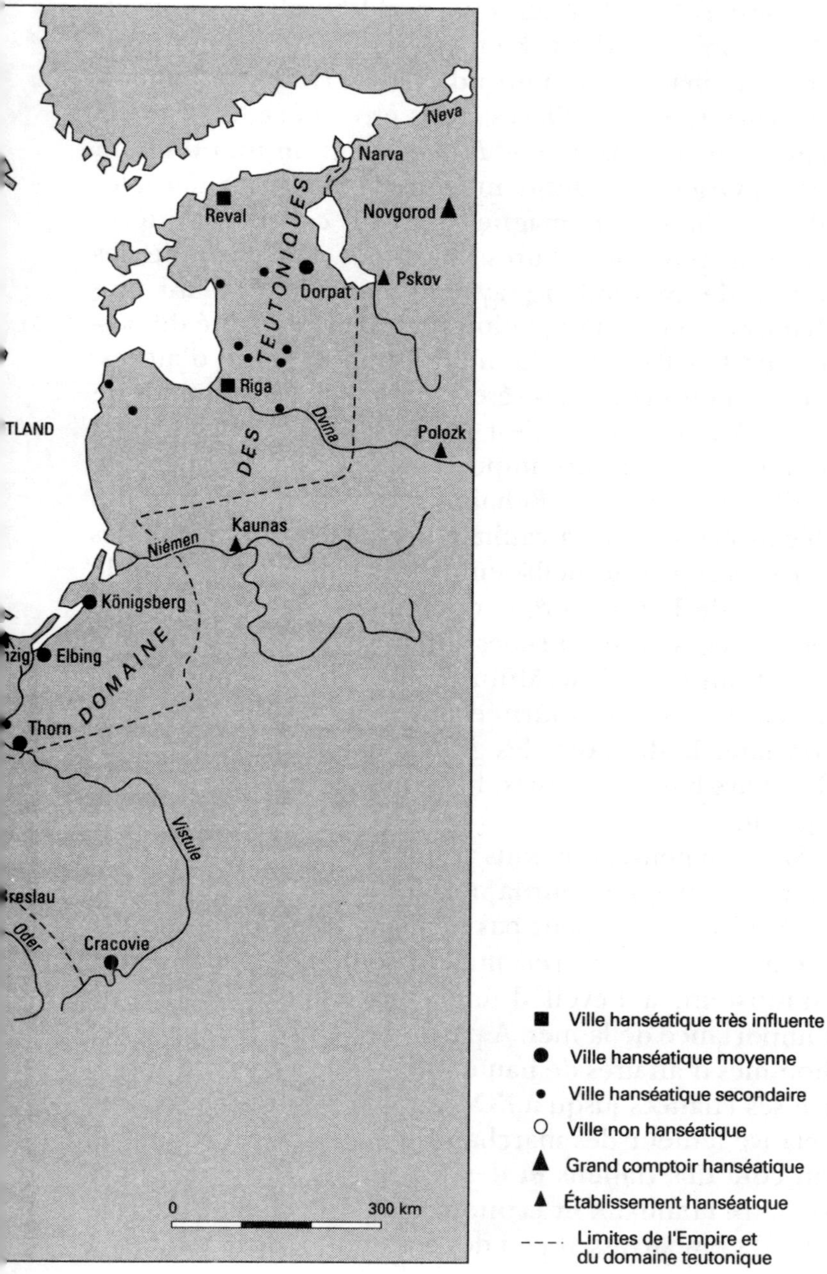
Neva
Narva
Reval
Novgorod
TEUTONIQUES
Dorpat
Pskov
Riga
Dvina
Polozk
DES
Kaunas
Niémen
Königsberg
Elbing
DOMAINE
Thorn
Vistule
Oder
Cracovie
0
300 km
Ville hanséatique très influente
Ville hanséatique moyenne
Ville hanséatique secondaire
Ville non hanséatique
Grand comptoir hanséatique
Établissement hanséatique
Limites de l'Empire et du domaine teutonique

le moine Félix Faber, en route vers Jérusalem, a noté en 1483 la présence d'un chien qui faisait fête aux gens parlant l'allemand et qui grondait à l'arrivée des Italiens, Français, Grecs ou Slaves. Sans être spécialisé dans la seule activité maritime, le *Fondaco* était un trait d'union entre l'Orient et l'Occident, entre la Méditerranée et les villes de haute Allemagne, dont on constate l'intérêt croissant pour les affaires maritimes. Par exemple, les Imhof de Nuremberg avaient dans le *Fondaco* une chambre dont la désignation traduisait la qualité du possesseur, le « Paradis ». Le nom d'Imhof, parmi d'autres, évoque l'ouverture des réseaux familiaux marchands de haute Allemagne. Il n'est pas le seul. Les Hirschvogel n'étaient pas moins importants, car liés de parenté et d'intérêts avec les Behaim, retrouvés à la pointe des Découvertes, dans la capitale portugaise ; de même, les ports ibériques accueillaient des facteurs de la « Grande Société de Ravensburg », notamment Barcelone et Valence, sièges de succursales administrées pour le compte des Humpis. Jérôme Münzer, alias Hieronymus Monetarius, lors de sa tournée européenne de 1494, put constater la diaspora des grands marchands allemands des Pays-Bas aux ports hispaniques et décrire leur dynamisme.

Si l'on a pensé, non sans arguments, que l'intérêt de la haute Allemagne pour la mer fut éveillé par l'influence de Venise, on ne peut pas négliger la contribution des réseaux allemands, récemment soulignée par Philippe Braunstein, à l'éveil d'une conscience collective de l'importance de la mer. A partir de Venise, le regard des hommes d'affaires de haute Allemagne a très vite apprécié ses chances jusqu'à l'Océan, par contraste avec une relative lenteur des marchands hanséates. En revanche, du côté des Italiens et des Espagnols, l'extension des réseaux familiaux et économiques à l'échelon international s'embarrassait peu des contraintes des « nations ».

Réseaux italiens

Il n'est pas nécessaire, après tant de travaux, de rappeler longuement ce que Fernand Braudel appelait l'« éparpillement » des colonies italiennes en Europe : « Des marchands, ajoutait-il, encore des marchands. » Pour illustrer cette opinion, on peut citer, après R. S. Lopez, génois lui-même, un versificateur anonyme du XIIIe siècle :

> Des Génois, il y en a tellement, dispersés dans le monde,
> Que, partout où ils vont, de nouvelles Gênes ils fondent.

D'une si évidente diaspora, la description serait vaine parce que banale. Il importe davantage de souligner, une fois de plus, son caractère européen et de rappeler la présence simultanée de marchands italiens exerçant en des pays différents, parfois hostiles, telles la France et l'Angleterre pendant la guerre de Cent Ans, des activités financières et commerciales, sur le plan maritime comme sur les autres, sans souci des conflits et des concurrences.

Un témoignage célèbre vient, vers 1340, de Francesco di Balduccio Pegolotti. Issu d'une famille notable de marchands florentins, il était l'un des quelque trois cent trente auxiliaires de la firme des Bardi, exerçant dans leurs succursales échelonnées de la Méditerranée (Constantinople, Ayas, Rhodes et Majorque) à la mer du Nord (Bruges, Anvers, Londres) sans oublier Avignon et Paris. Pegolotti, dans sa *Pratica della mercatura* – un genre de manuel alors répandu –, a noté les conditions du commerce en chacune des places où les Italiens avaient des intérêts. Dans ce tableau des affaires, l'Europe maritime tient une large place. Cela est confirmé par les organigrammes, reconstitués par les historiens (Federigo Melis, Raymond de Roover), des affaires de Francesco di Marco Datini et des Médicis, respectivement pour la fin du XIVe siècle et le milieu du XVe. Les deux cas sont des exemples caractéristiques, sans être les seuls, de l'importance de la mer dans les intérêts des hommes d'affaires italiens et dans leur emprise géographique.

Le système datinien, fortement centralisé autour de l'entreprise personnelle du maître à Prato et de sa compagnie bancaire de Florence, était un faisceau de compagnies articulées en un grand nombre de filiales dont l'emplacement littoral est un trait général. Ainsi, de Florence dépendaient une dizaine de succursales en des ports comme Venise et Ancône. La compagnie de Pise rayonnait sur dix autres lieux dont Livourne, Talamone, Gaète, Naples et la Sicile. Celle de Gênes dirigeait le trafic à Portovenere, en Sardaigne et en Corse. D'Avignon dépendaient les ports du bas Rhône (Arles, Tarascon, Beaucaire), Port-de-Bouc, Marseille, Nice et, au loin, les affaires traitées à Lyon, Paris, Bruges et Londres. Barcelone était à la tête des transactions faites à Narbonne, Collioure, Palamos, S. Feliù et Tarragone, et supervisait la filiale majorquine (Palma), Minorque et Ibiza. Valence, sous le contrôle de Barcelone, commandait les affaires traitées à Cadix, Séville, Lisbonne, et son rayonnement atteignait Bruges et Londres. Dans une pareille toile d'araignée circulait une correspondance exceptionnellement abondante (environ 150 000 lettres, selon Federigo Melis) et prodigieusement conservée. Son exploitation encore inachevée ouvre une perspective extraordinaire sur les liens étroits du trafic terrestre avec la circulation maritime.

L'extension des filiales de la « banque Médicis » au milieu du XVe siècle correspondait, en son ensemble, à celle des affaires de Francesco Datini, mais avec davantage de rigueur dans l'organisation de ses structures, de taille européenne. La banque, à Florence, était le cœur de l'organisme ; le commerce international, maritime pour une large part, vivifiait les filiales. Celles-ci se trouvaient aux points névralgiques de l'économie européenne ; quatre étaient directement liées à la mer. Pise approvisionnait Florence en laine anglaise ; Civitavecchia, proche de Rome, exportait l'alun de Tolfa ; Venise ouvrait la porte de l'Orient et de l'Allemagne du Sud ; Avignon travaillait en symbiose avec Beaucaire, Port-de-Bouc, Marseille ; au nord, Londres et Bruges traitaient d'énormes affaires dont l'équilibre de l'ensemble dépendait. La place tenue par Tommaso Portinari en cette dernière ville en a apporté une preuve.

L'éclat de quelques exemples florentins n'éclipse pas le rôle d'autres artisans italiens du dynamisme maritime européen, aussi bien dans les escales françaises et ibériques en Méditerranée et sur l'Atlantique qu'en Angleterre, et, naturellement, à L'Écluse et déjà à Anvers. Beaucoup étaient toscans, de Florence ou de Pise, plus ou moins directement liés aux Médicis, tels Agnolo Tani, Simone Nori, Francesco Strozzi à Bruges et à Londres, Bartolomeo Marmora et Paolo Morelli à Southampton, Marioto de Nerlo et Rinaldo Altoviti à Marseille, les Tacchini à Perpignan et Barcelone, les Tovaglia à Bordeaux et à Rouen, sans oublier des Lucquois comme Giovanni Arnolfini à Bruges ou Gherardo Galganetti à Southampton. En fait, tout le « Gotha » toscan pourrait y figurer.

Très significative de l'essor maritime fut la présence, non moins diffuse, des Génois, à Marseille et à Barcelone aussi bien qu'en Angleterre, mais particulièrement au Portugal, en Aragon et en Castille. Sous le règne d'Alphonse le Magnanime (1416-1458), la présence génoise s'imposa en tous les territoires de la couronne d'Aragon, de Naples à Valence et de Palerme à Barcelone. La faveur accordée par les Rois Catholiques à

Christophe Colomb couronna une situation dont les origines remontent à la fin du XIIIe siècle.

Les débuts de l'implantation génoise présentent une simultanéité remarquable au Portugal, en Castille et en France avec des charges d'amiraux : Benedetto Zaccaria en France, Ambrosio Boccanera et Ugo Vento en Castille, tandis qu'au Portugal Manuel Pessagno fixait cette charge dans sa famille pour plusieurs générations. Au XVe siècle, Bartolomeo I Marchione fut pourvu, avec son associé Jean Forbin, de Marseille, du monopole du corail en 1433 ; puis Bartolomeo II s'adonna au commerce africain et à celui du sucre de Madère, avant de participer au voyage de Cabral en compagnie cette fois d'un Florentin, Girolamo Sernigi. Mais n'anticipons pas en projetant dès maintenant le regard de l'Europe vers l'outre-mer. Toutefois, une famille génoise mérite une mention : les Lomellini ; le premier de ce nom, Bartolomeo, tire, à Lisbonne en 1424, une lettre de change sur Leonardo degli Alberti à Rome. A partir de 1440, il exerce son activité avec plusieurs de ses frères ; un de ceux-ci, Ambrosio, est en affaires à Nantes avec un Breton en 1443 et 1459 ; deux autres, Daniel et Marco, se partagent le monopole de l'exportation du liège portugais en 1456. Le dernier, huit ans plus tard, fait construire un navire à Lisbonne et correspond avec deux de ses neveux établis à Londres. Après un dernier voyage en sa patrie génoise, il revient à Lisbonne définitivement. Entre-temps, deux autres de ses parents s'étaient établis à Madère pour y exploiter le sucre et le miel, et un troisième, Raffaele, était en affaires avec Benedetto Spinola, l'un des derniers Génois résidant à Southampton après l'affaire Sturmy. Ainsi Gênes, Lisbonne, Madère, Nantes, Londres, Southampton constituent autant de jalons du rayonnement typique d'une famille marchande.

La facilité avec laquelle les marchands italiens s'adaptaient à leur nouvelle résidence est confirmée par leurs propos. Simone Nori écrivait de Londres qu'il s'y trouvait bien. Tommaso Portinari se plaisait à Bruges. Les jeunes gens qui, selon l'usage, effectuaient des stages dans les succursales de Francesco Datini et des Médicis ne semblent pas répugner à prolonger leurs séjours. Les lettres reçues à Prato par Francesco Datini ont une tonalité personnelle qui ne trompe pas. Quelques marchands se sont adaptés au point d'élire domicile définitivement ici ou là. Les étapes d'une carrière sont, après l'association commerciale avec des marchands du cru, la naturalisation, le mariage dans la société locale, l'exercice de fonctions municipales, l'acquisition de biens fonciers. L'assimilation, complète dès la seconde génération, s'exprime par la traduction du patronyme dans la langue d'adoption. Bartolomeo Marmora naturalisé anglais en 1417 a épousé une Britannique à Southampton. Benedetto Spinola y a fait de même en 1485. Marco Lomellini, marié à Lisbonne, y est naturalisé ; ses deux enfants sont nés portugais. Il en était de même à Marseille pour d'autres Génois, par exemple les Remesan, de Savone, les Vento, les Cattaneo (dont le nom a été transcrit en Castagne) et Rinaldo Altoviti, marié à Marseille, citoyen et plus tard viguier de Marseille ; des familles authentiquement marseillaises, comme les Forbin, n'ont pas hésité à admettre certains de ces nouveaux venus.

La notion de génération ajoutant la dimension du temps à la réalité spatiale des réseaux familiaux doit donc être prise en compte pour comprendre la formation et la cohésion d'un milieu européen. Les traits de ce milieu se sont dessinés au fur et à mesure de l'établissement d'un équilibre entre l'intégration des groupes nationaux dans les centres où ils vivaient, d'une part, et, d'autre part, le rôle international exercé par eux en commun sur place ou d'un port à un autre. L'évolution ainsi amorcée s'explique peut-être par l'individualisme latin en face de la préférence nordique, disons même germanique, pour les attitudes collectives.

En effet, et c'est une autre question, il y eut parfois tension, même affrontement, entre les groupes étrangers – colonies ou nations – et le pouvoir politique local. La tendance rétractile des Hanséates, par exemple, à refuser le contact – notamment le mariage – prenait une allure « colonialiste », accentuée à Bergen et à Novgorod. Quelquefois, au contraire, le milieu local prenait ses distances avec l'étranger ; on l'a vu en Angleterre et à Lisbonne, encore que les princes, en Angleterre et en Flandre, aient souvent, par intérêt, ménagé les étrangers bailleurs de fonds.

Quoi qu'il en fût, l'évolution générale s'orienta, dans la seconde moitié du XVe siècle, vers l'assimilation des nouveaux venus aux sociétés marchandes qui les accueillaient. A côté des exemples déjà notés concernant surtout les Italiens, le cas des Ibériques illustre une étape d'assimilation accentuée, destinée à s'affirmer au début du XVIe siècle.

Présences ibériques

Géographiquement et numériquement, la présence ibérique s'affirme dans les ports d'Occident. Sans pouvoir évaluer l'effectif des groupes, on retient en chaque lieu son poids, et l'étroitesse des relations familiales et professionnelles fondées sur l'identité des activités économiques. Celles-ci correspondaient à la spécificité des productions ibériques dans l'ensemble du commerce européen : fruits, liège, vins et sel portugais, sucre de Madère, fer de Biscaye et laine « mérinos », alun de

Mazarron et huile d'Andalousie, dont la production et le commerce bénéficiaient de la coordination et du contrôle du consulat de Burgos. L'institution de celui-ci en 1494 coïncide, à deux ans près, à l'ordonnance d'expulsion des juifs (1492), qui accéléra une diaspora commencée depuis longtemps.

Cette diaspora prit l'aspect d'une toile d'araignée rayonnant de la péninsule Ibérique à l'Escaut d'un côté et en Méditerranée de l'autre. Parmi les « nations » espagnoles dont les représentants figuraient dans le cortège nuptial de Charles le Téméraire à Bruges en 1468, la castillane défila au premier rang : c'est elle qui réalisait la majeure partie des transactions en cette ville. Les Biscayens, pour leur part, effectuaient les transports maritimes de concert avec les Catalans. A la fin du siècle, l'attraction d'Anvers ébranla l'homogénéité des représentations hispaniques à Bruges. Les Portugais n'hésitent pas, en 1502, à transférer à Anvers leur factorerie avec le monopole commercial des épices.

Les Ibériques tenaient les maillons d'une chaîne entre la mer du Nord et l'Andalousie. Mais nulle part, sauf à Bruges et à Anvers à ses débuts, leur installation ne prit la forme institutionnelle des nations, peut-être en raison d'une infériorité numérique, qui ne contrariait guère leur influence, en particulier en France et en Angleterre pour ce qui concerne les Castillans et les Portugais.

D'un port à l'autre se retrouvaient des membres d'une même famille, correspondant entre eux et avec leurs compatriotes restés au pays.

En France, au milieu du XVe siècle, les Castillans ont un consul commun, Iñigo Darceo, qui défend les intérêts de ses nationaux établis à Rouen, Nantes, Bordeaux, Toulouse. Ceux-ci, accueillis par des compatriotes et des parents déjà établis, firent venir femmes et enfants et s'installèrent à leur tour. Vers 1500, les mêmes noms se retrouvent à Burgos, à Bilbao, à Toulouse, à Bordeaux, à

Nantes, à Rouen, à Londres. D'où sont-ils au juste ? En 1499, Fernando de Bernuy est ainsi qualifié dans un document anglais : « *merchant of Spain, alias of London, alias of Cales, alias of Brugges* ». Des Bernuy, il y en avait aussi à Toulouse dans le commerce international du pastel.

Avant de figurer à Rouen, Nantes, Bordeaux et Londres, certaines familles avaient illustré le consulat de Bruges : les Gomiel, les Saldaña, les Sevilla, les Medina, les Quintanadueñas, les Astudillo, les Pardo. Parents et amis se rendent de mutuels services par un échange de procurations, de transactions, de virements de comptes, de représentations en justice. Les archives témoignent de l'unité du milieu marchand espagnol où les liens d'intérêts doublent ceux, combien importants, du sang. C'était le cas des Pardo : Juan, vers 1500, gère à Londres les affaires de plusieurs compatriotes ; son frère Silvestro est consul des Castillans à Bruges ; un troisième, Pedro, réside à Rouen, il y est naturalisé français. Quelques années plus tard, un autre Pardo, Alvaro, habitant à Rouen, forme société avec ses deux frères, l'un à Bruges, Jeronimo, l'autre à Séville, Diego ; leurs relations sont assurées par un cousin, Escobar, tandis qu'un autre parent, Juan de Miranda, représente les intérêts à Lisbonne.

Ces solidarités, avant de s'élargir grâce à la dispersion des marranes, résultaient de situations déjà anciennes. A Nantes, le quartier Saint-Nicolas, proche de la Fosse et de ses quais, comptait, au milieu du XVe siècle, les Miranda, les Malvenda, les de Lerma, les Ruiz, comme on rencontrait aux Chartrons de Bordeaux les Castro, Gomez et Lopez de Villanova, qui compte Montaigne parmi ses neveux. Les Gomez, les Lopez et les « Jayent » se retrouvaient aussi à Marseille.

Au-delà des groupements d'intérêts familiaux, résultant d'une origine commune, ces solidarités prirent un aspect international. Sur un plan juridique et économique, Nantes et Bilbao s'unirent à partir de 1530, sous la forme institutionnelle de la *Contratación*. Plus profondément, l'intégration des Espagnols dans les villes où ils avaient émigré contribua, par exemple à Bordeaux, Nantes, Rouen, Southampton, Bristol et Londres, à l'émergence de milieux ouverts sur l'extérieur. La naturalisation par la grâce royale consacrait une assimilation inaugurée par un mariage, suivi de la naissance sur le sol d'adoption d'enfants dont les parrains et marraines sont choisis dans la belle-famille française. Dès lors, la fusion devenait effective à la deuxième génération, d'autant plus naturellement que les nouveaux venus avaient acquis des immeubles urbains et des fiefs ruraux ; ils pouvaient en porter le nom de seigneurie en attendant (peu d'années) la reconnaissance de leurs titres nobiliaires et de leur blason. Qui donc, au temps de Corneille, soit guère plus d'un siècle après ces mutations, aurait pu reconnaître comme le petit-fils du marchand Juan de Quintanadueñas le père de Brétigny, restaurateur en France de l'Ordre, authentiquement castillan en ses origines, du Carmel ? Ce fut, parmi bien d'autres, l'un des avatars imprévisibles de la maturité d'un milieu européen engendré par les relations maritimes de l'Occident.

Les échanges techniques

Les rencontres ont amené les Méditerranéens et les hommes de l'Atlantique et des mers nordiques à se connaître et à confronter leurs usages, leurs techniques, leurs langages, leurs comportements. L'Europe maritime n'est pas née d'une absorption, car chaque secteur a conservé sa personnalité, mais d'échanges. Si une sorte d'œcuménisme maritime finit par prévaloir, ce ne fut pas par suite de l'effacement de l'un devant l'autre. Le Ponant est resté le Ponant, et le monde méditerranéen a conservé sa personnalité. Ils se sont fait mutuellement des emprunts, au terme d'observations et d'expérimentations justifiant leur bien-fondé. Pour tous, ce qui importe et ce qui commande, c'est la mer.

Le choix du matériel naval est, d'évidence, le domaine où s'est exercée, en tout premier lieu et partout, la sagacité des marins. Rappelons les exigences qui s'imposent, universellement, au choix d'un type de navire : la sécurité, la vitesse, la capacité, trois conditions, inconciliables dans l'absolu, partout solidaires ; la palme revient au bâtiment qui les associe en un équilibre satisfaisant. Sacrifier la solidité de la coque à la vitesse, c'est compromettre la sécurité et la capacité. Augmenter celle-ci, c'est renoncer à la vitesse et rendre le navire vulnérable. Le principe d'une solution est, en son sens strict, celui de la rentabilité. Encore faut-il s'entendre sur ce terme. Aux époques anciennes, le même navire servant alternativement ou simultanément à des fins commerciales et militaires, la rentabilité était synonyme d'utilité et d'efficacité pour le gain ou pour la victoire. Pour un grand spécialiste de l'histoire navale, Frederic C. Lane, un indice est le rapport entre la charge utile du navire (marchandises, armements, approvisionnements) et le nombre d'hommes (équipage, passagers, soldats). Il a calculé que, pour un homme à bord, ce rapport aurait été d'un septième de tonne sur une birème vénitienne vers 1300, de 0,28 tonne sur une trirème en 1303 et d'une tonne et demie sur une grande galère au XVIe siècle. Des calculs analogues pour des navires océaniques aux mêmes époques semblent traduire une évolution parallèle tendant à élever ce rapport, en même temps qu'à accroître la rapidité.

En fait – et c'est là que le dialogue Ponant-Levant atteint un niveau d'éloquence –, tout dépend de l'usage auquel le navire est destiné. Les Scandinaves ne briguaient pas un « Ruban bleu » en traversant l'Atlantique de Bergen à l'Islande aux XIe-XIIe siècles. Les galères génoises chargées d'alun de Chio à destination de L'Écluse cherchaient moins un record de vitesse en ligne directe qu'une navigation sûre, quoique lente. De leur côté, les Hanséates venus chercher le sel de la « Baie » ou de Setúbal étaient préoccupés de hâter leur retour afin de se présenter dans le Sund avant les gelées. En revanche, les pêcheurs, avant les progrès de la salaison du poisson – le hareng notamment – à bord des bateaux, devaient se presser pour livrer leurs prises. De même, en Méditerranée, compte tenu de l'âpreté des concurrences ainsi que des cours des prix et des changes connus par des informations d'une surprenante célérité, il y avait avantage à décharger en priorité sur le marché choisi, au moment opportun, une quantité optimale d'épices ou de soieries d'Orient, dont la qualité correspondait aux goûts d'une clientèle connue. Pour le combat, il était préférable de disposer de vaisseaux joignant la bonne tenue à la mer à la souplesse de la manœuvre, propices aux surprises et à la retraite.

La guerre de course d'un Jean de Vienne n'avait pas les mêmes besoins que les transports de troupes anglais de la guerre de Cent Ans ni que les flottes du roi de France en ses expéditions napolitaines vers 1500. Pour conclure, c'est l'adaptation du navire à ses missions qui commande son évolution technique. On le constate sur toutes les côtes européennes quand s'accélère la circulation maritime.

La rencontre des techniques du Nord et du Midi sur le plan naval à partir de la fin du XIIIe siècle fut accompagnée d'un renouvellement des formes du navire, de son gréement et de sa gouverne. Les modes de construction évoluèrent vers un même résultat, en des conditions différentes, sans qu'une relation d'influences puisse être démontrée de manière certaine. En tout cas, l'usage prévalait de construire des carènes à franc-bord, dont les planches du bordé sont jointives et dûment calfatées.

Par rapport à la construction à clin, où les planches chevauchent l'une sur l'autre, la construction à franc-bord, grâce à une économie de bois, allège le bâtiment et accroît sa capacité ; l'affinement des lignes l'assouplit et lui donne un bon coefficient de vitesse.

La Méditerranée, ayant connu la construction à franc-bord avant les mers du Ponant, s'est vu attribuer le mérite de la leur avoir enseignée. Il est vrai que Philippe le Bel, en faisant remonter sa flotte de Narbonne vers la Manche, avait procuré aux charpentiers de navire normands l'occasion de connaître la production de leurs collègues méditerranéens ; mais surtout le recours aux services d'un maître charpentier provençal et de calfats génois laisse à penser, avec Éric Rieth, que la technique méridionale fut pratiquée au Clos des Galées de Rouen à partir de la fin du XIVe siècle. Malheureusement, faute de preuves, on ne peut assurer que l'expérience passa du chantier royal à d'autres ateliers. Deux faits semblent prouver, en France et en Angleterre, le recours à la pratique méditerranéenne. Le premier concerne la construction et la réparation, à Rouen en 1388-1389, de galères royales selon la technique du franc-bord. Le second, en 1416-1417, fait état de l'appel d'Henry V à des charpentiers et des calfats vénitiens, catalans et portugais pour réparer huit navires génois capturés en Manche par les Anglais, car ceux-ci étaient désorientés par une technique qui ne leur était pas familière.

Un autre changement technique, perceptible au milieu du XVe siècle, paraît en cours d'expansion dans l'Ouest européen vers 1500. Cette diffusion concernait un modèle nouveau de bateau appelé carvelle, du nom du genre de clous (*carvels*) utilisés pour l'assemblage des membrures. De tonnage modeste, aptes à la pêche et au cabotage, ces bâtiments durent leur succès aux Bretons qui les firent connaître et imiter, depuis Dieppe en 1451 et Hoorn en 1460 jusqu'à Bordeaux où ils assuraient la moitié du trafic vers 1482.

Un renversement technique tendait donc à substituer un procédé à un autre et à promouvoir à long terme sa prédominance. Une preuve en est dans les remodelages effectués entre 1480 et 1530, en France et en Angleterre, de bâtiments de fort tonnage, construits originellement à clin et refondus à carvel. L'Angleterre transforme en 1509 le *Sovereign* construit à clin vingt ans plus tôt ; mais, en 1509, c'était encore à clin que fut construite la *Mary Rose* transformée à carvel en 1536 ; ce fut aussi le cas, en France, de la *Charente* et de la *Grande-Louise*.

Néanmoins, la nouvelle technique ne se généralisa pas immédiatement. Les inventaires des ressources navales des divers pays en font foi, tel celui d'un capitaine de vaisseau au service de Louis XII et de François Ier, Antoine de Conflans. La côte ponantaise possédait vers 1417 une grande variété de navires à clin comme à carvel. Au-delà de Calais vers le nord, la tradition restait si vivace qu'au milieu du XVIe siècle les gouvernements scandinaves tentèrent vainement de persuader les constructeurs privés de changer de technique, tant étaient tenaces les habitudes.

Décidément, il s'était passé beaucoup de choses autour de 1300. Tandis que l'Océan recevait la visite des navires méditerranéens, la mer Intérieure accueillait un type atlantique de bateau, dont le chroniqueur Giovanni Villani a noté la venue en une page célèbre de son *Histoire de Florence* :

> En ce temps [1304], certains de Bayonne en Gascogne, avec leurs navires que nous appelons cocche, sont passés par le détroit de Séville et sont venus en notre mer en pratiquant la course. Dès lors, Génois, Vénitiens et Catalans commencèrent à utiliser les cocche pour leurs navigations et cessèrent de se servir des grosses naves, afin de naviguer avec plus de sécurité et à moindres frais. Ainsi, ce fut un grand changement pour notre marine.

Peu de textes peuvent exprimer plus clairement la symbiose entre la Méditerranée et l'Océan, et les caractéristiques du nouveau type de navire : origine atlantique, tonnage moyen, rentabilité, sécurité, vélocité et pugnacité. Même si Villani a ajouté une note personnelle à son appréciation, celle-ci mérite commentaire.

Le terme *coca* n'était pas nouveau dans le langage maritime et figure dès 1218 à propos d'un navire appartenant aux Templiers en Italie méridionale. Mais son emploi ici se rapporte à un genre défini et connu : un bâtiment rond, assez court, haut sur l'eau, ponté, pourvu d'une caisse carrée sur la poupe et d'un château sur une plate-forme triangulaire à la proue ; un grand mât gréé carré et un artimon latin : un tonnage modeste (au plus 300 tonnes), une rapidité propre à la course. Telle était, semble-t-il, la *coca bayonesa*, modèle pour les chantiers catalans, génois et siciliens. On a pensé y voir, outre une dérivation étymologique, une parenté avec la cogge nordique. Pourtant, une innovation capitale ajouta, puis substitua, aux deux avirons latéraux de gouverne, d'usage général, un gouvernail axial, fixé à l'étambot, le timon bayonnais, ou biscayen, ou à la navarresque. La désignation souligne le rôle inventif des marins du golfe de Gascogne (ou de Biscaye), et l'importance de ce secteur comme foyer de progrès technique.

La carvelle, la coque et bien d'autres bateaux de moyen tonnage disputèrent la faveur des navigateurs aux grosses unités, hourques et grosses nefs du Nord, grosses naves génoises et caraques méditerranéennes auxquelles leur capacité, correspondant aux besoins d'un trafic de masse, valut le succès au cours du XVe siècle. Cette mode n'eut cependant qu'un temps puisque, dès le début du XVIe siècle, le petit voilier s'affirma comme un outil souple, exigeant peu de main-d'œuvre, donc économiquement rentable. D'une façon analogue, au temps des guerres d'Italie, d'autres nouveautés apparurent avec l'artillerie embarquée ; on attribue à un Brestois le percement des premiers sabords connus dans les flancs de la *Charente* en 1501. En outre, une sorte de préfiguration à quatre siècles de distance du débat de la « Jeune École » vit, au début du XVIe siècle, s'opposer les partisans des grosses unités de combat et ceux des petits navires de harcèlement.

Le XVIe siècle commença donc avec un changement des types de navire. Pour sa part, la galère réalisait avec peine l'équilibre entre sa charge d'hommes et celle de la nouvelle venue, l'artillerie ; parvenue à l'optimum de ses performances, elle ne pouvait plus progresser. Elle allait devoir limiter ses horizons à ceux des mers intérieures, c'est-à-dire demeurer en Méditerranée et plus tard, au XVIIIe siècle, s'offrir une compensation éphémère en Baltique. Cet avatar inattendu et tardif prouve, du moins, son caractère européen.

En revanche, le destin du voilier restait largement ouvert, encore que, une fois acquis les principes essentiels de sa construction et de son gréement, sa carrière ultérieure allait surtout répandre ces principes, en développer et en perfectionner les applications. Quelques épisodes montrent l'extension du progrès technique vers le Nord de l'Europe. De même que la *coca* biscayenne avait fait florès en Méditerranée occidentale au XIVe siècle, le nouveau voilier atlantique allait gagner la Baltique. Les gens de Damme, en 1412, attribuèrent un nombre insolite de naufrages à la construction à clin et la qualifièrent « scélérate ». Plus significative encore fut l'aventure du *Pierre*, de La Rochelle. Ce navire pourrissait dans le port de Gdansk en attendant des réparations que personne n'osait entreprendre parce que le type de ce navire y était inconnu. Les autorités de la ville le jugeaient encombrant et songeaient à le démolir. En 1474, la guerre contre l'Angleterre les décida à l'utiliser. Il fit preuve de qualités nautiques et servit de modèle. L'inventaire fait alors contient une des premières descriptions de trois-mâts. Construit à carvel, le *Pierre* gréait un arbre principal avec une grand-voile et une bonnette, un artimon avec une bonnette, une misaine avec une petite voile. Allégé, il se prêtait à l'exploitation maximale du vent et sa troisième voile, la misaine, neutralisait les effets du tangage. Les manœuvres exigeaient un équipage moins nombreux que la grosse hourque avec son unique grand-voile. Capacité, sécurité, vitesse, rentabilité, cette fois conciliées, constituaient les titres du nouveau venu, parti à la conquête des mers européennes.

Le sillage était tracé où l'Europe, du sud au nord, s'engageait, car l'exploitation des innovations fut l'affaire de tous. Tenir le cap était facilité par la généralisation du gouvernail axial. Utiliser pleinement le vent aux allures portantes, la grand-voile carrée s'en chargeait. Mais, pour remonter le vent en louvoyant, il fallait réduire au maximum la résistance de la carène en neutralisant la dérive et en accentuant la finesse des lignes du bâtiment ; on adjoignit à la grand-voile une autre voile très maniable, la « latine », triangulaire, établie sur l'arrière. Celle-ci fut considérée comme caractéristique de la caravelle portugaise, mieux conçue pour les reconnaissances rapides que pour les longues campagnes. L'équipement naval des Découvertes fut ainsi mis en place avant même l'expérience de Christophe Colomb, et à ces préparatifs tous les Européens avaient plus ou moins directement pris leur part.

Les progrès du matériel nautique n'auraient pas pleinement contribué à rapprocher les Européens entre eux sans le soutien d'un perfectionnement de l'art de la navigation. Sur ce plan-là aussi, la fin du XIIIe siècle fut décisive. Connaître sa position et choisir sa route sont, à nos yeux, d'élémentaires conditions de la circulation maritime. On a objecté que l'empirisme et l'expérience, voire le sens marin, suffirent aux Polynésiens et aux Scandinaves pour franchir les uns le Pacifique et l'océan Indien, les autres l'Atlantique ; il serait aisé de renverser les termes de l'objection : de combien de morts se sont soldées ces entreprises ? et quels fruits ont-elles produits, en face des résultats acquis grâce à des procédés scientifiques ?

Les Méditerranéens, caboteurs inlassables, étaient assez prudents pour préférer la navigation diurne à proximité des côtes et pour pratiquer l'hivernage. Cela leur permettait de se passer d'instruments de navigation lorsqu'ils restaient dans la mer Intérieure. Mais que se passait-il s'ils osaient en sortir ? Ainsi, qui nous dira si les frères Vivaldi avaient une boussole pour affronter les brumes marocaines ? La boussole : c'est pourtant les Italiens qui en ont transmis l'usage aux marins du Nord-Ouest européen. Et quels services ne leur a-t-elle pas rendus, à eux-mêmes, sur l'Océan, en Manche et en mer du Nord, sur la route de Flandre !

Avec la boussole, l'usage du portulan fut un autre cadeau méditerranéen à la navigation océanique. Ce terme désigne, nous l'avons vu, deux instruments indispensables : la carte et le livre. Pratiquement, le marin reconnaît sa route sur la carte-portulan grâce à un système de lignes de couleurs diverses reliant les lieux indiqués. En même temps, les livres de mer décrivant les rivages lui indiquent les amers et les feux, les passes et

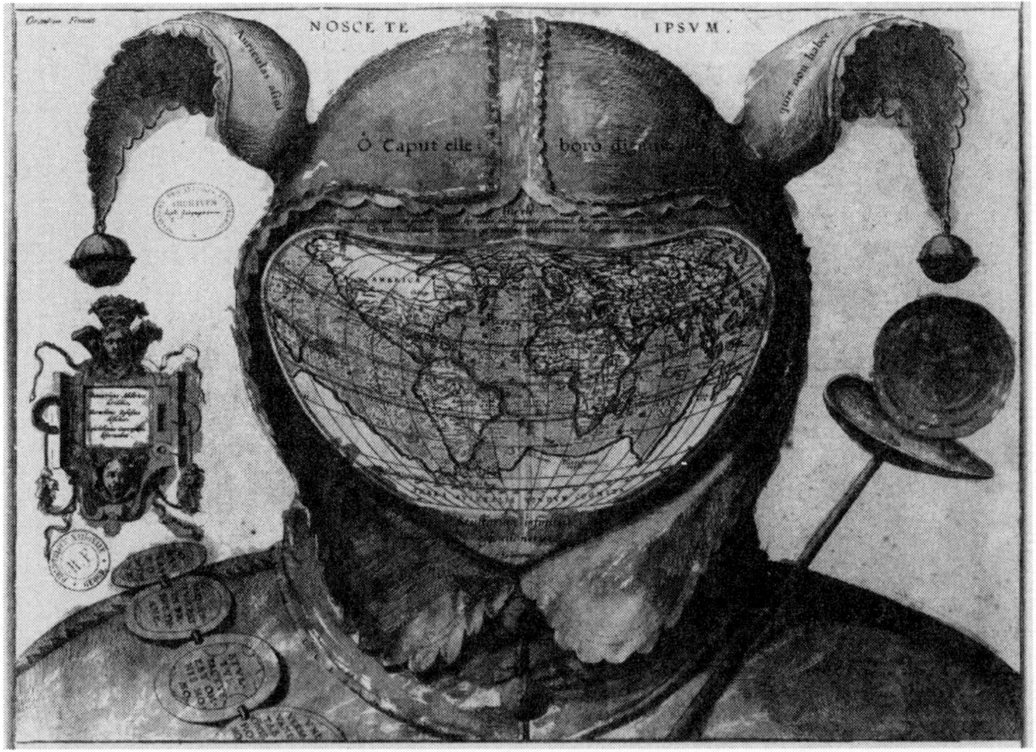
NOSCE TE
IPSVM.
Auriculas asini
quis non habet

les accès portuaires, lui signalent les écueils comme nos *Instructions nautiques*, mais dans un style direct, formulé à la deuxième personne des conjugaisons verbales. Ce contenu des *portolani* a trouvé ses équivalents dans les langues européennes sous les noms de routier (en français), *derrotero* (espagnol), *roteiro* (portugais), *rutter* (anglais), *Seebuch* (allemand), *Leeskaart* (néerlandais). Le plus connu, édité à la fin du XVe siècle, est le *Routier de la mer*, œuvre écrite en français par un Portugais établi en Poitou, Garcia Ferrande, et traduite en plusieurs langues.

Au contenu descriptif de ces textes, s'ajoutaient des tables de déclinaisons, des calendriers des marées illustrés à la manière du genre populaire des calendriers des bergers. L'un des auteurs et l'un des lieux de production de ces petits manuels d'usage courant sont Guillaume Brouscon, avec sa descendance, et Le Conquet, un des points névralgiques de la côte bretonne ; l'œuvre a laissé des exemplaires relativement nombreux dans les bibliothèques de France et d'Angleterre. Ce bagage technique commun a permis aux navigateurs de prendre possession des mers qui environnent l'Europe.

De cette prise de possession, il est d'autres indices avant-coureurs des découvertes maritimes. Les plus significatifs viennent paradoxalement du cœur de l'Europe continentale, précisément de la haute Allemagne ; l'école de Nuremberg a contribué, en des conditions sur les-

---

Ci-contre : **mappemonde humoristique d'Oronce Finé (1536).** L'originalité de cette mappemonde du célèbre professeur de mathématiques au Collège de France tient plus à son encadrement qu'à son mode de construction cartographique. La projection cordiforme, compromis entre la conique et la stéréographique, visait à réduire les déformations entre les masses continentales et maritimes; Mercator aussi l'employa. Mais en plaçant sa carte dans la tête d'un fou, l'auteur voulait railler la prétention de ses contemporains à l'omniscience : d'où les attributs (grelots, marotte) et les inscriptions comme « *Nosce te ipsum, O caput elleboro dignum, Auriculas asini quis non habet, Vanitas vanitatum et omnia vanitas* », etc. L'Europe figure au centre, mais combien petite !

quelles nous aurons à revenir, à soutenir de ses spéculations l'effort concret des Portugais. Martin Behaim, par ses travaux cartographiques et par sa présence aux côtés des premiers découvreurs, apporta le message de toute l'Europe à la petite équipe des grands navigateurs.

Parentés de langage et de culture

Les convergences n'autorisent aucune illusion. L'Europe eut mille façons de dialoguer avec la mer, tant de différences opposaient le Nord et le Sud, le Ponant et le Levant. En Espagne et en France, à cause de leurs deux façades maritimes, les contrastes sont révélateurs. Un marin, bien entendu, en a témoigné en France au moment où l'affirmation de l'unité monarchique et la projection outre-mer des nations européennes plaidaient en faveur d'une identité commune, voilée par des querelles de famille.

Antoine de Conflans, ce Ponantais qui fit campagne en Méditerranée, a écrit, en homme averti, un *Livre des faiz de la marine et navigaiges*, et l'a dédié à François Ier en 1519, quatre ans après l'avènement du roi. Sa réflexion ne se borne pas à la France, s'étend de la Baltique à l'Adriatique, dépasse la diversité des ressources navales et perçoit les aspects humains et culturels. Il a noté que des hommes qui appartiennent à la même patrie et servent le même roi avec fidélité ne parlent pas le même langage : Normands et Provençaux, par exemple ; mais, luttant ensemble en mer Égée, ils finissaient par se comprendre. Au moment où Conflans écrivait, le langage des marins en chaque pays d'Europe recueillait les fruits d'une osmose où chaque peuple peut reconnaître la contribution qu'il a fournie selon son génie propre et les orientations particulières de ses activités maritimes. Augustin Jal, à la veille de l'agonie de la marine à voiles au milieu du XIXe siècle, avait été bien inspiré d'entreprendre l'inventaire et l'analyse polyglotte de ce patrimoine linguistique commun.

Sous-jacente à cette diversité linguistique, la diversité psychologique des gens de mer a été finement perçue par Conflans : « Les gens, écrit-il, dans les mers méditerranéennes sont plus subtilz, au moins marchandent plus subtillement que ceulx de la mer océane ; ceulx du Ponant vont franchement et libérallement en besongne. » Diversité aussi des usages ; on regrette que Conflans se soit dispensé de commenter « les formes et façons des navigaiges » contenues dans le *Routier de la mer* auquel il n'accorde qu'une courte référence. Mais il ne peut pas se soustraire à une comparaison entre les coutumes réglées par le *Consulat de la Mer* en Méditerranée et les *Rôles d'Oleron*, en usage, dit-il, « depuis l'estroict de Roussie [le Sund] jusqu'à l'estroict de Gebaltal [Gibraltar] ». A l'entendre, le *Consulat de la Mer* est pour la marchandise « peu différent du *Rôle d'Oleron* », de même que, sur le plan militaire, la Méditerranée connaît, à son avis, des droits « semblables aux ordonnances de l'Amiral » de France. Conflans semble donc atténuer les différences d'abord soulignées.

La coexistence de plusieurs espaces juridiques sur les mers européennes ne fait pas de doute. Sans doute, après le vœu formulé par la Commission internationale d'histoire maritime au Congrès international des sciences historiques de Stockholm en 1960, il reste encore beaucoup de travail à faire pour l'édition critique et l'étude comparative des textes anciens relatifs au droit de la mer. Les héritiers de Pardessus et de Capmany, nullement découragés par l'abondance des manuscrits des *Rôles d'Oleron* et du *Consulat de la Mer*, ont précisé les points de contact et les différences les plus caractéristiques de ces deux recueils de jurisprudence.

L'héritage gréco-latin en matière de droit maritime avait été conservé, pour une large part, dans les cités méditerranéennes par l'intermédiaire de la législation justinienne et spécialement avec la *Lex Rhodia.* Au XIIIe siècle, les *Partidas* du roi Alphonse le Savant sont inspirées du *Digeste*; au siècle suivant, Bartolomeo de Sassoferrato a fondé sur les principes romains des notions générales fécondes pour la distinction ultérieure des eaux territoriales et de la haute mer, mais utiles déjà en son temps pour la jurisprudence des prises. A ce moment, la tradition latine continuait à se perpétuer dans les usages vénitiens, amalfitains, génois, marseillais et catalans ; précisément à Barcelone, des experts dans l'« art et pratique de la mer » avaient compilé la jurisprudence en usage à la fin du XIIIe siècle en cette sorte de code qu'est le *Libre del Consolat de Mar.* Les navigateurs méditerranéens remontant vers les ports du Nord allaient en répandre le contenu relatif à l'armement et à l'affrètement des navires, aux rapports entre équipages et patrons, aux différends résultant des risques et accidents de mer ainsi que des mésententes entre les hommes.

De leur côté, les pratiques en usage du golfe de Gascogne à la mer du Nord n'étaient pas exemptes d'influences classiques et méditerranéennes, venues par la mer. En certains points, les *Rôles d'Oleron* sont redevables au *Digeste,* aux *Basiliques,* et retiennent du droit rhodien la même disposition que le *Consolat* à propos du jet à la mer. Oleron est située dans la zone de contact du droit écrit et du droit coutumier, l'île se trouvait sur le parcours des croisés et des « jacquets » pèlerinant par mer en Orient et à Compostelle ; La Rochelle comptait des Italiens parmi ses habitants. C'étaient là des cheminements possibles d'influences méridionales.

Cependant, les *Rôles d'Oleron,* ayant un objectif pratique, sont imprégnés de réalités quotidiennes, locales et diverses, au moins apparemment, car les désignations régionales de leurs versions voilaient de réelles parentés et une commune origine. L'hypothèse attribuant la maternité du texte à la reine Aliénor d'Aquitaine et le berceau à l'île d'Oleron a l'intérêt de souligner le lien entre l'extension de l'« empire » Plantagenêt et le rayonnement du trafic du vin et du sel aquitains vers le Nord de l'Europe.

Les *Rôles* s'étant enrichis d'adjonctions et de modifications à des dates différentes au cours de leur diffusion, les versions existantes sont diverses par leur longueur et leur teneur ; mais leurs analogies ou similitudes partielles sont du même genre que les filiations des chartes urbaines du XIIe siècle. L'Europe en possède environ quarante-quatre manuscrits, dont treize du XIVe siècle, lendemain de leur compilation. Les langues dans lesquelles les *Rôles* ont été traduits ou adaptés (anglais, flamand, bas allemand, castillan), ainsi que les dénominations des diverses rédactions, reflètent l'étendue de leur rayonnement. Celui-ci va des *Coutumes de Bayonne* en vieux gascon aux rédactions à l'usage des Flamands (la coutume de Damme) et des Hanséates, de Lübeck, de Gdansk et surtout de Visby, dont la cour de justice a donné un renom particulier au droit de Gotland (*Gotländisches Vasserrecht*).

L'autorité des *Rôles d'Oleron* s'étendit loin et dura longtemps. On croit rêver parce que en plein XXe siècle une juridiction des États-Unis, pour régler un sinistre maritime, s'est référée, en l'un de ses attendus, à un article des *Rôles.*

Progressivement, le contact entre les usages du Nord et du Midi a entraîné moins une contamination réciproque que des compléments et des élaborations nouvelles, de caractère réglementaire. Un exemple en est dans la pratique des assurances maritimes. Au milieu du XVIe siècle, en partie sous l'influence des Castillans, notamment à Rouen comme à Anvers, la mise au point du *Guidon de la mer* préfigure une sorte d'uniformisation en ce secteur du droit maritime. En même temps, se généralisaient en Occident les juridictions consulaires et s'affermissaient les institutions d'amirautés. Celles-ci, en effet, sont un exemple caractéristique d'analogies et de contrastes, de décalages et de complémentarités. Ainsi, on remarque la contemporanéité originelle des amirautés. L'étymologie arabe (*émir*) du mot exprime un héritage des califats et de Byzance ; l'institution a fait tache d'huile en commençant par la Méditerranée au XIIIe siècle (Sicile, 1147 ; Gênes, 1181 ; Catalogne, 1230 ; France, 1248 ; Castille, 1254 ; Portugal, 1288 ; Angleterre, 1295), et son extension correspond à l'attention portée aux affaires maritimes par les États, soucieux de leur autorité sur la mer, ses rivages et ses hommes.

L'État, dans les divers pays européens, devait au cours des siècles suivants prendre à son compte ces précédents, faire un tri parmi les usages et les institutions, écarter les uns, confirmer les autres, commencer à construire des monuments analogues, parfois semblables. Ainsi est-ce par une lente élaboration qu'en France, par exemple, s'est préparée l'œuvre de Colbert : ses Ordonnances reposent sur un héritage séculaire.

Pour achever cette conclusion, ne pouvons-nous pas constater que les navigateurs en perpétuels déplacements d'un port à l'autre trouvaient, malgré d'inévitables dépaysements, une ambiance familière partout où ils arrivaient ? En plus de l'accueil et de la protection procurés par les groupes nationaux aux nouveaux venus, le cadre matériel offrait des paysages connus. Les Méditerranéens, à Venise et à Gênes comme à Palerme, Montpellier, Palma, Barcelone, Valence et même sur l'Atlantique à Lisbonne, trouvaient dans les *Loges* des marchands le lieu naturel des palabres accoutumées où ils traitaient leurs affaires ; de même, les chapelles des confréries, partout, les rassemblaient près de la darse où leurs bateaux étaient mouillés. Mêmes choses au nord. La *Lonja* espagnole a trouvé sa réplique dans la Bourse de Bruges, dès le XIVe siècle. La haute maison de brique, avec un pignon à gradins, règne depuis l'Artois jusqu'au fond de la Baltique ; ce trait de civilisation, exprimant sérieux et réserve, comporte une certaine austérité de lignes régulières atténuée par la couleur rouge du matériau et, souvent, une abondance de fleurs. Un Flamand retrouvait dans la tour de l'hôtel de ville de Gdansk une réplique des beffrois d'Ypres et de Bruges, et Notre-Dame lui rappelait, par ses tours carrées, les églises de Damme et de Malines ; les Anglais pouvaient, de leur côté, évoquer une parenté avec les églises d'Earls Barton et de Clapham. Tous, enfin, éprouvaient une impression familière dans les églises-halles dominicaines, par exemple encore à Gdansk, à Saint-Nicolas. Les affinités avec le gothique flamand, anglais et aquitain y sont réelles ; elles permettaient à Pierre Francastel de constater, par le témoignage de l'art, « l'existence d'un monde de la mer du Xe au XIIIe siècle ». Et tous ces lieux s'ornaient de tableaux où fusionnaient l'esthétique italienne et la flamande. Deux aires maritimes, deux cultures, mais une âme : celle de la chrétienté européenne.

CHAPITRE VI

Le cadre éclaté : l'Europe présente sur toutes les mers

(du XVIe siècle à nos jours)

Exploiter les rivages, souder l'un à l'autre les secteurs maritimes du Nord, de l'Ouest et du Midi constitua l'étape initiale de l'emprise de l'Europe sur ses mers bordières.

L'élément marin se révélait source de profits et espace de puissance ; alors les gens de mer, naturellement enclins à s'avancer toujours plus loin, les pouvoirs terriens ensuite, portés à accroître leur autorité, ne tardèrent pas à étendre le champ de leur action, non sans renouveler et accroître les concurrences et les conflits hérités des siècles antérieurs. Initiatives individuelles ou collectives, entreprises mercantiles et politiques ont ainsi accentué la prise de possession de la mer voisine et l'ont finalement étendue à tous les océans. Œuvre séculaire, dont faire l'exposé chronologique importe moins ici que d'essayer d'en dégager, le moins imparfaitement possible, les caractères majeurs et certaines lignes de force.

Initiatives

L'ouverture du détroit de Gibraltar aux relations de la Méditerranée et de l'Océan inaugurait une sorte de

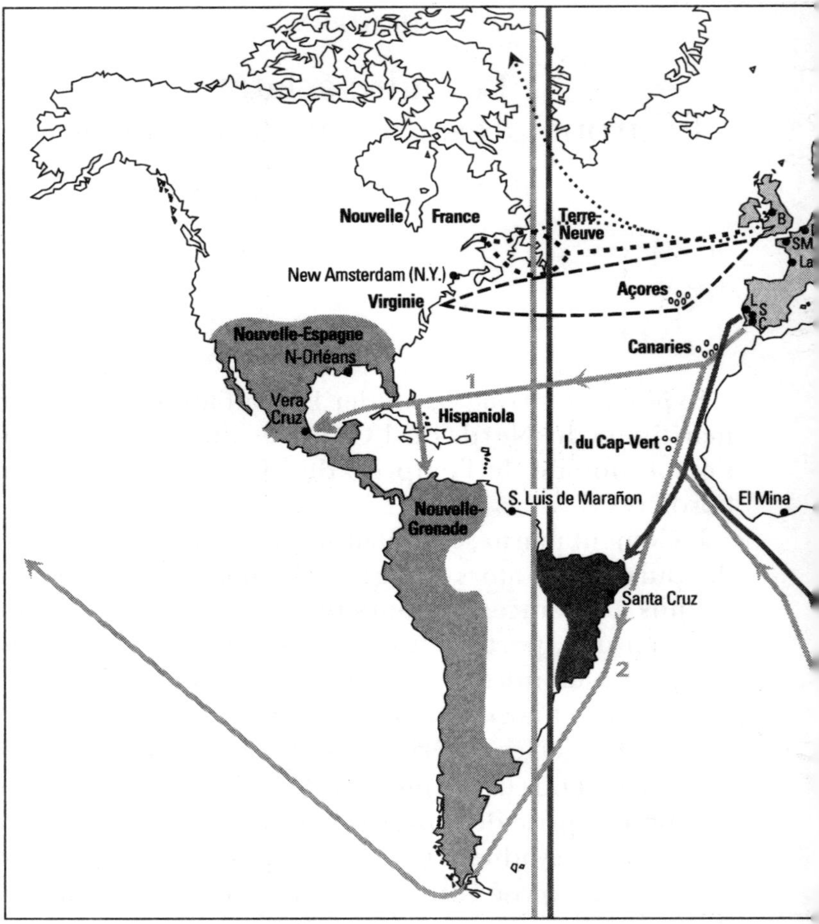

LE CADRE EUROPÉEN ÉCLATÉ (XVIe SIÈCLE)

Ligne de démarcation entre l'aire d'expansion espagnole et l'aire d'expansion portugaise

Routes suivies par Colomb et ses successeurs par Magellan et ses continuateurs

Routes portugaises

Route française : Verrazano

Route française : Cartier

Routes anglaises : Cabot et Frobisher

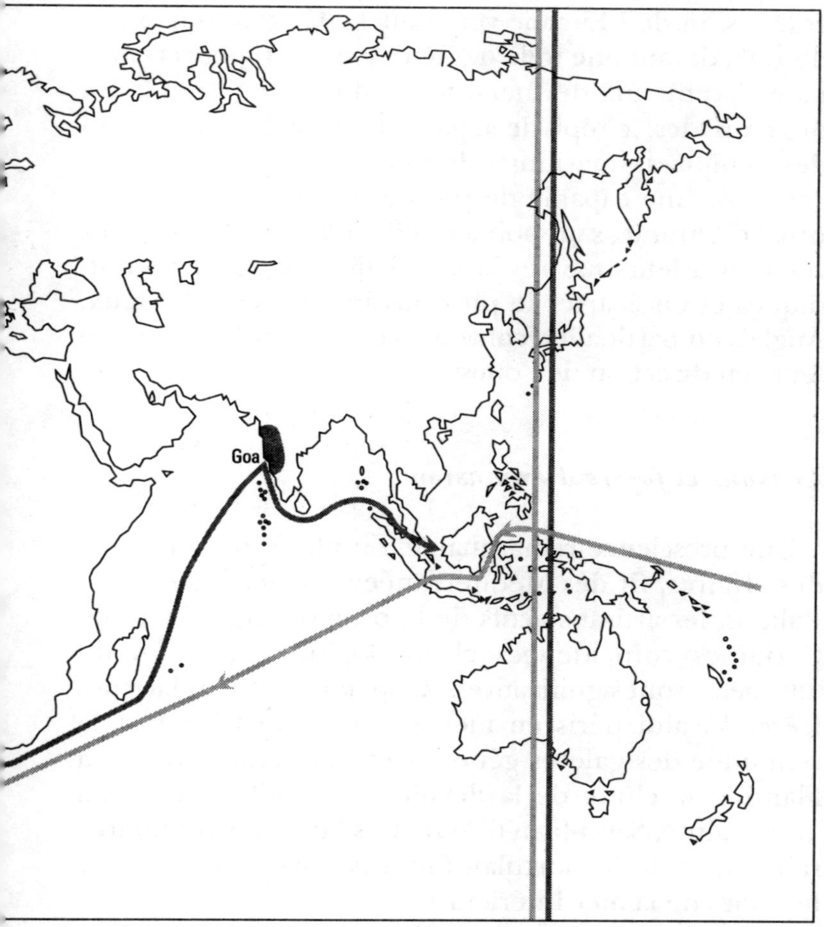

C	Cadix
S	Séville
SM	Saint-Malo
D	Dieppe
A	Anvers
B	Bristol
R	Rome
L	Lisbonne
La R	La Rochelle

Territoires portugais

Territoires espagnols

Les métropoles européennes

conversion de l'Europe vers l'ouest. Ce mouvement se déroula devant une toile de fond dont les repères principaux furent, aux derniers siècles du Moyen Age, la fin des croisades, le repli de la papauté sur Avignon, le recul des « empires » maritimes de Gênes et de Venise, l'avancée ottomane capable de pousser des pointes jusqu'au canal d'Otrante, sans oublier l'effort des Hanséates pour réserver à leurs navires la circulation sur les mers nordiques et en écarter le plus possible les Occidentaux, Anglais en particulier, contraints d'orienter leurs navigateurs en direction de l'ouest.

Artisans et foyers d'expansion

Une prescience remarquable, ou plutôt un sens inné des affaires, fit des Méditerranéens, spécialement des Italiens, les artisans actifs de la promotion de l'Océan. Certaines coïncidences chronologiques à la fin du XIIIe siècle sont significatives. Rappelons-les : l'audace des frères Vivaldi péris en mer à l'ouest de Gibraltar, la remontée des galères génoises et vénitiennes jusqu'en Flandre, la chute de la dernière « échelle » latine en Terre sainte, Saint-Jean-d'Acre. Ces faits sont contemporains du don du portulan fait aux navigateurs par les hommes de la mer Intérieure.

Le résultat fut que, deux siècles plus tard, vers 1500, une chaîne internationale de groupes marchands reliait les deux pôles de la circulation maritime, l'Escaut au nord, l'extrémité méridionale de la péninsule Ibérique au sud. Les têtes de ligne furent, au nord, après le déclin de Bruges et de L'Écluse, Anvers, puis Amsterdam et Londres, au sud Lisbonne et Séville. Les centres intermédiaires, Rouen et Nantes, Southampton et Bristol, les ports de Biscaye et de Galice, non seulement étaient des escales, mais furent aussi des points de départ de l'expansion océanique. En Méditerranée occidentale, Malaga, Valence, Barcelone, Marseille, Gênes et Livourne allaient servir de bases arrière, stimulant les entreprises et recueillant leurs fruits.

Ce dispositif des foyers d'initiative vers les horizons océaniques résulte d'abord de la configuration des rivages européens. A la fin du Moyen Age comme à ses débuts, les positions avancées en direction du large étaient les plus désignées, là où elles offrent des sites protégés ; c'était le cas du Sud-Ouest des îles Britanniques, de la Bretagne, de la Galice et du Portugal. Ensuite, la position directe sur les voies maritimes joua en faveur de Southampton plutôt que de Rouen et Saint-Malo, de Nantes et surtout de La Rochelle plutôt que de Bordeaux, de Valence plutôt que de Barcelone. Enfin, la commodité des relations avec un arrière-pays étendu fit l'avantage des ports d'estuaire, même assez profondément situés à l'intérieur du continent ; pour exemples, il suffit de citer, du sud au nord, Séville, Lisbonne, Bordeaux et Nantes, Rouen, Anvers et Londres, Hambourg.

L'expansion maritime européenne fit élection de ce dernier type de ports parce que s'y trouvaient réunis les facteurs nécessaires du développement. Ce sont là des lieux communs, mais leur rappel est opportun, car l'interdépendance de la mer et du continent y trouve sa signification. Les ports océaniques et nordiques donnent la réplique aux modèles méditerranéens. Les ports atlantiques ont assis leur rôle commercial sur les bases d'une fonction financière et de techniques évoluées des affaires. Sans détrôner Gênes, les places de Séville, Anvers, Amsterdam et Londres sont devenues successivement marchés de capitaux, centres de transactions bancaires et boursières sur place et à distance, sièges de sociétés d'armement en même temps que places d'assurances maritimes. Le dernier exemple est particulièrement significatif : alors que les hommes d'affaires italiens usaient de l'assurance au XIVe siècle, le monde atlantique pratiquait encore au XVIe siècle le prêt à la grosse aventure pour les voyages lointains. Progressivement, l'assurance à prime se développa, et trouva à Londres un terrain d'élection.

La conversion européenne de la Méditerranée vers l'Océan et ses prolongements septentrionaux fut subordonnée à des conditions techniques et à des circonstances sociales. L'Europe atlantique disposait pour ses constructions navales d'approvisionnements abondants en matières premières, d'autant plus indispensables que les techniques devenaient plus exigeantes. L'évolution du trois-mâts, depuis la caravelle jusqu'au grand vaisseau, en passant par la gamme différenciée des frégates, corvettes, galions et autres types, multipliait les besoins. Un marché européen international se développa. Si les ressources locales en bois de carène étaient suffisantes, en bien des cas le recours à l'importation de bois de mâture nordiques devint nécessaire. La Hanse s'en fit une spécialité, ainsi que de la fourniture du goudron et de la poix. L'Espagne cantabrique et la Suède fournissaient le fer des ancres ; la Bretagne, des toiles à voiles et des cordages.

Le recrutement des personnels bénéficia de possibilités presque illimitées sur les rivages de l'Atlantique et des mers nordiques. La navigation exigeant une longue accoutumance et un savoir-faire acquis par l'expérience, le recrutement des équipages dépendit de deux modalités, d'ailleurs compatibles. Pour les grands voyages, il fut nécessaire de recourir à l'embauche internationale, en particulier pour les pilotes. Magellan recruta surtout en Espagne et au Portugal naturellement, mais aussi neuf Français, cinq Flamands, deux Anglais, un Allemand et plusieurs Italiens dont Antonio Pigafetta, le narrateur de l'expédition. Celle-ci eut donc un aspect nettement européen.

Dans la plupart des cas, le recrutement fut local et se fit parmi les pêcheurs et les petits caboteurs, main-d'œuvre abondante et disponible, en particulier sur les côtes anglaises, bretonnes et hispaniques. Les motivations, diverses et inévitables, se répartissaient entre la nécessité d'un gain, l'attachement à la mer, la curiosité, le goût de l'aventure.

Première projection de l'Europe outre-mer : Terre-Neuve

Pour ne pas être chronologiquement la première des Grandes Découvertes, ni même une des plus importantes, celle de Terre-Neuve est, peut-être, la plus significative d'une projection de l'Europe au-delà de l'Océan. Refoulés du marché de Bergen par les Hanséates vers la fin du XIVe siècle, les Anglais de la côte Est (Boston, Lynn, Hull…) s'étaient d'abord tournés vers les eaux islandaises, où ils avaient retrouvé les pêcheurs de Bristol. Ceux-ci, quand il fallut, plus tard, dans la seconde moitié du XVe siècle, chercher d'autres bancs, prirent l'initiative de cette exploration et trouvèrent Terre-Neuve. Alors intervint « John Cabot » en 1497. L'épisode, trop connu pour être de nouveau conté, exige cependant quelques commentaires. Les « bancs » de Terre-Neuve ont figuré tôt sur les cartes comme un prolongement de pêcheries européennes. De fait, si les pêcheurs de Bristol en ont reconnu en partie la zone Nord, les Bretons de la région de Bréhat et Paimpol en exploitèrent l'Est et le Sud, et y guidèrent leurs collègues normands (de Fécamp et d'Agon), puis nantais, rochelais et bordelais. Sur les « bancs » affluèrent aussi Biscayens et Portugais de qui les lieux ont reçu des noms en ces langues. Cette découverte fut donc européenne. La priorité en fut, non sans arguments, revendiquée par

Henry VII Tudor, mais, comme beaucoup d'autres, elle eut pour père un Italien, car, selon certains, Jean Cabot et ses trois fils provenaient de la nation génoise de Valence en Espagne ; en outre, son mobile avoué, par-delà la quête des lieux de pêche, fut la recherche, poursuivie d'ailleurs à Bristol depuis 1480, d'une « certaine île », dite « Brazil », dans la tradition de l'imaginaire européen.

La recherche des îles lointaines

Le rêve et l'ambition ont toujours une part dans les initiatives de découverte. S'ils soutiennent le désir du profit, ils sont à leur tour secondés par la ténacité. C'est en quoi l'emprise européenne sur la mer leur est redevable.

Le rêve insulaire n'est pas seulement un thème littéraire que l'Europe partage avec les autres cultures. Il recèle un extraordinaire potentiel d'énergie et l'un de ses traits est la pérennité. En quelle mesure la culture européenne a-t-elle investi ce rêve dans son expansion maritime ? Une raison technique pourrait justifier l'obsession insulaire, détectée chez les voyageurs et représentée sur les cartes, jusqu'au XVIIIe siècle, c'est-à-dire jusqu'au moment où, simultanément en France et en Angleterre, Berthoud et Harrison inventèrent une montre « garde-temps », permettant le calcul de la longitude ; auparavant, la situation des lieux était imprécise, surtout celle des îles de faible étendue. Les phénomènes de mirage aidant, la richesse insulaire de l'Atlantique semble infinie et stimulatrice de recherches.

Les traditions celtiques et surtout le legs culturel de l'Antiquité à l'Europe ont inspiré les cartographes des XIVe et XVe siècles et même les chancelleries : l'île de Saint-Brandan, Antilia, les Sept Cités sont des destinations mentionnées dans les privilèges d'exploration. L'Europe cherchait ses prolongements et, poursuivant ses rêves, finit par découvrir des réalités au cours des deux siècles antérieurs à Christophe Colomb et John Cabot. Les Portugais et les Espagnols furent en tête, soutenus par les Italiens. Des Génois, les Pessagno, reçurent du roi du Portugal, avec la charge héréditaire d'amiral, la mission de chercher les archipels atlantiques ; c'est ainsi qu'un de leurs compatriotes, Lanzarotto Malocello, peu avant 1336, découvre les Canaries, préludant à leur conquête par le Normand Jean de Béthencourt et à leur rattachement au royaume de Castille au début du XVe siècle. Le mouvement s'accéléra alors vers des directions plus lointaines, à l'ouest : Madère, les Açores deviennent terres portugaises en 1425 et 1427, peu d'années avant que l'infant Henri le Navigateur n'oriente la découverte vers les côtes africaines. En quelques décennies, l'expansion maritime au nord du 36e parallèle ouvrit à l'Europe un secteur d'océan couvrant 2 millions de kilomètres carrés environ et large de plus de 2 200 kilomètres ; l'image en fut tout de suite tracée sur les portulans, non sans entremêler la fiction et la réalité sous des vocables alternativement latins, italiens et catalans ; celui de Dulcert en 1339 ne mentionne que les Canaries, mais il en va différemment déjà dans l'Atlas laurentien (1351), la Carte des Pizzigani (1367), surtout l'Atlas « catalan » d'Abraham Cresques (1375) et les cartes du XVe siècle (par exemple celles de Mecia de Viladestes 1413, Benincasa 1467). L'initiative portugaise de la *volta*, qui poussait jusqu'aux Açores la boucle de la route des côtes africaines vers Lisbonne afin d'échapper à l'alizé et de retrouver les vents d'ouest, est une illustration de l'association de la navigation océanique avec celle des côtes européennes.

Toutes les nations maritimes de l'Europe ont contribué à cette œuvre immense, dans le domaine nautique comme au point de vue financier. Le rôle, humble mais décisif, des pêcheurs, collaborateurs indispensables, a été souvent passé sous silence ; s'ils apparaissent comme des subalternes, ils ne furent pas seulement des figurants inertes. De même, l'importance des financiers, des armateurs et des capitaines italiens a parfois estompé la présence des autres. Certes, dans les ports ibériques, nous avons vu les Génois puis les Florentins tenir le haut du pavé, en raison de leur nombre, de leur fortune et de leur influence. Il y en eut cependant d'autres, de diverses nations. Parmi eux, citons Ferdinand Van Olmen, d'origine flamande, lusitanisé sous le nom de Fernão d'Ulmo, précurseur malheureux de Christophe Colomb ; capitaine des Açores, il entreprit en 1486, avec l'agrément du roi du Portugal, une expédition à l'ouest de cet archipel, et sombra pour avoir appareillé à la fin de l'hiver 1487. Voilà pourquoi le Génois vint proposer au roi de Castille le voyage qui réussit en octobre 1492.

En général, le pouvoir n'intervint qu'en un second temps pour autoriser, soutenir et, dans les meilleurs cas, exploiter les entreprises privées, individuelles ou collectives. Sa participation active, voire son initiative, sera plus lente à s'affirmer. L'antécédence de l'initiative privée résulte, semble-t-il, des mobiles de ses initiateurs. Invoquer « l'or et les épices » revient à donner la priorité aux mobiles économiques. Justifiée, cette appréciation n'épuise pas tous les motifs de l'expansion maritime à la fin du Moyen Age et au début de l'âge moderne. Sans ces motifs, tous les concours n'eussent pas été réunis et, surtout, les entreprises n'eussent pas été réitérées en raison des risques et des échecs. Cependant, les difficultés rencontrées au cours des voyages étaient largement compensées par les séduisantes attractions du soleil et de la lumière, de l'évasion, des inversions de tous genres, dont les îles offraient les occasions, sans oublier les profits (le sucre de Madère, successeur de celui de l'Andalousie, de

Sicile et de Crète) répandus sur le continent dès vers 1470. Tout cela entretint et développa le mythe insulaire dont les « Isles d'Amérique » au XVIIIe siècle apparurent comme le foyer rêvé : « Antilia » ne devait-elle pas survivre dans les Antilles, les îles d'en face ?

Nouvelles et propagande

Sa pérennité – succès du rêve – dut beaucoup à la réputation de ses attraits. La publicité du XXe siècle pour les croisières océaniques est l'arrière-petite-fille de la diffusion des nouvelles de la mer aux époques antérieures. Quelques lieux les ont répandues à l'envi. De Séville et Lisbonne, les rumeurs se propageaient plus vite qu'on ne l'imagine. Leurs canaux furent, par exemple à destination de Milan, Lyon et Anvers, les correspondances marchandes annonçant les arrivées de navires et les perspectives de transactions fructueuses. La cour de Rome était le carrefour incomparable de toutes les rumeurs, et donnait écho aux discours d'obédience par lesquels le souverain portugais et les Rois Catholiques faisaient part au chef de l'Église des succès et des espoirs missionnaires ouverts par l'expansion européenne sur mer et au-delà des mers. Même le menu peuple prit part à l'explosion de la renommée, à la faveur des fêtes populaires, *momos* portugaises, mômeries dieppoises, entrées royales dans les villes ; on y voyait, en figurants actifs, des indigènes des pays lointains avec la faune et la flore exotiques. Lisbonne, Séville, Anvers, Rouen, Dieppe, Saint-Malo, Nantes, Londres étaient des portes ouvertes de l'Europe sur le vaste monde. Nous savons qu'à Anvers Thomas More recueillit les propos d'Hythlodée sur un paradis insulaire : il en fit l'*Utopie* ; or Hythlodée signifie étymologiquement colporteur de sornettes, et Utopie nulle part. C'était donc un rêve apporté par la mer lointaine.

La mer, affaire d'État : être roi de la mer

Avec quelque décalage sur les hommes de mer et les marchands, les gouvernants ont perçu l'importance de la mer pour la formation, la prospérité, l'indépendance et la défense de leurs États. D'où le rôle de la mer dans la construction de l'Europe et, par extension, dans l'éveil d'une personnalité européenne. La vérification en est relativement aisée dans le cas des cités italiennes ; ni Venise, ni Gênes, ni même Florence n'eussent, sans le soutien de la mer, accédé à la puissance. La péninsule Ibérique présente des situations diversifiées : la Catalogne et le royaume de Valence étaient inconcevables sans la mer ; la Castille put s'appuyer sur l'activité de la côte cantabrique, mais, pour acquérir le rang d'une puissance maritime équilibrée sur les trois versants, méditerranéen, andalou et basque, il lui fallut attendre l'époque des Rois Catholiques. Le Portugal doit tout à la mer, mais n'en prit vraiment conscience qu'après la guerre, terminée en 1385 sur le champ de bataille d'Aljubarrota, qui l'affranchit de l'hypothèque castillane. On peut en dire autant de l'Angleterre, dont le destin marin ne s'imposa qu'après son éviction du continent au terme de la guerre de Cent Ans ; pourtant, au cours des hostilités, elle avait déjà ressenti les impératifs de sa position insulaire et toute son histoire ultérieure fut dominée par cette circonstance. Parallèlement, la France éprouva les exigences de sa défense et de ses intérêts commerciaux dès le début du XIIIe siècle, sous Philippe Auguste, qui sut y faire face au moins par épisodes, puis au XIVe siècle sous Charles V et au XVIe de Louis XII à Henri II. Ainsi, les royaumes européens, jusqu'au XVIe siècle, ont peu à peu pris conscience de leurs intérêts maritimes, mais séparément. C'est donc un coup d'œil comparatif sur ces prises de conscience qui permettra de dégager ce qui leur fut commun, c'est-à-dire européen.

L'élément essentiel de ce dénominateur commun, même s'il engendra concurrences, rivalités et conflits, fut l'intérêt, exactement comme dans les querelles d'héritage entre proches parents. Peu à peu, la notion de ce que l'amiral américain Mahan appelle le *sea power* inspira, puis guida les responsables des divers États à partir de la fin du Moyen Age. Une controverse, pour ne pas dire une dispute, opposa, au milieu du XVe siècle, des libellistes français et anglais. Les derniers sursauts de la guerre de Cent Ans étaient propices à ce genre de conflit verbal, sous-tendant la vraie guerre : *The Libelle of Englyshe Polycye* d'un côté, vers 1440, le *Débat des hérauts d'armes de France et d'Angleterre* de l'autre, quinze à vingt ans plus tard. De part et d'autre, les auteurs se jetaient à la tête reproches et invectives, mais il est intéressant de relever chez les deux personnages, également dévoués à leurs souverains et attachés à leurs patries, des arguments fondés sur des conceptions communes et postulant des solutions analogues, sinon semblables. De leur propos se dégage un tableau, assez précis, du trafic maritime occidental, dont chacun des deux pamphlétaires revendique les avantages. Le Français conteste au roi d'Angleterre la maîtrise de la mer ; celui de France pourrait, à son avis, la détenir, car il possède de « bons ports » et « marchandise de quoy exerciter ses navires ». L'Anglais, au contraire, soutient la thèse de la souveraineté britannique sur les mers étroites qu'exprimait alors une littérature polémique ardente : *« We be maysters of the narowe see »*, disait le *Libelle*, tandis qu'un autre mémorandum proclamait : *« Anglia ! propter tuas naves et lanas omnia regna te salutare deberent. »*

Donc, au milieu du XVe siècle, une pensée politique était formulée sur les deux plans stratégique et écono-

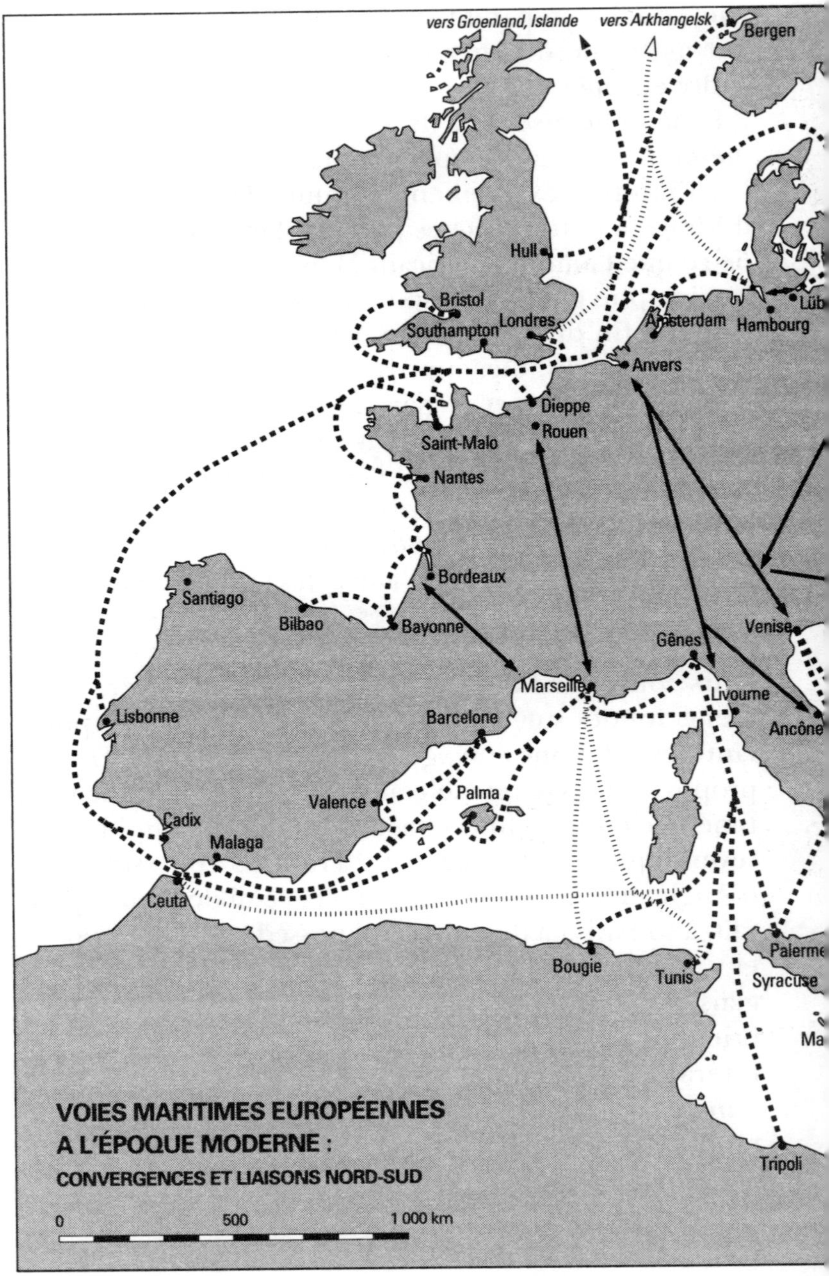
vers Groenland, Islande
vers Arkhangelsk
Bergen
Hull
Bristol
Southampton
Londres
Amsterdam
Hambourg
Anvers
Dieppe
Rouen
Saint-Malo
Nantes
Bordeaux
Santiago
Bilbao
Bayonne
Venise
Gênes
Marseille
Livourne
Ancône
Lisbonne
Barcelone
Valence
Palma
Cadix
Malaga
Ceuta
Bougie
Tunis
Palerme
Syracuse
Tripoli
VOIES MARITIMES EUROPÉENNES
A L'ÉPOQUE MODERNE :
CONVERGENCES ET LIAISONS NORD-SUD
0
500
1 000 km

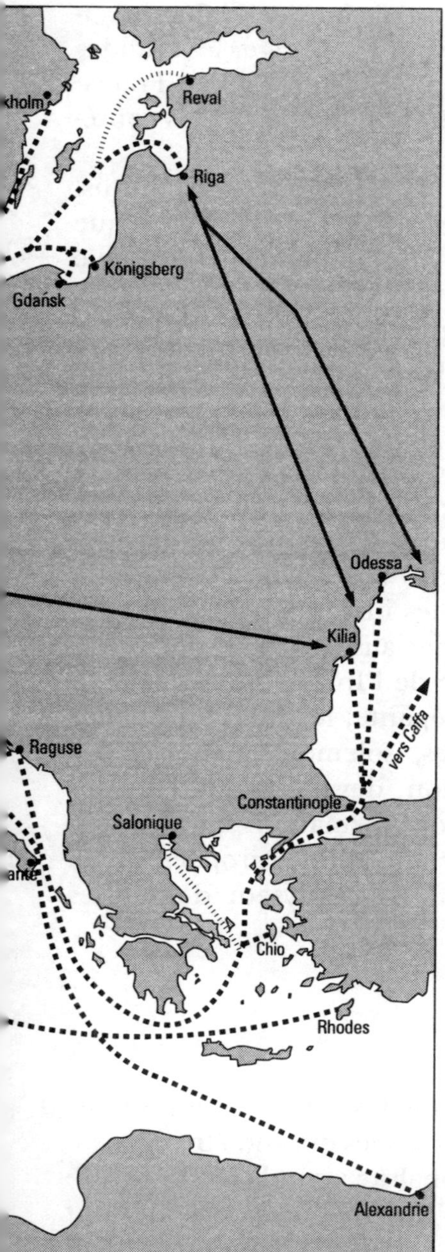

XVe-XVIIe siècle

Prolongement XVIIIe siècle

Jonctions isthmiques

mique, liés l'un à l'autre d'une façon que Mahan n'aurait pas démentie. Nous pouvons en dégager les grandes lignes et en percevoir l'extension ailleurs qu'en France et en Angleterre, avec des effets immédiats et les conséquences à venir.

Les aspects militaires de la question sont connus. Les deux adversaires de la guerre de Cent Ans, ainsi que les royaumes ibériques, les villes italiennes et la Ligue hanséatique, sans oublier, au XVe siècle, les duchés de Bourgogne et de Bretagne, se dotèrent des forces navales que, de plus en plus, la conception de l'État impliquait, avec un accès à la mer, pour y assurer la sécurité et protéger les navires de commerce. Cela devint d'autant plus évident que l'artillerie embarquée et l'usage des sabords donnaient un aspect et un rôle spécifiques aux navires de combat. L'État avait ses navires, aménageait ses ports militaires (Le Havre, Portsmouth, par exemple), développait les institutions d'amirauté, entretenait un personnel spécialisé. Au XVIe siècle, des guerres d'Italie à l'aventure de l'Invincible Armada en passant par les flottes de Lépante, les États européens prenaient des allures navales, isolément, mais avec des traits communs ; à l'occasion, devant Alger, Tunis et Djerba comme à Lépante, des formations navales concertées pouvaient présenter une allure européenne. Le Turc, en effet, servait alors de catalyseur d'énergies hostiles.

Protectionnismes

La préoccupation commune des gouvernements pour les choses de la mer put, des siècles durant, être égocentriste, sinon égoïste, et nationaliste avant la lettre, elle ne mérite pas moins mention. Les libellistes déjà cités ont consacré une partie de leurs discours à démontrer, disait le Français, que « celui qui est le plus fort à la mer se peut dire roy de la mer tant que la force luy dure ». Le protectionnisme, un peu partout depuis la fin du XIIIe siècle, cherchait une voie dans l'institution de taxes qu'à défaut d'autre terme on peut appeler douanières ; des bureaux de perception ont fonctionné dans les ports anglais pour la collecte des *customs*; en France, la désignation de « ports et passages » pour l'administration royale de taxes analogues correspond aussi à une volonté de contrôle ; la même observation vaut pour les *quemas, peatjes, guiatges* catalans et castillans, les *alfandegas* portugaises, le *Pfundzoll* hanséate. Le duc de Bretagne tirait de la mer la moitié de ses revenus.

La taxation ne constituait pas les seules ressources du protectionnisme. Les prohibitions à l'importation et à l'exportation ont été utilisées selon les moments et même selon les humeurs. Elles équilibraient souvent un système de privilèges réservés à tel et tel port pour telle ou telle marchandise. Le nom du régime de *l'Étape*, concernant le monopole de l'exportation de la laine anglaise à Calais après sa conquête par Édouard III en 1347, exprime le contrôle de l'État. Cet exemple n'exclut pas des cas analogues : la Hanse se réservait le trafic du poisson à Bergen ; la France favorisait l'importation des épices au profit du seul port d'Aigues-Mortes ; plus tard apparut le monopole jaloux d'autres épices et des métaux précieux entre les mains des rois portugais et espagnol. La relation des pays européens à la mer s'organisait par des interdits ; cela ne faisait pas encore une Europe, convenons-en, mais, par des voies négatives et une convergence d'intérêts contradictoires, la préparait… de loin.

Les protectionnismes dépassaient le cadre des administrations fiscales et tendirent d'abord à réserver frileusement le trafic maritime aux bâtiments « nationaux ». Le privilège du pavillon trouva ses origines en diverses mesures, allant de la surtaxation du trafic sur des navires étrangers à un régime fiscal préférentiel pour les nationaux, enfin à l'établissement du monopole en faveur de ces derniers. Cela n'allait pas sans susciter d'autres problèmes ; dans le domaine des constructions navales, un concours extérieur était parfois sollicité, ainsi que pour l'organisation de convois protégés.

Les cités italiennes, pourvues de bâtiments au point de pouvoir les louer, se préoccupèrent de leur équipement à cette fin autant que pour se réserver le trafic de leurs possessions extérieures. La France fit, avec Jacques Cœur, une expérience, brève mais exemplaire, du monopole du trafic oriental sur des navires battant pavillon fleurdelisé ; mais la diversité géographique des intérêts maritimes se manifestait dans l'opinion parfois par des attitudes contradictoires ; ainsi, en 1500, les Saintongeais proposaient d'inciter les étrangers à utiliser les navires du royaume ; les Bretons suggéraient des mesures discriminatoires contre les Ibériques ; les Rouennais, très liés à l'activité anversoise, clamaient que « rien n'est plus profitable que liberté ».

Mare clausum ou *mare liberum*

Cependant, la cause du libre-échange n'était pas gagnée. En France, Claude de Seyssel, évêque de Marseille, conseilla à François Ier de ne pas abandonner l'exportation des produits français aux navires étrangers. L'Espagne, de son côté, avait choisi la voie du monopole naval auquel elle resta attachée jusqu'à la fin de son empire américain. Elle avait affirmé le privilège du pavillon en 1491, 1498, 1500, et de nouveau en 1523, avec une insistance que les faits devaient démentir. Il en fut de même du côté du Portugal, qui, au début du XVIe siècle, lança au bénéfice de ses nationaux la notion de *mare clausum.* Celle-ci fut reprise pour le compte de la marine anglaise quand John Selden (1584-1664) assura que l'espace maritime était, comme le terrestre, susceptible d'appropriation. Mais, à ce moment, les partisans du *mare liberum,* ouvert au commerce de tous, avaient pour porte-drapeau l'école juridique hollandaise menée par Hugo Grotius (1604).

Les deux thèses, en tout cas, témoignent de ce que l'Europe accentuait son attention aux choses de la mer. Les prises de position pratiques ont moins freiné les concurrences que stimulé la course et la piraterie. Cette situation avait des précédents déjà anciens. En effet, l'Angleterre, à la faveur de sa situation insulaire, chercha précocement à instaurer pour elle le privilège du pavillon. Son premier Acte de Navigation date de Richard II en 1381, et l'intention qui l'inspira, sinon le texte, fut réitérée notamment sous Henry VII (1489) et Henry VIII (1540). La nécessité de ces renouvellements destinés à décourager l'étranger pourrait faire douter de l'efficacité de cette législation. Celle-ci, néanmoins, contribua au développement de la marine marchande britannique au point d'avoir acquis et conservé la signification symbolique d'une politique mercantiliste maintes fois préconisée par la Chambre des Communes.

L'insularité dont l'Angleterre apprécia de façon définitive la valeur et la pesanteur à partir de la fin du XVe siècle vérifie cette observation de Fernand Braudel que « toute grandeur suppose un espace dominé, plus vaste que l'espace privilégié qui lui appartient en propre » ; l'Angleterre devint, écrit-il ailleurs, « un navire marchand ancré à l'Europe ». L'espace marin environnant avait été perçu par l'auteur du *Libelle of Englyshe Polycye* comme une sorte de domaine réservé, le *mare Britannicum* des cartographes de ce temps, le « Channel » surveillé, et même alors gardé, par la place de Calais. La « vue » (*veüe*), environ 21 kilomètres, unité alors admise pour estimer la distance à laquelle on pouvait, par temps clair, apercevoir et reconnaître une voile, pouvait servir d'argument pour le contrôle d'un détroit à partir de ses deux rives.

La notion de mer territoriale trouva là en même temps une base pour la prétention au salut en mer revendiqué, on l'a vu, par un auteur anglais dès le XVe siècle. Cette prétention eut la vie dure. En 1603, Sully, allant en ambassade à Londres, s'indigna de ce que son bateau fût pris sous le feu d'un bâtiment anglais exigeant le salut. Pourtant, Sully n'était pas un champion de la cause maritime. Plus tard, en 1662, survint la célèbre affaire du pavillon où Louis XIV, pour ne pas être en reste, fit reconnaître à Londres pour ses vaisseaux le droit d'être salués « également » par les navires anglais sur l'Océan et en Méditerranée.

La mer, une composante de la puissance de l'État

La mer en Europe avait acquis la valeur d'une composante de la puissance de l'État, mais pas partout en même temps ni au même degré. D'une façon générale, le rôle de la mer dans l'affirmation du pouvoir fut inversement proportionnel à l'étendue du territoire. Sans revenir sur les expériences antérieures au XIIIe siècle, les villes italiennes, Venise et Gênes en particulier, firent preuve de précocité. Leurs possessions outre-mer, jusqu'en mer Noire, ont réactivé le concept antique de thalassocratie. Avant que l'Angleterre, le Portugal et plus tard les Provinces-Unies n'aient fondé, qui sur une île, qui sur une marge étroite du continent, des dominations maritimes, la Méditerranée connut, au milieu du XVe siècle, l'expérience originale de la couronne d'Aragon. A partir d'une expansion catalane jusqu'en mer Égée, le volontarisme d'Alphonse V le Magnanime

(1418-1456) avait uni en une sorte de fédération la Catalogne, le royaume de Valence, la Sardaigne, le royaume de Naples et la Sicile ; en 1449, un véritable programme édicté par lui imposait à ces États quelques éléments d'un impérialisme maritime : prohibition de certaines importations étrangères, accroissement des constructions navales et monopole du pavillon aragonais. De son côté, le royaume de France, intimement soudé au continent par ses frontières comme par la mentalité rurale de ses habitants et tiraillé entre ses impératifs terrestres et ses attractions maritimes, connut hésitations et retard. Peut-être fut-ce un des mérites de l'argentier de Charles VII, Jacques Cœur, que d'avoir fait la démonstration de l'importance du domaine maritime. Louis XI en confirma la valeur. Charles VIII et Louis XII en exploitèrent les possibilités au temps des guerres d'Italie ; mais il appartint aux rois du XVIe siècle, de François Ier à Henri II, de les développer. Indépendamment de l'organisation d'une flotte militaire, de la fondation du Havre et de l'impulsion donnée au commerce, une prise de conscience s'est manifestée jusque dans les détails d'une sorte de propagande politique.

François Ier avait pu lire le chapitre de la *Monarchie de France* où Claude de Seyssel exposait vers 1519 « comme il serait expédient avoir et entretenir armée de mer ». C'est sur mer, pensait-il, exemples à l'appui, que se font de « plus grandes choses que ceux qui n'ont qu'armée de terre », et de la mer viendraient « accroissement des États du prince » et, pour les habitants, « accroissement de richesse ». Seyssel ne fut pas seul à tirer enseignement de l'expérience des guerres d'Italie. Un exemple célèbre est celui d'un grand seigneur des Pays-Bas, Philippe de Clèves, seigneur de Ravenstein ; apparenté à toutes les dynasties et de ce fait un vrai Européen, il servit alternativement le roi de France et l'empereur, comme amiral du royaume de Naples, « amiral de la mer » aux Pays-Bas et gouverneur de Gênes. Son *Instruction de toutes manières de guerroyer* accorde à la guerre navale la place correspondant à l'importance qu'il lui donne. Composé au début du siècle, édité à Paris en 1558, ce livre trouva auprès du roi Henri II comme auprès de l'amiral de Coligny des adeptes convaincus. Le roi conçut alors un véritable programme naval.

Cependant, les guerres de Religion interrompirent les efforts entrepris pour assurer à la France des assises maritimes comparables à celles dont Élisabeth Ire, Philippe II et les États généraux des Provinces-Unies dotèrent respectivement leur pays. La réflexion politique semblait en avance sur les actes.

De la mer naît l'individualité de l'Europe

En effet, l'esprit de quelques hommes, dès le XVe et surtout le XVIe siècle, voyait plus loin que le cadre limité des intérêts des États. Cette pensée connut, simultanément, des aspects rétrogrades et des prémonitions visionnaires. Le mot « Europe » s'insinue avec la nuance d'une conception supérieure aux particularismes. A vrai dire, tout n'y était pas nouveau, et l'idéal de la chrétienté a servi de référence et fourni une transition. Les projets de croisade retrouvèrent un stimulant avec la prise de Constantinople par les Ottomans et continuèrent à solliciter l'union de l'Occident jusqu'à Lépante et même au-delà, jusqu'à la chute de la Crète en 1669. Le pape Pie II avait prononcé au congrès de Mantoue en 1459 un discours d'allure prophétique, et, écrivant au sultan Mahomet II, définissait géographiquement l'Europe telle qu'on pouvait alors la concevoir en face du péril turc et en des termes que le XXe siècle ne peut pas renier :

> C'est en Europe même, c'est-à-dire en notre patrie, que nous sommes attaqués (...) Nous ne pouvons pas croire que tu soies assez ignorant (...) pour ne pas voir la puissance du peuple chrétien, combien vaillante est l'Espagne, guerrière la France, populeuse la Germanie, forte la [Grande-] Bretagne, hardie la Pologne, énergique la Hongrie, riche, ardente, experte aux armes l'Italie.

Ce tableau géographique correspondait aux témoignages de certains voyageurs qui parcoururent l'Europe au XVe siècle, par exemple Gilles le Bouvier, dit Le Hérault Berry, et, plus tard, Jérôme Münzer.

Cependant, l'assimilation de l'Europe avec la vieille chrétienté continuait à prévaloir. Elle postulait l'union des princes. Instruits par l'échec de Varna en 1444, les princes d'Europe orientale particulièrement sensibles au péril turc, par exemple le roi de Bohême, Georges Podiebrad, invitaient les chrétiens d'Europe à la coopération. La charge religieuse du mot *christianitas* allait faire place à *Europa*, moins par un souci profane que par une coquetterie humaniste réfractaire aux néologismes. Cela apparaît chez Érasme, sans que l'on discerne un penchant pour la mer chez cet homme de Rotterdam qui prenait Dieu à témoin de ne jamais concevoir le dessein horrible de naviguer.

C'étaient des rêveries, mais capables d'une certaine influence, que les propos de Guillaume Postel, grand voyageur par mer comme par terre, de surcroît professeur au Collège de France ; il n'en conçut pas moins dans sa *Concorde du monde* un projet d'empire universel où le droit maritime et commercial (l'auteur était normand) devait concourir à l'équilibre de l'État ; visionnaire, pour soutenir cet équilibre, Postel proposait des inventions dans le domaine militaire, notamment la construction de vaisseaux insubmersibles. Pour lui, la « bonne vie » de ce monde harmonieux serait réalisée par le roi de France, issu, selon le mythe en honneur, des Troyens, que leurs migrations maritimes ont répandus de la Scythie aux Colonnes d'Hercule. Cet internationalisme idéal se confondait donc avec des tendances expansionnistes et impérialistes. Celles-ci trouveraient un terrain d'élection parmi les populations maritimes, « plus fines et plus averties que celles de l'intérieur », à en croire Jean Bodin (*La République*, 1576), contemporain de Postel.

Par ailleurs, les juristes développaient les propositions formulées par Bartolomeo de Sassoferrato ; la théorie du droit des gens, c'est-à-dire des nations, réservait chez Grotius une place privilégiée aux relations maritimes ; le droit commercial était reconnu comme du rôle de l'État. De plus, au cours du XVIe siècle, un effort tendait à clarifier, normaliser et internationaliser les règles et les pratiques du droit commercial ; le succès du *Guidon de la mer*, depuis l'Espagne jusqu'aux Pays-Bas en passant par Rouen, en est un exemple.

Vers la fin du XVIe siècle, toutefois, la France, bouleversée par ses dissensions religieuses, n'avait guère d'autres perspectives que de suivre les conseils de Sully et de retourner à ses deux « mamelles nourricières, labourage et pâturage ». Les horizons marins ? Ce serait pour plus tard.

Les enseignements de l'expérience maritime ne restaient pourtant pas vains pour tous les Européens. C'est un terrien, le cardinal de Granvelle, comtois d'origine, qui conseilla en 1586 à Philippe II de profiter de l'union du Portugal à sa couronne pour transférer sa capitale à Lisbonne, carrefour, s'il en est, des grandes routes maritimes. Conseil significatif, mais vain. La meute des « gueux de mer » hollandais taillait des croupières aux Espagnols sur mer et outre-mer. De son côté, Sir Walter Raleigh tenait ce propos : « Celui qui commande la mer commande le commerce ; celui qui commande le commerce commande la richesse du monde, et par là le monde lui-même. »

La mer, enjeu de la puissance : une chasse convoitée et gardée

Écrivain à ses heures, Richelieu a laissé une pièce allégorique intitulée *L'Europe.* La « Reine des Reines », l'Europe soi-même, courtisée par Francion et Ibère, dont les noms désignent évidemment la France et l'Espagne, repousse les avances d'Ibère, faux amoureux qui ne vise qu'à la dominer. Elle fait de Francion son champion. Autour des trois principaux héros, des figurants servent de repoussoirs ; ce sont Germanique (l'Empire), Austrasie (la Lorraine), Mélanie (Milan), Parthénope (Naples), Ausonie (l'Italie). Curieusement, l'Angleterre est absente. L'argument ne manque pas de signification symbolique. S'il correspond à la situation politique du temps de Louis XIII, il pourrait s'étendre aux époques ultérieures et, pourquoi pas, à la nôtre en changeant les personnages. L'Europe tirée à hue et à dia, la mer n'y a pas peu contribué. Offrant ses services aux uns, invitant les autres à les lui demander, elle fut un lieu de concurrence ou un champ de bataille, restant jusqu'en notre temps l'objet des convoitises d'héritiers envieux les uns des autres. Ceux-ci, au terme du XXe siècle, conçoivent avec peine une coopération équilibrée exigeant une transformation des esprits et des sacrifices.

Pour les Européens, la mer est donc restée objet de possession, jalousement gardée ou âprement convoitée. La première alternative concerne les nations maritimes constituées en États plus précocement que d'autres. Laissant au Moyen Age les cas de Gênes et de Venise, la France, l'Angleterre, l'Espagne et le Portugal sont depuis l'époque moderne des exemples caractéristiques de puissances fondées sur la mer ou lui demandant jouissance, expansion et domination. La seconde alternative comprend des États que l'ambition politique a poussés, comme les précédents, à s'ouvrir un accès à la mer, à s'assurer une libre circulation maritime, à participer aux avantages de l'expansion. Tout s'est donc passé comme si, pour les États, la promotion à un rang supérieur passait par l'acquisition d'une certaine puissance maritime. Ainsi, ce fut le cas, dans l'ordre chronologique, de la Hollande, de la Suède, de la Prusse et de la Russie à l'époque moderne, puis, à l'époque contemporaine, celui de l'Allemagne bismarckienne, de l'Autriche-Hongrie, de l'Italie, de la Grèce, puis de l'URSS.

La conquête du sea power *à l'époque moderne*

Pour chacune des deux catégories, le processus d'accession à la puissance maritime présente des analogies, parfois des similitudes. L'origine en est la conviction que la mer apporte un complément de pouvoir et un gage d'efficacité. La conquête du *sea power* supposa d'abord une perception lucide des objectifs à atteindre et des moyens à employer, ensuite une action délibérée et constante. Les cas les plus courants sont des circonstances conflictuelles : concurrences commerciales, dégénérant en hostilités nées ou étendues à la mer. Dans le passé européen, les exemples abondent. La puissance de Venise et de Gênes a débordé le Moyen Age. L'empire maritime de l'Espagne ne s'est effondré qu'au XIXe siècle et celui du Portugal, le doyen d'âge, a tenu jusqu'à la décolonisation de la seconde moitié du XXe siècle. La mer semble avoir gardé le secret de la pérennité, en face de laquelle l'Invincible Armada d'un côté, la concurrence hollandaise de l'autre ne furent qu'épisodes ou avatars.

Pour tout État aspirant à la possession de la mer, la première urgence est de disposer de navires nombreux et efficaces, au point de vue commercial et militaire. Le *sea power* est à ce prix. Prix est bien le terme adéquat, car une marine coûte cher et doit être rentable sur les plans économique, militaire et politique. « La mer, disait Mahan, est avant tout véhicule. » Elle permet les échanges, les migrations, des actions lointaines. Selon une formule américaine, la marine « projette au loin l'influence ou l'action du pays d'où elle vient, les soutient, les prolonge ». Les stratèges de l'économie et de la force armée ne s'y trompent pas. Le navalisme est défini encore par Mahan comme « l'indicateur et le moteur de l'impérialisme ». Les exemples, par leur abondance, imposent un choix. Cromwell l'avait compris, en renouvelant et consolidant l'Acte de Navigation en 1651. Richelieu, « grand maître et surintendant de la Navigation », pouvait se souvenir de son ancêtre Guyon Le Roy du Chillou, à qui François Ier avait confié la fondation du Havre. Les flottes françaises modernes ont pour pères le Cardinal et Colbert qui réalisa les vues de Richelieu à la manière d'un commis exécutant les desseins d'un homme d'État, disait Henri Hauser, non sans cruauté. On pourrait citer leurs continuateurs jusqu'à Louis XVI, grâce à qui la France posséda une marine comme elle n'en eut plus de comparable, sauf sous Napoléon III et au XXe siècle, grâce à Georges Leygues, ministre de la Marine en 1925-1927. Tout cela a été dit par quelques historiens actuels comme H. E. Jenkins en Angleterre, Étienne Taillemite, Jean Meyer, Maurice Dupont et Philippe Masson en France, José Merino pour l'Espagne. La continuité est toujours la condition du succès. La puissance navale est œuvre de longue haleine. Le souffle n'a pas manqué en Angleterre, où la mer, étant proche de chacun, intéresse toute la nation ; les fléchissements, au XVIIIe siècle, y ont été éphémères. Les Français, selon leur tempérament et gâtés par la diversité de leurs chances, ont été moins constants. Ils se sont, par moments, laissé saisir par des discussions théoriques ; ainsi, sous l'influence de la « Jeune École », autour de 1900, ont prévalu les tentations de la mode : manie des performances techniques de quelques échantillons expérimentaux dans le domaine des constructions navales ; surtout, aux yeux de plusieurs générations obsédées par la crainte d'une invasion terrestre, la mer apparaissait comme un « luxe » plutôt que comme une chance. Du côté ibérique, l'exploitation d'atouts non négligeables a manqué de ressorts économiques et démographiques, et, la routine se substituant à la constance, les matériels ont vieilli.

De l'ère des compagnies aux impérialismes maritimes

Les compagnies de commerce à la rescousse

Outre la continuité de l'effort naval, la puissance maritime exige un usage équilibré des matériels. Les sociétés modernes ont imaginé, sur le plan civil, le système des compagnies de commerce estimé plus efficace que l'effort militaire pour intéresser une nation à la mer et favoriser son expansion. Les *Merchant Adventurers* anglais ont, dès le XVIe siècle, avec la bénédiction d'Élisabeth Ire, cherché leur voie en toutes directions, même en celle – la route du Nord-Est – dont l'avenir ne devait s'ouvrir qu'au XXe siècle. La lutte contre l'Espagne a fondé la grandeur maritime néerlandaise et permis la fortune, aux Indes, des « Messieurs » de la célèbre VOC (Vereenigde Oostindische Compagnie), dont les peintres (Rembrandt et autres) ont fixé les traits. Les XVIIe et XVIIIe siècles ont été l'ère des compagnies de commerce ; les tentatives de Richelieu en ce domaine ont servi de leçons à Colbert, qui emprunta ses modèles aux Provinces-Unies. Sa volonté de prospérité a brisé l'étreinte néerlandaise qui eût étouffé chez eux (à Nantes, la « Petite Hollande ») les efforts des négociants français. La guerre de Hollande fut un conflit économique, réglé, de manière éphémère, en faveur de Louis XIV. De fait, l'union anglo-hollandaise réalisée par Guillaume d'Orange en 1688 fut un grand pas vers la prépondérance maritime britannique.

Flottes militaires et civiles, exploitation rationnelle de celles-ci dans le cadre des compagnies privilégiées, puis de l'armement privé, furent, au plan européen, les bases d'une puissance qu'expriment les données numériques dont l'élaboration statistique, récente, est pleine d'enseignements. Elles s'énonçaient en nombre de vaisseaux, frégates et flûtes, avec leur équipement en voiles et en canons, comme de nos jours la puissance maritime d'un pays s'énonce en tonnes et en vitesse. Les comparaisons, révélatrices du niveau de puissance, précisent la compétition de l'Angleterre et de la France, parvenue à un paroxysme qui eût tourné à l'avantage de celle-ci sans la Révolution et ses guerres coûteuses. Depuis lors, au XIXe siècle, la prépondérance britannique de l'époque victorienne résulta du fruit de la conjonction d'un double effort militaire et commercial, au service de l'expansion, troisième volet d'un triptyque.

L'Océan réflecteur de l'Europe

L'expansion sur mer et outre-mer est l'étalon sur lequel s'est mesurée la part des océans dans la puissance des États européens à partir des Grandes Découvertes. Celles-ci ont projeté outre-mer l'image de l'Europe ; la nomenclature géographique inscrite sur la carte du monde par les explorateurs traduit cette intention, par exemple Hispaniola, Carthagène, Nouvelle-Espagne, Nouvelle-Castille, Belem, New Amsterdam, Boston, Nouvelle-Angleterre, Nouvelle-France, Montréal, Louisiane, Nouvelle-Orléans, et combien d'autres jusqu'aux antipodes. L'émigration suivit l'impulsion de la découverte, transposant principalement en Amérique du Nord les types de sociétés européennes, avec leurs usages, leurs langues et leurs clivages religieux. Du Canada à la Floride, en passant par la côte orientale des actuels États-Unis que Jean de Varassène (*alias* Giovanni Verrazano) fut le premier Européen à reconnaître, pour le compte de François Ier, en 1524, l'Europe, espagnole, anglaise, française, portugaise (à Terre-Neuve), néerlandaise et danoise (aux Antilles), a laissé sa marque. Quoi d'étonnant que, malgré des différences accentuées par le temps et une position marginale vis-à-vis du Vieux continent, la mer ait maintenu des liens qu'elle avait noués ? Le « Nouveau Monde » a prouvé à l'« Ancien » le souvenir de son ascendance et de sa parenté au cours et au lendemain des deux guerres mondiales. A l'heure où l'Europe définit sa propre identité et cherche à s'organiser, l'appartenance de l'Amérique au monde occidental fait-elle vraiment problème ?

Nouvelle génération d'États maritimes

La deuxième génération d'États européens accédant à la puissance maritime comprend ceux que la situation géographique ou le degré d'évolution politique avait jusqu'à un certain moment écartés du concert des États proches de l'Océan. Le rôle des détroits a joué pleinement dans le premier cas, celui de la Suède, de la Prusse et de la Russie. L'histoire a pesé lourd sur le destin des riverains de la Baltique. Le Danemark fit, *a contrario*, la démonstration de ce qu'il en coûte d'avoir eu une puissance maritime et de ce qu'il faut de courage pour sauvegarder ce qui en subsiste. De l'empire maritime de jadis, et de la capacité, encore au XVIIe siècle, d'essaimer aux Antilles et en Inde, il demeure encore le Groenland et les îles Féroé, et la position clé de Copenhague. Celle-ci, le Danemark dut la défendre contre l'Allemagne hitlérienne comme elle l'avait fait en 1801 et 1807 lors des guerres napoléoniennes, et au XVIIIe siècle, à la veille de la paix du Nord, contre la Suède. Ce fut donc une lutte constante contre le destin et pour faire échec aux appétits de nouveaux venus.

La marine de Gustave Adolphe n'a pas joué un rôle hors de la Baltique, mais sans elle, c'est-à-dire sans navires de transport, les armées suédoises n'eussent pas réalisé leurs conquêtes. Gustave Adolphe attachait à sa marine l'attention très vive que requérait son ambition. Il fit de Karlskrona une puissante base navale, siège de l'Amirauté et arsenal. Sous son règne, la flotte, qui comptait seulement cinquante navires en 1613, s'éleva à quatre-vingt-dix unités, plus puissantes. Parmi elles était le *Wasa*, très beau vaisseau de soixante-quatre canons, mais trop lourd dans les hauts; il chavira dès sa première sortie en 1629. Arrachée aux vases de la baie de Stockholm voilà une trentaine d'années, l'épave, bien conservée, demeure un témoin de la puissance navale telle qu'on la concevait dans la première moitié du XVIIe siècle.

La guerre de Trente Ans eut des aspects maritimes souvent méconnus. Ainsi l'empereur Ferdinand II, pour lutter sur mer contre Gustave Adolphe, ajouta aux fonctions terrestres de Wallenstein celle de « capitaine général de toutes les flottes impériales et général de la mer Océane et Baltique » (1628). Wallenstein fonda un arsenal à

Wismar, mais en moins de quatre ans la marine suédoise captura les navires impériaux et mit fin à la première tentative d'une marine impériale. La leçon allait servir au Grand Électeur de Brandebourg, Frédéric-Guillaume (1640-1688), qui n'omit pas la mer dans son rôle de fondateur de la grandeur prussienne. Son arrière-petit-fils, Frédéric II, lors de l'exhumation du Grand Électeur pour placer son corps avec ses ancêtres dans la nouvelle cathédrale de Berlin, eut, dit-on, ce mot à l'adresse de son entourage : « Messieurs, celui-ci a fait beaucoup. » Frédéric-Guillaume, né en 1620, avait dans sa jeunesse contribué à arracher aux Suédois les rivages du Brandebourg et l'île de Rügen, et, séjournant en Hollande, où il était apparenté avec la maison d'Orange, apprécia la vitalité maritime de ce pays. Cette double expérience l'amena à créer une marine, petite il est vrai, et à organiser, avec l'aide d'un armateur hollandais, Benjamin Raule, une compagnie de commerce avec l'Afrique et les Antilles, préfiguration avec ses trente-deux navires, à deux siècles de distance, des ambitions de son lointain successeur, l'empereur Guillaume II d'Allemagne.

Le Grand Électeur avait fait ses classes en Hollande. Pierre le Grand y fit son apprentissage, outils en main, sur les chantiers de Zaandam. Il savait concrètement ce qu'il faut pour construire un navire, comment le faire et combien le payer. Une tournée en Europe de l'Ouest compléta son information. C'est donc en connaissance de cause qu'il donna l'impulsion à une politique maritime fondée sur une expérience directe et personnelle, inspirée des exemples autorisés de la Hollande, mais aussi de Venise. Le tsar envoya cinquante jeunes gens en ces deux directions (vingt-deux aux Provinces-Unies, vingt-huit à Venise) pour y apprendre la navigation ; dans la deuxième, dix-sept des stagiaires russes reçurent l'enseignement d'un Dalmate, Marko Martinovic', de Perast, que Venise avait gagé comme professeur ; un compatriote de ce dernier allait devenir amiral de la flotte russe, Matija Zurajevic'. Le premier objectif de Pierre le Grand était de contenir la Suède dont la flotte pouvait l'empêcher d'ouvrir « une fenêtre sur la Baltique ». La fondation de Petrograd, avec la forteresse marine de Cronstadt, fut un acte symbolique, dont il fit payer le prix aux Suédois ; utilisant l'appui des îles d'Åland, les galères russes pouvaient surclasser les suédoises et même menacer Stockholm. De plus, la volonté de puissance du tsar lui inspira un programme de construction de vaisseaux de ligne, capables de franchir le Sund : trente-cinq en 1725.

Un autre objectif était l'accès à la mer Noire et à la Méditerranée. De ce côté, il fallut patienter parce que la politique russe se heurtait à l'épaisseur de la Porte ottomane, vermoulue il est vrai, comme aux intérêts commerciaux britanniques et à l'entente séculaire des Français avec les Turcs. Catherine II, soucieuse, disait-elle, de « l'honneur de son pavillon », ne ménagea rien. En 1770, une flotte russe partit de Cronstadt pour s'en aller détruire une flotte turque à Tchesmé, face à Chio, en contournant l'Europe ; de loin, la Russie préludait aux longs détours que lui imposait sa massivité continentale : on songe à la croisière de l'escadre de l'amiral Rodjestvensky en 1905 par l'Afrique du Sud jusqu'au Japon. La Russie, en s'affirmant comme puissance maritime, faisait coup double : aux Européens, elle manifestait sa force, et sa présence en Méditerranée en passant par le Sund et par Gibraltar ; aux Turcs, elle inspirait la crainte d'une attaque de Constantinople en tenaille par la mer Noire et par l'Égée. La progression en mer Noire se poursuivait implacablement. Azov, déjà attaquée en 1736, fut abandonnée au traité de Kaïnardji (1774) par le sultan, qui dut aussi se résigner à la liberté de navigation en mer Noire et dans le Bosphore. En même temps, la Crimée passait d'un protectorat russe déguisé à une occupation définitive (1784). La flotte impériale disposait d'une cinquantaine de vaisseaux et d'une trentaine de frégates ; c'était beaucoup moins sans doute que chacune des trois grandes marines occidentales (anglaise, française, espagnole), mais l'orientation de l'avenir était appelée à s'affirmer en toutes directions : la Méditerranée (à la faveur de la libération de la Grèce), l'océan Indien (à travers les États du Moyen-Orient), le Pacifique enfin à Vladivostok, le tout étant couronné par la recherche d'une route estivale par le Grand Nord, de la mer Blanche au détroit de Behring ; mais cela est une autre affaire, hors des limites de l'Europe.

Les nouveaux impérialismes maritimes

L'Allemagne impériale aux environs de 1900 a, de son côté, montré que la domination de la mer est une exigence d'un État fort. Son entrée en scène sur les océans porte la marque de deux hommes. Le grief de mégalomanie fait à Guillaume II n'était pas sans fondement, mais la rencontre de ses ambitions d'abord avec les objectifs de l'amiral von Tirpitz, homme d'expérience en même temps que théoricien de l'emploi de la marine, ensuite avec les intérêts des grands ports ex-hanséatiques comme Hambourg, donnait une consistance redoutable aux développements pratiques de ses intentions. Décidément, Mahan, dont Guillaume II avait fait traduire et diffuser l'œuvre, faisait école là aussi. Les parades de l'empereur, ses discours, son affectation, plus convaincue qu'on ne l'a pensé, de se présenter en marin (Guillaume II croyait faire plaisir à sa tante, la reine Victoria, en portant l'uniforme d'amiral de la flotte britannique dont elle lui avait conféré le grade), tout cela était la traduction d'une inclination réelle du jeune empereur vers la domination de la mer.

Les statistiques montrent sa présence sur toutes les

mers, la multiplication de ses agents jusque dans le Pacifique et l'habileté à fonder des colonies là où, en Afrique, il restait encore de la place. L'action de Tirpitz est significative de cette politique. Au moment où en Allemagne se développait une controverse technique analogue à celle de la « Jeune École » en France, Tirpitz put imposer ses conceptions, car elles concrétisaient les rêves de l'empereur. Celui-ci, séduit par la clarté des conceptions de l'amiral et sa force de conviction, le fit chef d'état-major du haut commandement de la Marine. Tirpitz, avocat de la « guerre d'escadre », préconisait le « risque » de l'offensive stratégique, mais il lui fallut beaucoup d'adresse et l'appui impérial pour obtenir du Reichstag le vote des crédits nécessaires à la réalisation d'un programme naval échelonné sur quatorze ans à partir de 1898. Le but était d'abord de surclasser la flotte russe en Baltique et de faire front aux escadres françaises de la Manche et de l'Atlantique, ensuite d'atteindre un niveau tel qu'« une puissance navale de premier rang » réfléchisse trois fois avant de s'en prendre aux côtes de l'Empire. L'Angleterre ne pouvait pas se méprendre sur le sens de cette allusion. Ainsi, l'objectif était d'élever à soixante et un en 1912 le nombre des grands bâtiments alors qu'il était seulement d'une trentaine avant l'intervention de Tirpitz. L'empereur put, dès le 18 juin 1897 à Cologne, proclamer que l'Allemagne avait relevé le « Trident de Neptune ».

Les ambitions de Guillaume II correspondaient à une recherche du prestige militaire et politique plus qu'à un besoin de débouchés commerciaux, déjà acquis d'ailleurs. Au contraire, les initiatives russes des XVIIIe et XIXe siècles s'expliquaient par la nécessité géographique d'un accès aux grands espaces marins. Or l'un des plus petits États européens a, comme le plus étendu, éprouvé la même nécessité. La Suisse, en effet, a cherché, au début du présent siècle, à briser l'étau continental en

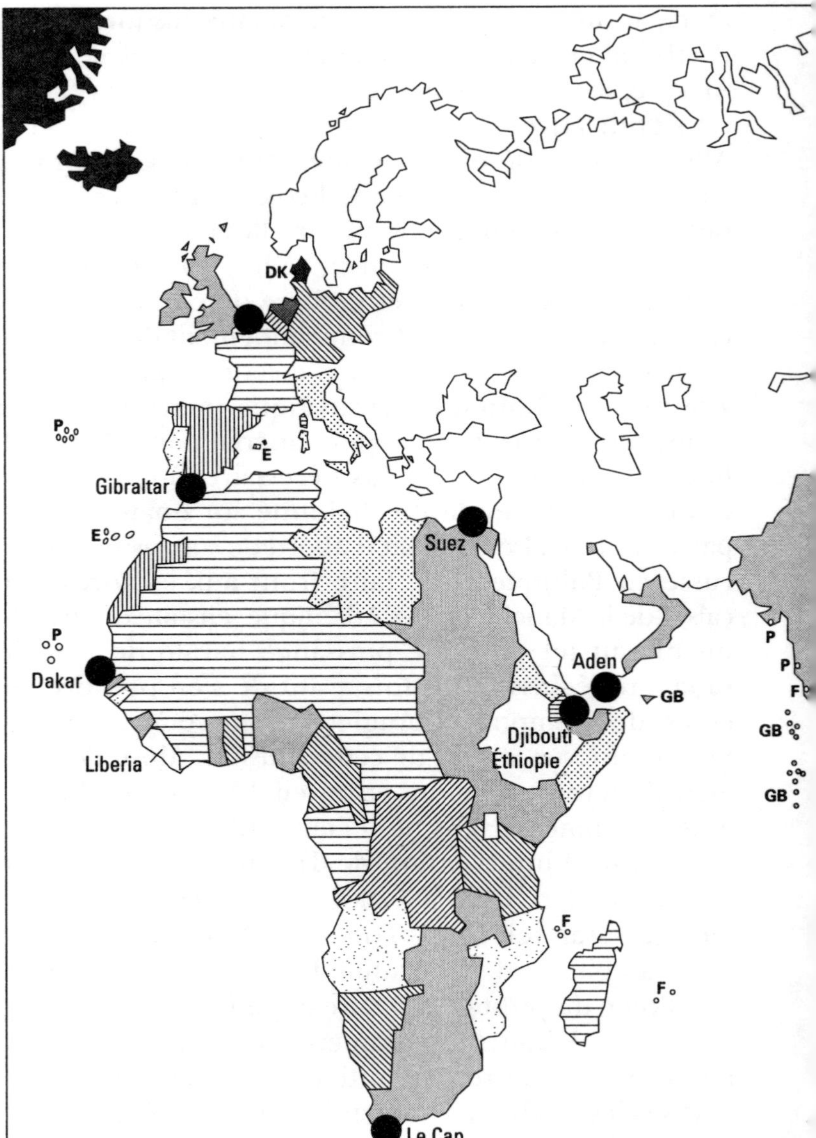

L'EUROPE PRÉSENTE SUR TOUTES LES MERS (L'HÉRITAGE EN 1914)

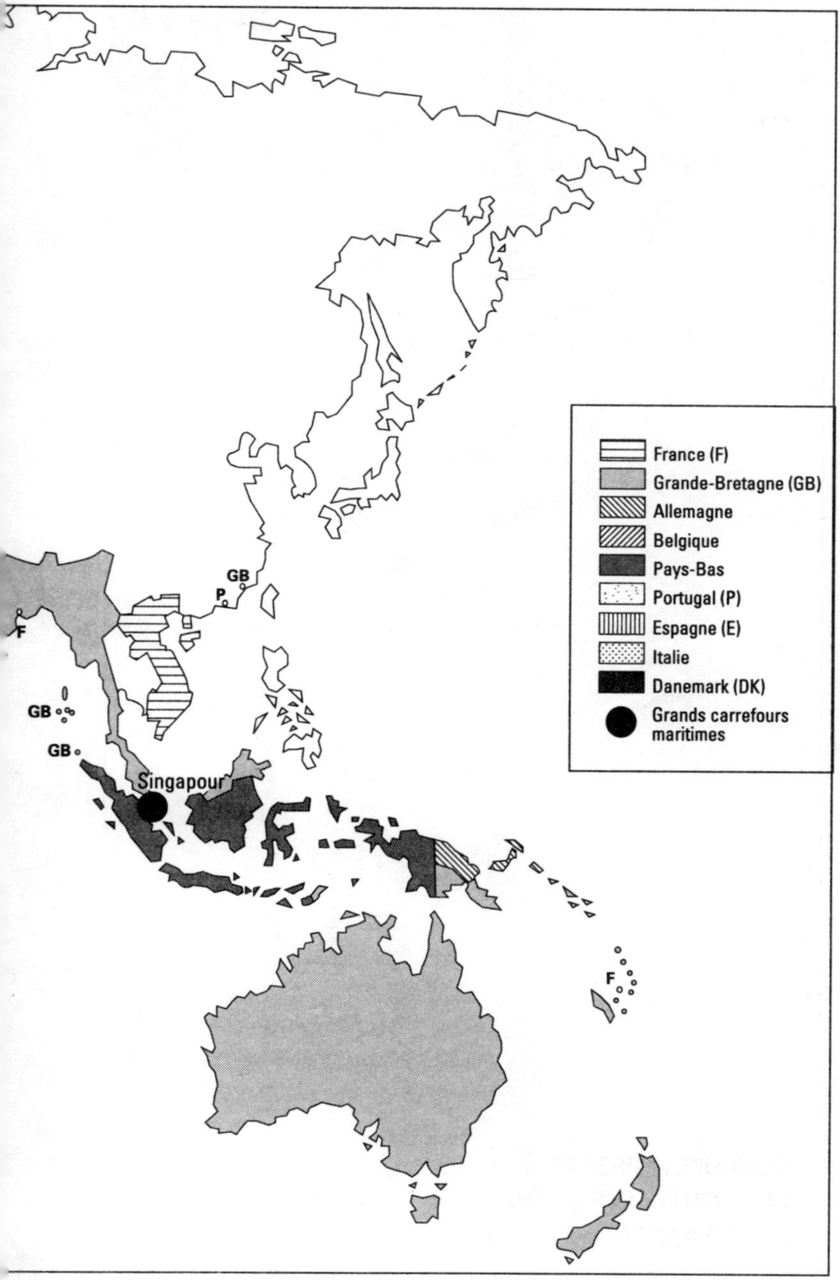
GB
P
F
GB
GB
Singapour
F
France (F)
Grande-Bretagne (GB)
Allemagne
Belgique
Pays-Bas
Portugal (P)
Espagne (E)
Italie
Danemark (DK)
Grands carrefours maritimes

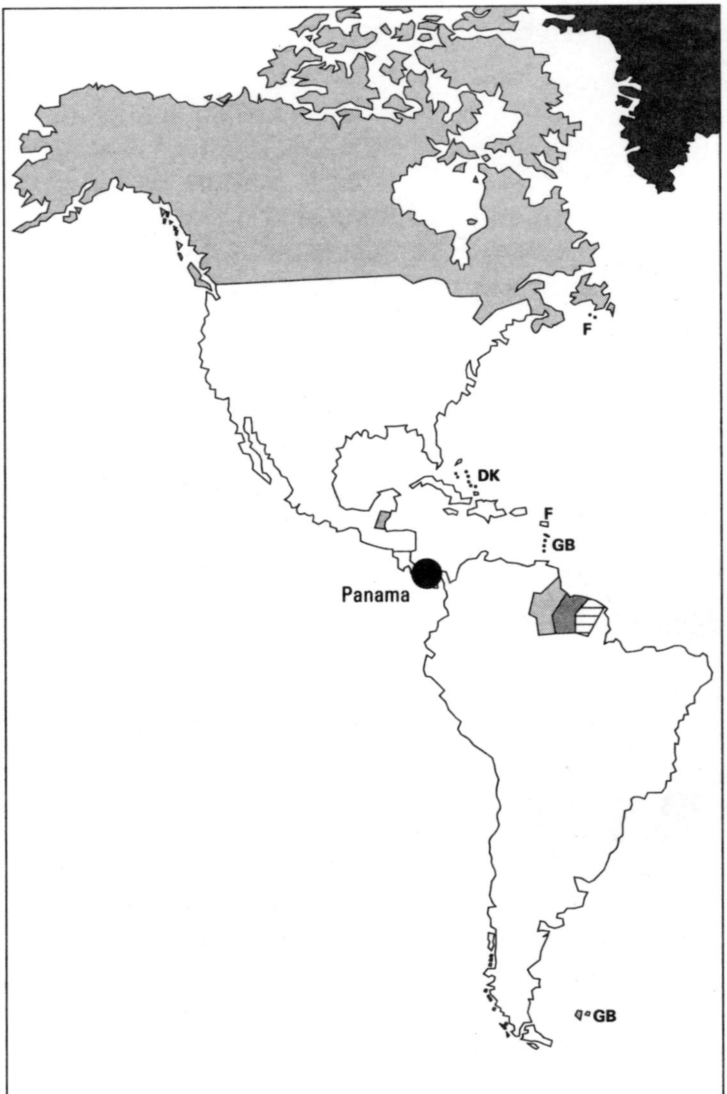

L'EUROPE PRÉSENTE
SUR TOUTES LES MERS
(L'HÉRITAGE EN 1914)

accédant à la mer par le Rhin et par le Rhône. En 1941, à la faveur de la Seconde Guerre mondiale, elle disposait de trente-six bâtiments de mer (vingt-deux en 1989) et de facilités dans les ports de Rotterdam et de Sète. C'est un cas limite, mais significatif, de l'impératif de la mer dans la politique européenne.

Ailleurs, les nécessités économiques et politiques ont prévalu. Ce fut, en une certaine mesure, le cas de l'Autriche-Hongrie, maîtresse d'un grand port, Trieste, et de la côte balkanique de l'Adriatique jusqu'à Kotor. Ce fut surtout le cas de l'Italie qui, après son unification, entendit mettre en valeur sa situation de môle au centre de la Méditerranée et son rôle naturel de trait d'union entre l'Occident et l'Orient, en relevant l'héritage du double mythe génois et vénitien. Contrôler le canal d'Otrante, subordonner l'Albanie et dominer la Libye, c'était, à défaut de supplanter la France en Tunisie et l'Angleterre à Malte, des moyens de s'ouvrir les routes de la Méditerranée orientale. A un niveau différent, le cas de l'Espagne fut analogue. Évincée de l'Atlantique et du Pacifique par les États-Unis d'Amérique qui la dépouillèrent des restes de son empire, l'Espagne, bien que devancée par la France au Maghreb, allait chercher des compensations au Maroc sans pouvoir récupérer le contrôle du détroit de Gibraltar, même par la voie de négociations renouvelées au-delà du milieu de ce siècle.

« Pivot des grands empires », comme l'a écrit Raymond Aron, la mer en a joué le rôle jusqu'à notre temps. L'Europe n'aurait pas, sans elle, dominé ses dépendances coloniales, et c'est à cause d'elle, pour une large part, qu'ont échoué des ambitions nouvelles. Moins que Guillaume II et plus encore que Napoléon, Hitler a manqué sa chance sur mer faute d'avoir franchi le pas de Calais et Mussolini la sienne pour n'avoir pas pourvu sa marine de moyens correspondant à sa prétention hégémonique en Méditerranée.

NOUVELLE CARTE D'EUROPE DRESSÉE POUR 1870

20

CENTIMES

20

CENTIMES

Il en allait autrement de l'effort accompli après la Seconde Guerre mondiale en URSS par l'amiral Gorshkov. Les ambitions dominatrices s'inscrivaient dans la tradition ; toute idéologie mise à part, et compte tenu d'insuffisances techniques certaines, il faut reconnaître en son œuvre une perception lucide des problèmes maritimes en général ; il eut la chance de disposer d'assez de temps et d'argent. Toutefois, il est trop tôt pour savoir si un tel effort aura des lendemains. En tout cas, l'exemple est significatif de l'importance de la mer pour un État européen. « L'histoire, a écrit Gorshkov, montre que les États qui ne disposent pas de forces navales n'ont pas pu maintenir longtemps leur statut de grande puissance... Les continents, ajoutait-il, ne sont que d'immenses îles... » Indépendamment de l'océan Indien et du Pacifique, la marine soviétique, sous l'impulsion de Gorshkov, a affirmé sa présence en Baltique et l'a prolongée jusque dans le golfe de Gascogne, a organisé un stationnement permanent à l'ouest des Détroits en Méditerranée tant occidentale qu'orientale, sans oublier de réserver à son usage la route arctique à partir du Nord de l'Europe.

***Ci-contre :* carte drolatique d'Europe pour 1870 dressée par Paul Hadol (1835-1875).** « L'ANGLETERRE, isolée, peste de rage et en oublie presque l'IRLANDE qu'elle tient en laisse. L'ESPAGNE fume, appuyée sur le PORTUGAL. La FRANCE repousse les envahissements de la PRUSSE, qui avance une main sur la HOLLANDE l'autre sur l'AUTRICHE. L'ITALIE, aussi, dit à Bismarck : "Ote donc tes pieds de là." La CORSE et la SARDAIGNE... un vrai Gavroche qui rit de tout. Le DANEMARK, qui a perdu ses jambes dans le HOLSTEIN, espère les reprendre. La TURQUIE d'EUROPE bâille et s'éveille. La TURQUIE d'ASIE aspire la fumée de son narguilhé. La SUÈDE fait des bonds de panthère. Et la RUSSIE ressemble à un croquemitaine qui voudrait remplir sa botte. »

L'histoire se décide sur mer

Il n'est pas besoin d'autres exemples du rôle des marines européennes sur leurs propres mers et sur les océans. Ne faudrait-il pas souscrire à ce que Winston Churchill a écrit dans ses *Mémoires* et dire qu'à toute époque de l'histoire européenne, la solution des grands problèmes est venue autant, sinon plus, de la mer que du continent? Au moins, disons que les solutions continentales ont dépendu de décisions préalablement acquises sur mer. L'énumération des preuves pourrait être longue pour la seule Europe. Bornons-nous à citer : au Moyen Age, L'Écluse (1340) ; au XVIe siècle, Wight (1545), Lépante (1571), l'échec de l'Armada (1588) ; au XVIIe siècle, Agosta en Sicile (1676), Bévéziers (1690) et La Hougue (1692) ; au XVIIIe siècle, Chesapeake (1781), les Saintes (1782) ; au XIXe siècle, Trafalgar (1805), Navarin (1827) ; au XXe siècle, le Jutland (1916) et les opérations de débarquement sur les côtes italiennes (juillet-août 1943), normandes (juin 1944) et provençales (août 1944).

Concluons. L'ambition maritime des Européens s'est souvent exprimée en des formules ou des sigles expressifs, dont l'énoncé est à lui seul significatif. On connaît le sigle traduisant la prétention de Charles Quint à la domination universelle sous le regard permanent du Soleil : AEIOU (*Austria est imperium orbis universalis*) ; le programme contenu en ces mots : *« Rule over the waves, Britannia ! »* ; la proclamation de Guillaume II : *« Notre avenir est sur l'eau »* ; enfin la prétention mussolinienne à l'héritage romain du *mare nostrum*. Les vagues se succèdent; la marée recouvre les rives, effaçant les châteaux de sable des enfants.

Deuxième partie

L'Europe et la mer dans la société des hommes

Nous avons suivi la relation de l'Europe avec les mers qui l'environnent comme le mouvement d'un ballet classique à l'antique, déroulant une action continue dans un cadre défini, l'Europe, en un temps délimité, près de trois millénaires.

En un premier acte, sur le devant de la scène, un groupe d'acteurs, particulièrement ingénieux et actifs, ont, dans la lumière méditerranéenne, mis à profit les moindres occasions d'activité maritime. Dans une partie de la scène, éloignés des premiers et d'abord comme à l'arrière-plan, un autre groupe, moins nombreux, moins favorisé par la clarté et l'ambiance du climat, a organisé sa vie en circuit limité aux latitudes septentrionales.

Le deuxième acte a donné aux Méridionaux, inclinés à la vie sociale et mus par l'intérêt, l'initiative de relations avec les Occidentaux et les Nordiques. Coupant les isthmes, franchissant les détroits, s'aventurant en un large circuit occidental, ils ont invité leurs partenaires à des échanges de toute nature.

La réponse de ces derniers a réalisé une symbiose et permis le troisième acte, sorte d'apothéose synthétique. D'un accord tacite et, dans un mouvement synchrone, de la mer Noire à la Baltique, Européens du Nord et du Sud se sont répandus sur l'espace maritime du monde. Ils firent apparaître ainsi la cohérence essentielle, quoique différente en ses manifestations, de leur emprise sur les mers.

Mais, au-delà de la considération des diverses mers que les Européens ont pris en charge, il y a « la » mer en soi. Constater son rôle dans l'histoire européenne est une chose, l'analyser en est une autre. A cette condition il sera possible de comprendre et d'expliquer l'intimité de la relation entre le continent européen et l'élément marin. Comment les Européens ont-ils historiquement vécu avec la mer ? Cela conduit à chercher comment ils l'ont vue, comprise, sentie, et finalement aimée. Voilà ce que propose la seconde partie de cet essai.

CHAPITRE VII

Travailleurs de la mer

Les sauniers sur leurs salines

Un dialogue séculaire s'est engagé entre les occupants des sols côtiers et la mer voisine : dialogue si étroit que, de nos jours encore, en France par exemple, la mise en valeur des rivages dépend à la fois des instances administratives agricoles et de celles des Affaires maritimes. Très tôt, c'est-à-dire à partir des XIe et XIIe siècles en Angleterre (à Douvres), en France (à Dieppe, à Carentan, dans le pays nantais, à Bayonne), des moulins à marée sur certaines rivières servaient à la fois à l'agriculture et à régler les niveaux des eaux portuaires. La récolte du goémon, sous le nom générique de varech, fournissait un engrais, la tangue, en attendant de produire, de nos jours, un composant de produits alimentaires ; le goémonier qui le coupe n'a rien d'un marin, il est paysan. Tout aussi terrien est le ramasseur de galets servant de matériaux de construction, ou, sur les plages, le collecteur de sable destiné à la fabrication de verre à vitraux, dont les historiens de l'art apprécient la qualité et la résistance. Surtout, l'exploitant agricole fait du pré-salé, étape dans la mise en valeur des polders, le pâturage par excellence de ses moutons : de cela toute l'Europe a fait l'expérience. Mais en définitive le sel est la richesse de presque toutes les mers, au point qu'on l'a appelé l'« or blanc », par opposition et par comparaison avec l'« or noir » de notre siècle pétrolier. Encore qu'à notre époque, l'Europe, en mer du Nord, exploite activement le second, pour ne pas être en reste avec les mers ensoleillées, riches du premier.

Suivre le cours du temps et le sillage des navires laisse percevoir la marque de l'activité des sauniers. La nécessité biologique du chlorure de sodium plonge dans la nuit des siècles les origines des techniques d'exploitation et les vestiges archéologiques confirment les attestations documentaires. Sur les côtes de l'Europe du Nord-Ouest, à partir de l'âge du fer, l'homme a pratiqué successivement, puis simultanément, divers procédés de fabrication du sel de part et d'autre de la mer du Nord et de la Manche à l'aide de bassins d'argile destinés les uns à la concentration et à l'évaporation de l'eau de mer, les autres à la cuisson de la saumure à feu lent dans des poêles métalliques. Les sites en sont remarquables : d'anciennes dunes transformées en buttes hautes de 3 à 6 mètres, larges de 100 à 600, dominant une zone inondable lors des grandes marées ; ce sont, par exemple, les *salt-hills* du Lincolnshire. Ces exploitations, en effet, étaient particulièrement importantes sur les côtes anglaises, puisque au XIe siècle le *Domesday-Book* en signale près de deux mille.

D'autres techniques ont laissé leurs traces, attestées du XIIe au XVIIe siècle, par exemple sur les plages méridionales de la Manche. Ainsi la collecte du sable salé, suivie de son lessivage dans une fosse, pour obtenir une saumure qu'on faisait bouillir plusieurs fois dans des chaudières à feu continu : leurs flammes, la nuit, sur les plages, suscitaient chez les navigateurs le soupçon d'une ruse de naufrageurs.

J.-C. Hocquet, continuateur spécialisé de l'enquête sur le sel dans l'histoire lancée voilà plus de trente ans par J. Le Goff et P. Jeannin, apporte encore bien d'autres preuves de la place du sel marin dans le passé européen. Voici qu'aux *salt-hills* britanniques les *terpen* frisons et zélandais semblent donner une réplique, utilisés tels qu'ils ont pu l'être pour la fabrication d'un sel ignigène à partir des cendres salées résultant de la combustion de briquettes de tourbe séchée. Cette technique fut aussi pratiquée du VIIIe au XVIe siècle. Plus tard, au XVIIIe siècle, les Allemands mirent au point une méthode de graduation ; deux opérations de pompage élevaient l'eau jusqu'au sommet d'un bâtiment, afin d'utiliser dans un plan vertical l'énergie exploitée, en des climats mieux ensoleillés, sur le plan horizontal des marais.

L'ingéniosité humaine est tenace lorsque, pour répondre à un besoin vital, elle tente des expériences d'un rendement douteux sous le ciel nordique. On a cru reconnaître, non loin de Bruges et d'Ostende, l'existence, à l'époque gallo-romaine, de marais salants analogues à ceux de la façade atlantique de l'Europe ; mais le recours à des fourneaux était nécessaire pour obtenir le sel.

Des observations précédentes découle la possibilité de relations entre les paysages et les productions salicoles européennes à de hautes époques. En 1970, les archéologues ont trouvé dans l'Escaut cent trente autels dédiés à la déesse *Nehalennia* avec des inscriptions attestant l'activité de *negotiatores salarii* dans la vallée du Rhin et sur les côtes de la mer du Nord. Le sel apparaît déjà comme un trait d'union et l'exemple méridional favorisé par le soleil comme un modèle. Il l'est resté.

Une comparaison dégage similitudes et parentés entre salines atlantiques et méditerranéennes. La priorité et la rentabilité appartiennent à celles-ci, mais les techniques essentielles se démarquent les unes des autres par des différences terminologiques plus que techniques.

Rien ne se ressemble davantage que le dispositif des marais salants atlantiques et méditerranéens. Il obéit aux

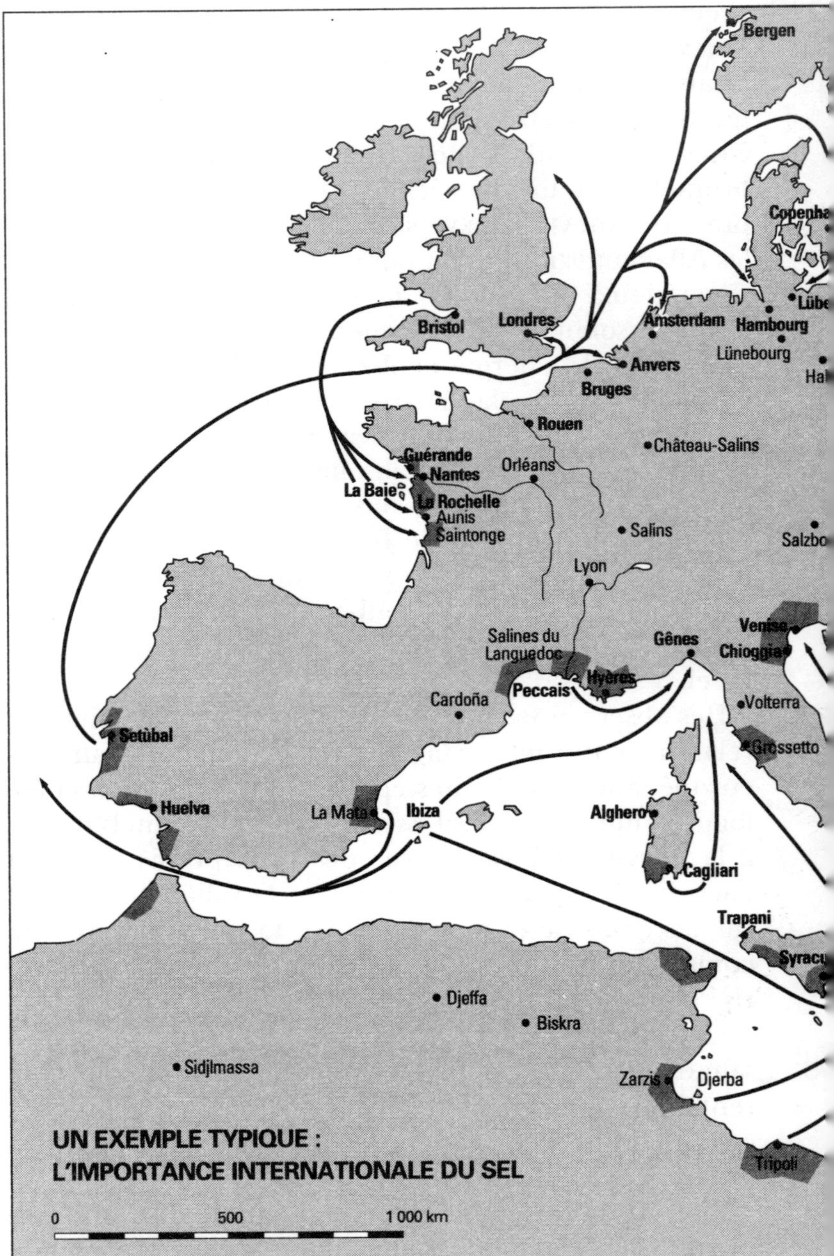
Bergen
Copenha
Lübe
Amsterdam
Hambourg
Lünebourg
Hal
Bristol
Londres
Anvers
Bruges
Rouen
Château-Salins
Guérande
Nantes
Orléans
La Baie
La Rochelle
Aunis
Saintonge
Salins
Salzbo
Lyon
Venise
Chioggia
Salines du Languedoc
Gênes
Peccais
Hyères
Cardoña
Volterra
Setùbal
Grossetto
Huelva
La Mata
Ibiza
Alghero
Cagliari
Trapani
Syracu
Djeffa
Biskra
Sidjilmassa
Zarzis
Djerba
Tripoli
UN EXEMPLE TYPIQUE :
L'IMPORTANCE INTERNATIONALE DU SEL
0
500
1 000 km

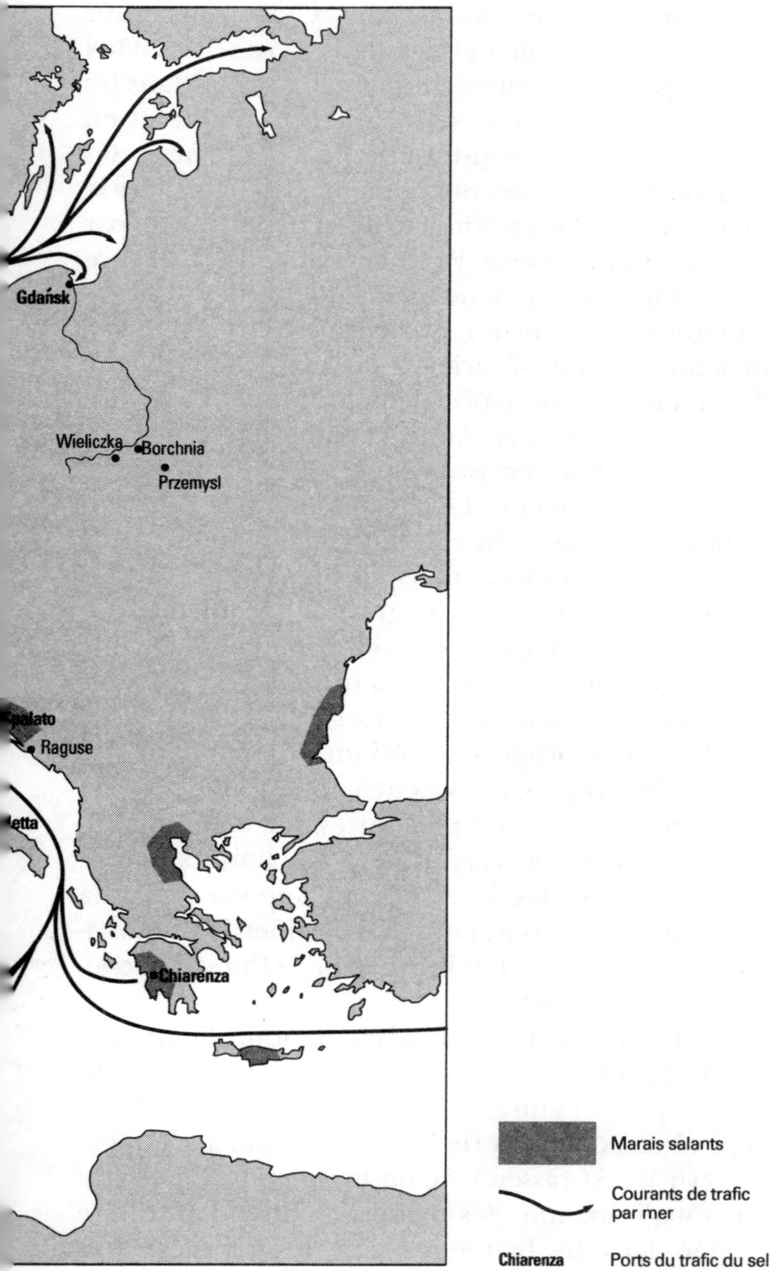
Gdańsk
Wieliczka
Borchnia
Przemysl
Raguse
Chiarenza
Marais salants
Courants de trafic par mer
Chiarenza
Ports du trafic du sel

mêmes principes, énoncés ainsi par J.-C. Hocquet : tirer le meilleur parti du soleil et des vents, évacuer les eaux de pluie, répartir l'écoulement des eaux salées dans les bassins pour améliorer le sel récolté en qualité et en quantité. Ces principes ont guidé l'aménagement des marais d'abord de Venise, notamment à Chioggia, dès le XIe siècle, puis dans les territoires de sa dépendance, par exemple à Piran en Istrie, Pago en Dalmatie, à Chypre ou sur les côtes africaines, de même que sur les rives toscanes (autour de Livourne), provençales (Hyères) et languedociennes (Saintes-Maries-de-la-Mer), en Sardaigne (Cagliari), en Espagne (spécialement Ibiza et La Mata), au Portugal (Setúbal), en Aunis et Saintonge (Oleron), en Poitou (la « baie de Bourgneuf ») et en Bretagne (Guérande, le Morbihan). Le cheminement de l'eau suit des étapes semblables. Un conduit (*callio* à Venise, *cui* à Guérande) a été pratiqué dans les digues séparant les compartiments du marais. Par gravité, l'écoulement se fait vers un réservoir (*moraro*, vasière) où commence la concentration, puis par de petits canaux vers les aires saunantes ; au niveau le plus bas (*capitini*, œillets), le sel se cristallise. Les progrès techniques, dépendant des conditions climatiques, consistent à obtenir une série de concentrations de plus en plus fortes par un compartimentage de plus en plus accentué, à améliorer au maximum l'évacuation des eaux douces apportées par la pluie ou des infiltrations, enfin à diversifier la présentation de la production selon la grosseur, la finesse, la couleur des cristaux de sel.

Le travail était à peu près le même partout ; l'entretien des conduits, digues, bassins, aires saunantes ne diffère guère d'un pays à l'autre, et la récolte, effectuée à l'aide de longs râteaux de bois (le las du Guérandais, le rable des Poitevins), est rassemblée en mulons sur un espace plan aménagé sur une des digues, en attendant d'être engrangée dans des bâtiments secs (les salorges). Ces tâches étaient naturellement soumises aux intempéries ; cependant, les mêmes problèmes comportant des solutions analogues, la comparaison, possible, met en évidence, sous les équivalences des termes, la parenté des conditions de ceux qui assument des peines semblables.

En effet, ceux qu'on appelle sauniers ici et paludiers là effectuent, au long de l'année, les mêmes tâches en des conditions d'existence peu différentes. Sauf quelques exceptions, en Poitou par exemple, la main-d'œuvre sur les marais salants était libre ; au pire, on rencontre de rares mentions de serfs affranchis à Venise. Les salines sont des terres neuves, et qui disait terre neuve signifiait hommes libres. Au Moyen Age, toute lutte contre la nature, aussi bien que contre l'homme, requiert ou confère la liberté : pouvait-il en être autrement de la conquête des marais, salants ou non, sur la mer ? Il n'empêche que les petites exploitations saunières familiales semblent, à travers l'Europe, avoir connu le sort commun qui tendait à les incorporer à un système concentré.

Trois phases successives peuvent être distinguées dans l'histoire du sel en Europe, avec certains décalages locaux. S'il n'est pas nécessaire de remonter aux allusions de Cassiodore à l'exploitation du sel marin, notre propos relève une première phase domaniale, approximativement du IXe au XIIIe siècle. Domaniale, elle l'est incontestablement, puisque le patriciat vénitien grossit ses patrimoines en retenant à titre de morts-gages les salines d'anciens possesseurs endettés. Domaniale, cette première phase pourrait, selon J. Le Goff, être encore mieux appelée monastique. Les salines constituaient surtout un élément du domaine de très grandes abbayes, bénéficiaires de donations laïques, même éloignées des côtes. L'énumération incomplète, quoique longue, compose un éventail européen, commencé au VIIe siècle avec Saint-Démétrios de Thessalonique, continué en

Adriatique par les possessions du patriarche d'Aquilée, de l'évêque de Torcello, des monastères de Santa Maria à Murano, de San Giorgio Maggiore à Venise même ; à Commachio, les abbayes de Bobbio et de Novalaise ; à Cervia, les églises de Ravenne, notamment San Appolinare Nuovo. On continue le circuit en Méditerranée occidentale avec les salines d'Hyères, Toulon, Marseille, Berre et, en Sardaigne, de Cagliari, entre les mains des moines de Saint-Honorat de Lérins et de Saint-Victor de Marseille, enfin les salines languedociennes des abbayes de Psalmodi, Aniane et Lagrasse, puis, passant les Pyrénées, voici le nom significatif de l'abbaye de Gerri de la Sal. Mêmes constatations pour les marais de l'Atlantique ; les plus importants étaient possessions de monastères proches de la côte, comme Saint-Jean d'Angély et Saint-Michel en l'Herm en Saintonge et Poitou, ou Saint-Sauveur de Redon, Saint-Gildas de Rhuys, Prières et Sainte-Croix de Quimperlé en Bretagne ; mais sur ces côtes aussi, les couvents de l'intérieur des terres possédaient des salines (le Ronceray d'Angers, la Trinité de Vendôme). Cela, fondé sur l'importance du sel dans la vie quotidienne, atteste l'étroite liaison entre le continent et ses franges maritimes, dont l'organisation de l'exploitation se moule dans les cadres des tenures rurales. La consommation du sel s'y faisait en circuit fermé, pour les besoins des habitants et du bétail du domaine, la circulation du produit s'effectuant à l'aide de ce qu'on a appelé les « flottes d'abbaye ».

Une deuxième phase se prépara au XIIe siècle, puis se développa à partir du XIIIe dans la zone méditerranéenne, peut-être sur le modèle des institutions byzantines et arabes, et d'abord dans les villes italiennes, spécialement à Venise. L'État, dès ses premiers progrès, eut tendance à récupérer à son profit des revenus qui lui échappaient au bénéfice de particuliers. Produit clé, le sel, marin en particulier, devenait l'enjeu des pouvoirs qui, par l'institution de la gabelle, inaugurée en Italie, généralisée en d'autres pays au XIVe siècle, fit du sel une des composantes de la fiscalité publique.

Il devenait tentant de spéculer sur une telle denrée. La troisième phase fut économique. Les sauniers méridionaux accrurent leur production de bonne qualité et de moindre coût que le sel nordique obtenu à gros frais par cuisson. De leur côté, des marchands disposant de fonds de roulement spéculèrent sur le commerce et les fermes fiscales. Cette phase prit un caractère international, à la faveur des itinéraires maritimes entre le Nord et le Midi. Faut-il rappeler les parcours des navires hanséatiques entre la Baltique et le Portugal en nombre dépassant la centaine au milieu du XVe siècle, ou bien l'activité des caboteurs bretons distribuant le sel dans les ports de l'Ouest européen ?

A la base d'une Europe des marchands, les sauniers de tout genre, sans constituer un milieu homogène, représentent un genre d'hommes et des types de sociétés affectés de traits similaires. De ces derniers, la pauvreté est le plus frappant chez les exploitants des marais, plus encore que chez les ouvriers des chaudières du Nord. Leur pauvreté résulte d'abord de la précarité d'un travail soumis aux caprices météorologiques : tantôt pas assez de soleil, tantôt des étés pluvieux, tantôt des tempêtes dévastatrices. La pauvreté, c'est aussi la médiocrité de la rémunération d'un travail exigeant une constante vigilance, c'est-à-dire un entretien perpétuel des digues, chenaux et aires saunantes tout au long de l'année ; même les femmes y sont astreintes, et tous les paludiers n'ont pas l'avantage d'être en même temps agriculteurs. D'ailleurs, les profits du marais sont inégalement partagés entre eux et leur seigneur ; ainsi, à Noirmoutier au XIVe siècle, un tiers seulement du produit de la vente restait aux sauniers, contre deux tiers versés à l'abbaye de La Blanche ; celle-ci, il est vrai, en cas de malheur, par exemple en 1365, abandonnait sa part aux paludiers pour faciliter la remise du marais en état. Encore au XVIIIe siècle, les paludiers de Séné, en Morbihan, laissaient les trois quarts du revenu de la vente de leur sel aux chanoines de Vannes, et n'en conservaient qu'un quart. De son côté, Venise, dès le XIIe siècle, connut le bail à cens, indéfiniment et tacitement reconductible. En revanche, les possesseurs de salines réalisaient de coquets bénéfices quand ils pouvaient stocker les sels et attendre la hausse des cours résultant de mauvaises récoltes ; mais de telles spéculations n'étaient guère à la portée des humbles sauniers, et profitaient essentiellement aux marchands, aux fermiers des impôts et aux bourgeois urbains acquéreurs de salines, jusqu'au XIXe siècle.

La pauvreté des sauniers se traduisait dans leur vie quotidienne. Déjà, sur les salines vénitiennes, au XIIe siècle, les tenures étaient trop exiguës pour la subsistance d'une famille. Sur les marais atlantiques, le fractionnement s'accentua au XVe siècle, en Bretagne méridionale par exemple. Les familles y sont nombreuses ; l'habitat dispersé en hameaux. Sise à la périphérie du marais, la maison tourne le dos à la mer, occupe une parcelle étroite, sur un sol rocheux, à l'écart des bâtiments d'exploitation (cabane à outils, salorges) ; elle est faite de moellons et peinte à la chaux, couverte de chaume ou d'ardoises. Son aspect rustique s'est conservé jusqu'en notre temps.

La condition des sauniers était fort médiocre sur la Méditerranée et sur l'Atlantique, par exemple en Poitou et en Saintonge au milieu des XVe et XVIe siècles, puisque, dans le premier cas, les plaintes furent vives et, dans le second, ce fut une révolte ouverte. Les doléances formulées en Poitou en 1451, malgré l'exagération inévitable en pareil cas, ne laissent aucun doute. Les sauniers, y lit-on, sont « les plus pauvres gens de tout le pays d'environ, vivant au jour le jour et à la petite semaine, chargés de famille, accablés de dettes envers leurs seigneurs [ici les deux tiers du profit] et envers les marchands de sel auprès de qui ils ont hypothéqué d'avance leur part de récolte à venir ». Faut-il s'étonner de ce qu'un peu plus tard, sous Louis XI, un libelle ait prêté cette plainte à ceux qu'on a appelés les « laboureurs des salines » : « Nous sommes obligés d'assaisonner nos légumes avec le sel de nos larmes »! Au siècle suivant, en 1548, la colère s'éleva, armée cette fois, en Saintonge, contre les agents de la gabelle, qui, « nuées d'hommes maigres et affamés, fondaient comme des sauterelles sur ces provinces, dévoraient la substance du peuple et ne se retiraient qu'après fortune faite ». Le roi Henri II, devant cette détresse, atténua la charge fiscale de ces populations, et rendit un hommage à la dureté de leur travail ainsi qu'à leur rôle dans la sécurité des côtes du royaume : « peuples endurcis à la peine, connaissant les marées, malignes, périls et dangers de la mer, capables de se faire autant et plus belliqueux, aventureux et adroits à la guerre, tant sur mer que sur terre, que nuls autres maritains ». Cette reconnaissance tardive de l'utilité sociale ne fut ni la première ni la seule. L'Église, assez modestement il est vrai, autorisait leur travail le dimanche, « afin, écrivait Henri de Gorkum vers 1420-1430, de ne pas tarir les sources d'où provient l'eau qui fournit la matière du sel ». L'eau, le sel : deux éléments sacrés ; deux composantes des rites du baptême.

Paysans sans doute, au moins partiellement, les sauniers, partout, exploitaient la mer, mais assuraient aussi le guet sur les côtes et même pouvaient à l'occasion ou par réquisition se muer en navigateurs. Bons à tout, modestes, souvent misérables, l'Europe leur devait beaucoup.

Les mondes de la pêche

Jusqu'à l'invention récente des techniques de la conservation par le froid, le sel a trouvé ses plus anciens clients parmi les pêcheurs. Ce détail historique procure au milieu des pêcheurs un facteur d'unité, au-delà des différences de climat de leurs lieux de pêche, de la nature des prises et de l'organisation des tâches. Les terriens eux-mêmes, dans leur vision hâtive de l'environnement marin, ne s'y trompent pas, mais ils simplifient à l'excès la diversité des sociétés pratiquant la pêche. Pour comprendre les difficultés rencontrées actuellement dans l'organisation de ce qu'on appelle l'« Europe bleue », un rappel historique dans une perspective géographique n'est pas inutile.

La topographie littorale d'un côté, les conditions hydrologiques marines, les climats, les moyens techniques (bateaux et engins) sont les circonstances dans lesquelles s'est faite, en chaque région, l'évolution des types de pêche. Les étapes progressives vont de la pêche à pied sur le rivage à la pêche côtière à faible distance du littoral, à la pêche au large de plus longue durée, enfin aux pêches lointaines exigeant le matériel et la compétence de la navigation hauturière.

Chaque genre de pêche comporte ses techniques propres, façonne des types humains originaux, exige des formes particulières d'organisation sociale.

Le facteur du temps, jouant de son côté, a accéléré les communications, facilité des échanges techniques, ouvert des débouchés aux produits de la pêche, procuré des occasions d'intervention des capitaux, permis l'édification de certaines fortunes et laissé en des conditions modestes les moins chanceux ou les moins doués.

Pêches côtières méditerranéennes

Chacun des deux grands secteurs maritimes de l'Europe a conservé ses traditions particulières de pêche. Réserve faite des différences correspondant à la nature des eaux méditerranéennes et océaniques, la comparaison des pratiques de pêche met en évidence ressemblances et oppositions, voilées souvent par des différences de langage. L'héritage antique s'est poursuivi longtemps sur les côtes méditerranéennes. L'archéologie a relevé des épaves de petits bâtiments de pêche, commenté des sculptures, trouvé en des dépôts de coquillages la confirmation de la consommation des huîtres, mentionnée par Ausone. La littérature antique a fait état de la pêche littorale et côtière ; les récits hagiographiques ont pris le relais. Les mosaïques d'Ostie et de Tunisie représentent des pêcheurs au travail, et des marchands offrant le poisson sur leurs étals ; à leur tour, les miniatures du haut Moyen Age, dans des manuscrits grecs ou latins, se prêtent à des commentaires précis ; la collection constituée par Christiane Villain-Gandossi est riche de scènes profanes ou religieuses (par exemple la pêche miraculeuse des Évangiles) où se reconnaissent la forme des embarcations, les engins et les pratiques de pêche : lignes et surtout filets, droits ou plats, sennes à mailles fines pour la capture des sardines et des anchois, le lamparo ou une torche sur le bateau servant à attirer le poisson, la pêche aux « bœufs » où deux barques halent, de conserve, une senne à grande poche, le gangui, qui, à la manière d'un chalut arrière, dévastait un si large secteur qu'il fut interdit à Marseille au XVe siècle.

Des pièges fixes étaient installés aux lieux de passage du poisson sur le littoral méditerranéen, notamment sur les chenaux, ou roubines : des nasses de grande taille (jusqu'à 100 mètres) formant entonnoir et dont les compartiments composent un labyrinthe, les bourdigues ; ou bien des filets simples ou complexes, faits de filets cylindriques ou coniques, amarrés à un pieu, les verveux.

L'éponge et le corail

A proximité des rivages et en certains lieux favorables, deux pêches sont des traditions originales en Méditerranée, celle du corail et celle des éponges. De celles-ci l'Europe exploite quelques zones, au large de la Turquie et dans les eaux grecques, spécialement autour de Rhodes ; mais les Européens s'approvisionnent surtout aux îles Kerkennah, à Djerba, dans le golfe des Syrtes et sur les côtes syriennes. La pêche du corail se fait sur les côtes sardes autour d'Alghero, et entre Naples et la Sicile. Liés aux conditions thermiques, les deux types de pêche se font du printemps à l'automne ; leurs exigences techniques sont semblables. Les plongeurs nus descendent à vingt-cinq brasses pour l'éponge, jusqu'à dix fois par jour, pendant environ trois minutes ; maintenant, l'adoption du scaphandre permet d'atteindre – 70 mètres et de prolonger les plongées. L'outillage est analogue dans les deux cas : une sorte de drague faite d'un filet à poche, à grosses mailles, monté sur un châssis, rectangulaire pour la poche aux éponges (c'est la gangava), en forme d'une croix de Saint-André pour le corail ; traîné au fond, il est remonté à bord par un treuil. Barcelone, Livourne, Marseille, Gênes ont contrôlé longtemps ces pêches autrefois rémunératrices, au moins pour les armateurs ; mais, en se concentrant, elles ont perdu leur caractère artisanal et leur diffusion dans un grand nombre de petits ports, par exemple en Ligurie, à Sestri Ponente entre autres.

Pêches côtières dans les eaux océaniques

En Bretagne, selon Henri Touchard, c'est seulement au XIVe siècle que la pêche côtière s'est ajoutée à la pêche à pied. Jusqu'alors, la crainte de la mer et celle des pirates avaient dissuadé les hommes de s'aventurer au-delà de la ligne où la terre disparaissait de l'horizon. D'ailleurs, quel profit attendre d'une pêche trop lointaine pour qu'il soit possible de ramener et d'écouler frais le poisson, faute, en ces premiers temps, d'une technique efficace de salaison ? Force était de rester un « pêcheur du bord de la mer », selon une formule de Tréguier vers 1300. D'ailleurs, il fallait rentrer avec le flux pour ne pas risquer de voir se corrompre les merlus, les congres, les maquereaux et les murènes capturés au filet ou à la ligne pendant la saison favorable (de mai à septembre).

Le pêcheur côtier, au surplus, était astreint aux exigences du seigneur sur sa pêche comme pour le lopin de terre qu'il cultivait pendant le reste de son temps. Il lui fallait prendre un congé, qui ne l'autorisait pas à s'éloigner en mer au-delà de l'espace correspondant au délai de consommation des vivres d'un jour qu'il était autorisé à emporter. Le « ban » seigneurial fixait l'ouverture et la durée de la campagne de pêche, comme le calendrier des travaux ruraux. Le seigneur prélevait sa part. En outre, le seigneur possédait des pêcheries, telles les « esperqueries » de la baie du Mont-Saint-Michel et des îles Anglo-Normandes, et il se réservait, par l'effet d'une appropriation d'un droit régalien, la chair des cétacés échoués sur ses rivages.

Sans s'aventurer en mer, les riverains de l'Atlantique et de la Manche avaient, comme leurs collègues méditerranéens, aménagé sur les côtes basses des pièges, en bois ou en pierre : les « écluses » pour retenir les poissons à marée descendante ; au XVIIIe siècle, on en comptait encore près de quatre cents entre Bayeux et l'île d'Oleron.

Ces exemples, pris en France, trouvaient leurs homologues en Angleterre et aux Pays-Bas. Partout, pendant des siècles, la pêche littorale demeura une exploitation artisanale, locale ; dans le cadre seigneurial traditionnel, son extension lui donnait cependant une importance européenne. Cette importance apparut quand la pêche côtière commença à approvisionner l'arrière-pays, notamment les villes, dès le XIIIe siècle. Un début de commercialisation amena, par exemple, des hommes d'affaires italiens et basques à affermer les sécheries de poisson du Léon et de Cornouaille. Au XIVe siècle, certains centres assuraient la redistribution du poisson. Ainsi, Paris était approvisionné chaque jour en poisson frais par des services de bêtes de somme à partir des ports de la Manche : c'étaient les « chasse-marée ». Cette organisation résultait de transformations fondamentales : le développement de la pêche au large et des innovations techniques de portée générale.

Le règne du hareng et du thon

La pêche méditerranéenne du thon rouge donnait lieu à d'importants rassemblements de barques dans une ambiance de fête où se libéraient des instincts de violence. Chaque barque porte au moins quatre hommes armés de fourches et l'opération dure plusieurs nuits de suite. Les Marseillais rentraient souvent chaque soir à la maison. La saison dépend de la migration des bancs depuis les eaux catalanes et provençales vers celles de la Sicile ; la pêche s'échelonne de la mi-avril à la Saint-Jean (24 juin). L'outil est un filet spécial, d'où son nom, tonnaire (*tonayra*), long d'environ deux mètres, que l'on

« cale » par des fonds de dix brasses dans un autre filet assez vaste pour former une enceinte, la *ceinche.* Du bord, les pêcheurs harponnent les thons qui s'y trouvent pris. La *madrague,* utilisée dès le XIIIe siècle en Sicile, résulte d'une transformation de la ceinche en une nasse compartimentée en chambres que le poisson parcourt jusqu'à une poche à mailles fines (le *corpou*) ; lorsque celle-ci est pleine, les hommes de quatre barques la soulèvent et se livrent à un véritable massacre : Joseph Vernet, dans son tableau du golfe de Bandol, n'a pas exagéré la sauvagerie de la scène, où la madrague devient ce que Mistral, plus tard, allait décrire comme une « arène sanglante ». Ce « travail » exigeait de la force et un savoir-faire transmis de génération en génération par les *rais,* dont le nom suffit à traduire l'ascendance de cette technique.

Le hareng donne la réplique au thon, mais avec une importance économique plus grande, parce que, à partir de la fin du XIVe siècle, sa pêche s'est étendue de la Baltique et des détroits danois à toute la mer du Nord et à la Manche. De plus, elle a développé ses conséquences économiques, sociales, politiques à l'Europe entière. Le hareng a été pour les régions du Nord une sorte de « symbole unificateur d'une civilisation maritime ».

La pêche du hareng fut une des plus européennes, dès le Moyen Age. La sémantique du terme traduit des origines culturelles proprement européennes. Une racine grecque, *hals,* désignant le sel et la mer, latinisée sous les formes *hales, alex, alecium,* d'où sont venus les mots français, anglais, allemand : hareng, *herring, häring.* Les migrations régulières des variétés de ces *clupidae* intéressent tous les riverains de la Baltique, de la mer du Nord et de la Manche, donc une notable partie des populations maritimes de l'Europe : la pêche commence à la fin de juin aux Shetland et aux Orcades, à la mi-juillet devant l'Écosse, vers la fin août en Doggerbank ; elle se termine en octobre en face de Yarmouth, en novembre sur la côte flamande et vers Noël ou même la Chandeleur (2 février) entre la haute Normandie et le Sussex. La présence des bancs de harengs donne lieu à un rendez-vous international ; l'une des premières descriptions en a été faite au XIVe siècle par Philippe de Mézières, conseiller de Charles V, au retour de son voyage en Prusse. Son livre, *Songe d'un vieil Pèlerin*, présente en ces termes l'afflux des pêcheurs et l'abondance du poisson dans les détroits danois :

> Entre le royaume de Norvège et celui de Danemark, il y a un bras de mer tout étroit et n'a de largeur qu'environ une lieue ou deux (...) En septembre et octobre, le hareng fait son passage d'une mer à l'autre parmi l'étroit en si grant quantité que c'est merveille, et tant y passe en ces deux mois (...) en ce bras de quinze lieues de long qu'on pourrait les tailler à l'épée (...) Chaque année, nefs et bateaux de toute l'Allemagne et de Prusse s'assemblent esdits deux mois pour prendre le hareng (...) et est commune renommée qu'ils sont quarante mille vaisseaux (...) Il me semble expédient d'écrire la grâce que Dieu a fait à la chrétienté : c'est l'abondance du hareng par lequel toute l'Allemagne, France, Angleterre et plusieurs autres pays sont repus au carême.

La chance voulut qu'aux environs de 1400 des innovations techniques permirent l'amélioration de la conservation et la distribution à longue distance et en abondance d'un aliment d'un prix accessible, dit encore Mézières, « aux pauvres chrétiens qui ne peuvent pas avoir un gros poisson ». En effet, vers ce moment, le développement de la production et du commerce du sel de l'Atlantique et les perfectionnements des procédés de salaison constituèrent une conjonction bénéfique à tout l'Occident. Sans entrer dans les détails, l'essentiel fut d'abord la pratique d'une première salaison des prises à bord des bateaux ; cela supposait un accroissement de leur tonnage pour embarquer la quantité indispensable de sel, et permettait une présence plus longue sur les lieux de pêche, donc une pêche plus abondante. Une partie, salée à bord, pouvait être expédiée sans délai vers les grandes villes relativement proches du port de déchargement. L'autre partie, destinée à une assez longue conservation, était traitée selon un procédé attribué au Zélandais Van Beukhelsz : les poissons empilés dans des barils, ou caques, en couches alternées de sel et de poisson (hareng caqué), ou bien, après un bain dans la saumure, dessalés à l'eau douce puis fumés (hareng saur). De tels procédés permettaient des expéditions lointaines, par exemple au XIVe siècle depuis les rives de la Manche ou de la Flandre jusqu'en Avignon pour la cour pontificale.

Ce niveau d'organisation et de commercialisation fut, par la suite, perfectionné ; cependant, les orientations prises furent maintenues. Des pêches lointaines, comme celles de Terre-Neuve, inaugurées à l'époque des Grandes Découvertes, s'inspirèrent des modèles antérieurs d'organisation, en leur donnant une plus large ampleur.

Pêches lointaines

Les initiatives de Cabot et de marchands de Bristol vers Terre-Neuve résultèrent moins d'une exploration que d'une ramification des pêches européennes. Schéma classique. Les exclus d'un marché intermédiaire vont à la source chercher ce qu'ils attendent : la morue dont Bergen contrôlait le trafic. La nouveauté fut que l'Europe annexa une région très lointaine à son propre système de circulation et d'approvisionnement. Les apports de morue terre-neuvienne devinrent réguliers et importants aux environs de 1540 et leur activité s'intégra tout à fait aux circuits européens. On voit apparaître la coutume atlantique d'une circulation triangulaire. Ayant besoin de sel en quantités importantes pour rapporter en Europe le fruit de leur pêche, les terre-neuviers s'en approvisionnèrent avant la traversée. Au lieu de s'en encombrer dès leur départ, ils allèrent le charger à leur dernière escale, sur les salines françaises ou portugaises. Au retour, certains dessinaient la même figure géométrique et déchargeaient par exemple à Marseille la totalité ou une partie de leur poisson.

Ainsi, les nouvelles pêcheries contribuèrent à la symbiose maritime du Nord et du Sud de l'Europe comme à l'incorporation du trafic transatlantique à la vie maritime européenne. Si les Français ont tenu une place honorable, parfois la première au XVIe et au XVIIe siècle, ils ne furent pas les seuls à inclure Terre-Neuve dans le système des pêches européennes. Au XVIe siècle, une cinquantaine de ports s'y adonnaient et, vers 1580, la flotte morutière française devait dépasser cinq cents unités, auprès de deux à trois cents bâtiments ibériques, principalement basques et portugais, et d'une cinquantaine d'anglais seulement car ceux-ci se tournaient beaucoup plus vers l'Islande. Cette répartition changea au XVIIe siècle ; à la fin du XVIIIe, l'Europe avait laissé aux « Américains » une partie de la pêche terre-neuvienne, qui ne fut plus totalement un prolongement des pêcheries européennes, sauf sur le *French Shore* conservé par la France jusqu'au début du XXe siècle.

Les morutiers n'étaient pas seuls. A partir de 1540, les baleiniers furent nombreux, accoutumés qu'ils étaient aux pratiques d'une chasse où, depuis trois siècles, ils avaient fait preuve de maîtrise dans le golfe de Gascogne riche en cétacés. Les Basques ont suivi les migrations atlantiques des animaux et ont transposé leur technique baleinière à Terre-Neuve, dans le golfe de Saint-Laurent et sur les côtes du Labrador ; les fouilles récentes de la

Red Bay y ont retrouvé une de leurs installations et un de leurs bateaux. La diminution des prises à la fin du XVIe siècle les amena à transférer leur activité plus au nord, au Groenland, en Norvège et au Spitzberg ; une coopération entre Saint-Jean-de-Luz, Bayonne et Le Havre, fructueuse au XVIIe et au XVIIIe siècle, durait encore au milieu du XIXe siècle, lors du naufrage du *Winslow* qui portait le nom de son armateur franco-américain. La chasse à la baleine était devenue internationale, échappant à une prééminence européenne séculaire.

La solidarité : valeur et contrainte partagées

Deux traits caractérisent l'ensemble des genres de pêches et des types de pêcheurs, à toute époque et en toute l'Europe : l'interdépendance des activités et la nécessaire solidarité des hommes, perceptibles à tous les niveaux. Les petits ports de pêche littorale étaient insérés dans le cadre de la seigneurie rurale, dont les exigences fiscales et la compétence juridique débordent la ligne de côte et les limites de l'estran. Les pêcheurs sont très souvent aussi agriculteurs et n'échappent pas aux maîtres de la terre. Le pêcheur appartient à une paroisse terrienne et il y est attaché : il y est né, y a été baptisé, et il souhaite y être enterré si la « grande mangeuse » ne l'a pas englouti ; cette paroisse est généralement celle de ses père et mère, celle où sa femme l'attend à son retour du large, celle où sont nés ses enfants. A ces liens de la communauté familiale, s'ajoutent ceux de la communauté du travail. Jeune, le pêcheur a appris le métier sur le bateau de son père ou d'un oncle, en compagnie de cousins et de compagnons d'enfance. Jacques Bernard a décrit remarquablement la communauté du bord, et son propos, nourri d'informations bordelaises, s'applique à tous les riverains du golfe ouvert du cap Finisterre à Ouessant et paraît valable bien au-delà. Les exemples n'en manquent ni dans les îles Britanniques, ni en pays flamand, hollandais, allemand, scandinave et slave ; d'ailleurs, toutes nuances réservées, les rivages méditerranéens offrent des cellules côtières aussi vigoureuses. Les îles, de par leur situation géographique, ont conservé particulièrement ce type de vie sociale où l'étranger n'est admis qu'après un long temps de probation. Ce qui est vrai du Portugal à la Norvège et de la Baltique à l'Irlande concerne les îles les plus rudes de la côte française, par exemple Ouessant, l'« île sentinelle » à la rencontre de la Manche et de l'Océan, et Sein où les hommes en 1940 décidèrent eux-mêmes et unanimement de rallier l'Angleterre pour continuer la lutte. Unanimement collectives aussi sont, encore de nos jours, les décisions des pêcheurs de l'île d'Houat, au large du Morbihan, quant à la date initiale de la « saison » de pêche et quant au « métier », autrement dit la technique choisie pour tel ou tel genre de pêche selon l'« apparence » de la mer. Cette volonté du groupe ne peut se confondre avec une tendance rétrograde. En voici trois exemples glanés du Portugal à l'Islande. Au début de ce siècle, les pêcheurs de Povõa de Varzim, non loin de Porto, luttèrent pour le maintien de leurs traditions mutualistes locales, dont l'origine remonte au XIVe siècle et dont certains usages s'apparentent à des coutumes nordiques, scandinaves et celtiques. De leur côté, les pêcheurs irlandais conservent des solidarités vivaces, une convivialité qui s'exprime dans les fêtes de la Saint-Jean, occasion d'élire parmi eux, à Galway par exemple, un maître et des sheriffs pour diriger leur communauté. Tout cependant n'a pas un parfum suranné. A la pointe de Bretagne, le petit port du Conquet, au passé prestigieux, a été complètement renouvelé, dans les années soixante-dix, par une centaine d'hommes jeunes, dont trente et un ans est l'âge moyen, et qui veulent prouver que l'artisanat reste praticable sur les côtes s'il s'adapte à des conditions nouvelles : ainsi, ils ont renoncé à la langouste pour rechercher le crabe tourteau. Il y a là une différence entre le milieu méditerranéen, où l'individualisme côtoie une bruyante convivialité, et les mondes des pêcheurs de l'Ouest et du Nord auxquels les dangers de l'Océan imposent de plus silencieuses solidarités.

Le « grand métier », ainsi que l'on appelle la pêche lointaine à Terre-Neuve, en Islande et au Spitzberg, sans oublier des excursions dans l'Antarctique, multipliait les exigences de solidarité. En étaient cause la durée des campagnes, la distance, les risques de mer et du travail, les rigueurs, peut-être inévitables, d'une discipline de fer ; ces conditions existent de l'Espagne et du Portugal à la Norvège en passant par la France et les îles Britanniques. Une littérature abondante permet de se faire une idée de la promiscuité dans l'espace restreint des terre-neuviers : la réciprocité des services et des secours équilibrait celle des animosités, sinon des haines, refoulées jusqu'à ce qu'un incident mineur ne les fasse éclater en violence. L'exposition aux mêmes dangers ne supporte pas la moindre négligence nuisible à tout l'équipage et au navire lui-même : une imprudence sur un doris, un geste maladroit en relevant un filet, la blessure involontaire d'un compagnon dont les conditions d'hygiène empêchaient la guérison. Tout manquement à une discipline élémentaire entraînait un châtiment, plus ou moins dur selon les tempéraments nationaux ; il fallait que les règles en fussent impitoyables, même sur les bâtiments où la discipline s'était atténuée, pour qu'un condamné de droit commun, ancien terre-neuvier, ait lancé à la tête d'un gardien de prison brutal : « Ici, on n'est tout de même pas à la grande pêche ! »

La nécessité faisant des solidarités une contrainte se manifesta très tôt, les conditions pécuniaires aidant, dans l'organisation économique de l'armement et de la vente de poisson. Nulle part les petits pêcheurs isolés, propriétaires de leur barque, ne purent se passer durablement du concours d'autrui ; à moins d'exercer en même temps une autre activité, agricole ou artisanale, ils devaient « maréer par mer sans faire autre travail », comme les habitants de l'île de Bréhat en 1429. Pendant des siècles, ce fut aussi le sort fréquent des habitants « très povres et indigens » des quartiers ou faubourgs habités par de simples pêcheurs dans les principaux ports : à Dieppe Le Pollet, aux Sables-d'Olonne La Chaume, à Boulogne la Basse Ville, à Lisbonne l'Alfama, à Londres ce quartier en aval de la Tour qu'a décrit Dickens. De plus en plus fréquemment, le pêcheur gérait son bateau en copropriété, quand il en possédait un, et c'était son unique capital. Mais beaucoup louaient leurs bras, ne vivant que de leur part de pêche. Le tonnage des bateaux crût, dès la fin du Moyen Age, en toute l'Europe, ainsi que la durée des sorties en mer, avec pour conséquence l'augmentation des risques. C'étaient autant de stimulants d'une tendance coopérative perçue dès la fin du XIIe siècle et de plus en plus manifeste avec le développement de la pêche lointaine et hauturière.

L'esprit coopératif ajoutait à la copropriété des bateaux les modalités de la répartition des profits de la pêche. La base communément admise était la rémunération à la part, c'est-à-dire un lot déterminé de poissons, affecté à chaque compagnon qui apportait ses filets. Les fonctions et responsabilités entraient aussi en compte, par exemple pour le patron et pour le *sturman* à qui revenait la conduite du navire. Tels étaient les principes qui organisaient, dans le monde de la mer du Nord et de la Manche, la solidarité entre pêcheurs. Le terme latin *socius* qui désignait les participants et celui d'« associages » définissant les liens qui les unissaient sont l'expression même de règles de solidarité en pratique chez les pêcheurs jusqu'à une époque récente.

L'écoulement de la pêche ne pouvant pas être assuré par les pêcheurs eux-mêmes, pressés de reprendre la mer, ceux-ci s'associèrent à des hôtes disposant de fonds, de personnel, de temps et de relations, capables de les accueillir au retour du large, de prendre leur poisson en charge, de tenir les comptes de la vente, d'en répartir le produit et, si besoin était, de leur verser des acomptes et de leur consentir des prêts. Le système est attesté à Dieppe mais son fonctionnement, étendu jusqu'en Hollande au moins, est particulièrement connu à Wenduine, petit port flamand, en 1467. Développant les conséquences de ses services, l'hôte contribue à l'armement ; en s'associant de près à l'entreprise, il augmente sa part de profit. Il joue le rôle de mareyeur. Hôtes et pêcheurs ayant besoin de leurs services réciproques, la pérennité du système, malgré les inégalités, n'est pas étonnante. L'écorage, substitué à l'hôtage par la Révolution française, allait fonctionner selon des règles très voisines, avant de faire place à l'entreprise moderne. Et, du fait de l'accentuation de la séparation du travail et du capital, une forme entièrement nouvelle de solidarité allait naître dans le monde des pêcheurs, le syndicat, au début du XXe siècle.

L'instinct de solidarité prenait aussi des formes de sociabilité dont les aspects se ressemblaient beaucoup d'un pays à l'autre. Que ce soit en pays français, flamand, allemand, anglais, scandinave, basque, portugais, les pêcheurs, avec l'aval des pouvoirs publics, se sont dotés d'organisations professionnelles doublées par des confréries religieuses. Comme en d'autres métiers, la vie religieuse ajoutait ainsi aux solidarités profanes la consécration d'une sorte de mutualisme spirituel. Aux gestes d'entraide matérielle s'ajoutaient les œuvres de miséricorde en faveur des vieux pêcheurs pauvres et malades, et, plus fréquemment, des veuves et des orphelins de « péris en mer ».

Enfin, considérant les milieux de la pêche sur le plan européen, une question se pose. D'un pays à l'autre, les pêcheurs ne pouvaient pas ignorer l'existence de groupes semblables aux leurs. Certes, il ne faut pas accorder à l'instinct de solidarité une extension absolue qu'il ne connut jamais. L'histoire a retenu, en effet, les violences réciproques des pêcheurs normands et basques à la fin du XIIIe siècle et au début de la guerre de Cent Ans, ainsi que les coups de main répétés entre pêcheurs bretons, anglais et flamands au cours de cette guerre. On ne pourrait pas compter ruses réciproques, assauts de bateaux, ruptures de filets, morts d'hommes. D'ailleurs la course, en Méditerranée comme au nord-ouest, fut en une large proportion le fait des pêcheurs, qui y trouvaient un complément de ressources.

Pourtant, si l'on a pu employer l'expression de « communauté internationale du hareng », certains détails contribueraient à justifier l'extension de la formule aux divers milieux de la pêche. La mer du Nord était un espace dont les riverains partageaient trop d'intérêts semblables pour être constamment à couteaux tirés.

A côté d'incidents dramatiques aux pires moments de la guerre de Cent Ans et des conflits des XVIIe et XVIIIe siècles, on observe un souci réel de sauvegarder des intérêts étroitement imbriqués. La guerre totale est un fruit posthume et amer des spéculations du « siècle des Lumières » et du mythe du progrès de l'humanité. La guerre de Cent Ans fut jalonnée de trêves dites « pêcheresses », permettant aux pêcheurs d'exercer leur activité à la faveur de sauf-conduits assez généreusement octroyés. Le duc de Bretagne en instituant un régime de brefs et le duc de Bourgogne en organisant le convoi de la pêche (1471) répondaient à l'attente et aux besoins des pêcheurs. Ces prises de conscience des problèmes sont éclairées par quelques textes. Ainsi, au XVIIIe siècle (1747), les états généraux des Provinces-Unies prirent une décision autorisant « les pescheurs français de continuer leur pesche sur les côtes d'Angleterre », en échange de quoi le roi de France « interdit sous quelque prétexte que ce soit d'inquiéter les bastiments [néerlandais] employés à la pêche ».

Pour conclure, cédons la parole à Froissart, qui constatait au XIVe siècle :

> Ces pescheurs sur mer, quelque guerre qu'il soit entre France et Angleterre, jamais ne se firent mal ; mais sont amis et aident l'un et l'autre, au besoin, et vendent et achètent sur mer l'autre à l'autre leurs poissons quand les uns en ont plus largement que les autres, car s'ils se guerroyoient il n'y aurait point de marée.

Nous pourrions laisser ce propos à la méditation de tous ceux qui, à notre époque, sont aux prises, en Europe, avec les problèmes de la pêche. Froissart ! Une référence pour l'étude, sinon pour la solution, du problème des « quotas » de pêche ? Il est toujours permis de rêver.

CHAPITRE VIII

La communauté européenne des gens de mer

Qui sont-ils ?

Des sauniers aux pêcheurs, côtiers d'abord, hauturiers ensuite, une gradation s'est établie correspondant à la profondeur et à la constance de leur relation avec la mer. Le saunier est encore, par bien des côtés, un paysan, qui exploite le rivage. Le pêcheur, lui, vit sur la mer et de la mer, mais en proportion directe de l'éloignement des lieux de pêche qui lui sont familiers comme l'est un champ pour un agriculteur. Plus lointaine est l'aventure, plus la mer se fait dominante, sinon dominatrice. Non contente d'être un lieu de travail, elle s'approprie tout entiers hommes, femmes, enfants qui vivent d'elle ; elle façonne leur vie, leur mentalité, leurs gestes ; elle est un moule culturel. Elle en fait des « gens de mer », c'est-à-dire des personnes – mieux, des groupes – vivant de la mer, par elle et pour elle.

Les Anciens, autrement dit les Latins, les appelaient *maritimi*, terme pluriel, parce qu'il s'applique à des groupes sociaux. L'Europe a suivi l'exemple, et ses langues ont inventé des mots ou des locutions exprimant la même notion : gens de mer en français, *genti di mare* en italien, *gente de mar* en espagnol, *seamen* en anglais, *Seeleute* en allemand.

Une analyse de la relation du trio homme-mer-navire a dégagé l'individualisation des fonctions professionnelles spécialisées. D'où l'emploi du singulier, d'abord en latin (*marinarius, navigans, navigator, nauta*), puis dans les diverses langues, par exemple en français, avec marinier et ses dérivés (marinel, maronier, maréant), navigateur et nautonier. Couvrant cet ensemble, l'*ars maris*, l'art de la navigation, le marinage ont désigné la connaissance du métier de la mer.

En son extension, la terminologie a diversifié la désignation des spécialités techniques et des niveaux hiérarchiques. Les langues distinguent les fonctions de maître, patron, capitaine, compagnon, page, et mousse, pilote, *sturman*, comite, maître d'équipage ; boursier, écrivain, etc. ; des termes correspondent à des activités précises concernant la gouverne (après *gubernator, sturman* et *locman*, nochier et pilote), la vogue (l'héritage antique ayant légué *remigatores, vogatores*, rameurs). A terre, l'éventail inclut les personnels des chantiers : maîtres d'hache, calfats, charpentiers, cordiers, forgerons, etc.

La sujétion à la mer s'étend à leur entourage, à commencer par leur famille. Les jeunes garçons embarquaient très tôt comme mousses, car la mer était leur premier et unique horizon. Oserait-on dire qu'ils humaient l'air marin dès leur naissance et que le sel était sur leurs lèvres avec le lait maternel ? C'est que les femmes, elles aussi, appartiennent au milieu des gens de mer. Elles en subissent les aléas, particulièrement la solitude et l'attente : solitude conjugale pendant les absences du mari, avec toutes les anxiétés, les angoisses et les jalousies parfois que cela comporte ; solitude dans la responsabilité de l'éducation d'enfants parfois nombreux, selon le rythme des retours paternels. Solitude physique et solitude du cœur, toutes les littératures les ont décrites. Mais la femme travaille aussi pour la mer : la pêche à pied, l'entretien des filets, des voiles et des cordages ; le traitement du poisson, sa vente aussi n'ont pas attendu l'industrialisation de la pêche moderne, car, dès la fin du Moyen Age, des femmes, souvent des veuves, ont assumé la direction d'entreprises. En toutes les langues, des noms et des adjectifs, pas toujours laudatifs, désignent ces gens de mer féminins.

Un certain masochisme pourrait contester un tel élargissement de la notion de gens de mer et refuser d'y inclure ceux qui n'embarquent pas : ceux qui, à terre, baptisent, enseignent, marient, soignent ou enterrent les navigants, c'est-à-dire les maîtres d'école, les médecins et les prêtres ; ils en partagent pourtant la vie et les sentiments. Reconnaissons qu'une distinction s'impose entre l'ensemble des populations vivant dans la dépendance de la mer et le groupe restreint des navigateurs. Dans le premier cas, la nuance est sociale, psychologique et éthique ; dans le second, la tonalité est professionnelle et technique, économique ou militaire.

La définition du milieu des gens de mer comporte deux autres dimensions, l'une historique, l'autre géographique, intimement mêlées. Quand Charlemagne, au début du IXe siècle, requit le service des *maritimi* contre les Vikings, il visait les habitants des régions côtières, « marages » ou « marines », jusqu'à une distance d'environ 25 kilomètres à l'intérieur des terres. Or cette zone littorale fut, plus tard, redéfinie pour délimiter le service du guet. En Angleterre, l'*Act for the Mayntenance of the Navy*, de 1540, après avoir exprimé le souci de « rendre beaucoup de maîtres, mariniers et gens de mer instruits de l'art et science de la navigation », ajoute cette importante observation :

> Eux, leurs femmes et leurs enfants tirent leur subsistance de la mer et sont en même temps le soutien des cités, villes, villages et ports et havres de la côte ; les boulangers, brasseurs, bouchers, forgerons, cordiers, charpentiers de navire, tailleurs, cordonniers et autres victuailleurs et artisans demeurant au voisinage desdits rivages tirent de la même source une grande partie de leur subsistance.

L'éventail était large. Or les autres États ne le concevaient pas autrement, dans la péninsule Ibérique, aux Pays-Bas, en Italie, notamment à Venise, comme en Suède sous Gustave Adolphe et dans le royaume de France. Au temps de Richelieu, plus tard sous Louis XVI et au-delà sous la Restauration, l'ensemble des populations côtières fut, de même qu'en Angleterre, considéré comme le milieu nourricier des marins. Le Code Michau, promulgué sous Louis XIII (1629), s'applique à tous les hommes qui font profession du « métier de la mer ». La monumentale *Hydrographie* du jésuite Georges Fournier, publiée en 1643, rééditée en 1667, réimprimée en 1973, fonde la valeur des navigateurs sur « l'expérience, préférable à la naissance », et Richelieu lui-même donna au commandeur de la Porte, qui servait en Méditerranée, cette instruction : « Je désire plutôt de gros mariniers vaillants, nourris dans l'eau de mer et la bataille, que des chevaliers frisés, car ces gens-là servent mieux le Roi. » Ce milieu des meilleurs matelots, Colbert lui fit sa place ; l'institution du système des Classes visa à inclure « tous les gens capables de servir dans la Marine » et à les y retenir ; une sorte de service social précoce étendit aux femmes des « inscrits » maritimes le bénéfice de ses prestations. L'Ordonnance de la Marine de 1681 et son commentaire ultérieur par Valin conçoivent la notion de gens de la mer de façon large. Ce peuple est « précieux », écrivit à son tour Sartine, ministre de la Marine de Louis XVI. La Révolution française prit garde, en dépit de toutes ses destructions, de renoncer à de tels enseignements et c'est dans un mémoire composé en 1794-1795 que se trouve exprimée avec une clarté et une vigueur exceptionnelles l'importance du milieu où naissent et se forment les gens de mer : « Il faut des hommes nés dans les villes maritimes ; il faut respirer de bonne heure l'air de la mer, badiner en quelque sorte avec l'élément marin dès le berceau... Un homme né sur les bords de la mer en vaut deux au moins... »

Entre eux, plus de similitudes que de différences

Le temps atténue les différences géographiques, sans altérer les diversités professionnelles. Certes, malgré une communication croissante entre les secteurs maritimes, la Méditerranée et l'Océan en particulier, les contrastes persistent entre le « Ponant » et le « Levant ». Pourtant, à tous les niveaux de la gent maritime, les exigences de la vie à la mer ont engendré des réactions parallèles, à défaut d'être identiques.

A terre, l'habitat des pêcheurs en Catalogne, au Pays basque, en Bretagne, en Hollande, sur les rivages flamands et danois, dans les fjords norvégiens, offre des dispositions analogues. Quelles différences essentielles, sinon l'exubérance et une certaine réserve, y a-t-il entre les auberges à matelots de Gênes, Marseille, Barcelone et Lisbonne d'un côté, et celles de Bordeaux, Nantes, Londres, Anvers, Rotterdam et Hambourg de l'autre ?

A bord, la vie quotidienne est conditionnée par le rapport entre l'espace disponible et le nombre d'hommes appelés à y passer des jours, des mois, des années. Si quelques hommes unis par un lien de famille, de concitoyenneté ou d'amitié suffisent à équiper un bateau de pêche côtière, il n'en est plus de même pour la grande pêche, le commerce international, notamment en ses formes exotiques comme la traite négrière où l'encadrement des esclaves doublait presque le personnel, ainsi que pour la course exigeant un ou deux équipages de prise, enfin pour les vaisseaux de guerre dont l'effectif proprement militaire s'ajoutait à celui des marins.

Ces conditions de vie ne s'expriment pas seulement par des chiffres. Théoriquement, comme pour un appartement on détermine la possibilité d'occupation par le nombre de mètres carrés, on peut, à partir du nombre de tonneaux logeables à bord (en poids ou en volume) correspondant à un homme embarqué, estimer la place disponible pour chacun. L'essai a été fait pour Venise au Moyen Age ; la possibilité de transport semble passer d'un tiers de tonne à une tonne entre le milieu du XIIIe siècle et celui du XIVe. Selon F. C. Lane, les progrès techniques de la fin du Moyen Age (gréement à traits carrés, gouvernail axial) auraient dû permettre une économie de personnel navigant si la piraterie n'avait annulé cet avantage par la nécessité d'embarquer des combattants.

Cette tendance accompagna l'évolution technique, les conditions économiques et les circonstances générales, au nord comme au sud, jusqu'à la fin de la marine à voiles. Une estimation de l'occupation des navires par le matériel et par les hommes n'est possible qu'avec une documentation numérique suffisante. La correspondance de la tonne métrique avec le last nordique et deux bottes méditerranéennes permet une approche ; mais des données plus précises apparaissent avec la fin du XVIIe siècle ; pour la France, l'Ordonnance de la Marine de 1681 fournit une évaluation du tonneau à 979 kg et à 1,44 m^3. Ainsi, le rapport tonnage/homme, selon trois destinations (Terre-Neuve, Antilles, Afrique), s'est élevé de 3,9 à 7,3, de 4,8 à 10,5 et de 4,1 à 7,9 respectivement. L'économie sur l'emploi est évidente, mais en suppose une utilisation rationnelle et postule une augmentation des tonnages, favorisée par les progrès techniques.

Ensuite, on peut se demander si l'élévation du rapport homme/tonneau sur les grands navires ne favorise pas l'emploi maximal de la capacité de charge aux dépens de la place laissée aux équipages. Les promiscuités sont une des épreuves de la vie à bord, surtout quand elles se prolongent. Gens du Nord et gens du Midi les ont ressenties de façon inégale en raison de la différence de leurs habitudes sociales et de leurs cultures. L'exubérance méditerranéenne contraste avec la réserve volontiers taciturne des Nordiques ; mais l'emportement peut être aussi prompt et violent chez tous. Pénétrons un instant sous les ponts du navire. Alors que l'état-major et la maistrance jouissent de quelque confort aux XVIIe et XVIIIe siècles sur l'avant des vaisseaux du roi ou des grandes compagnies, les équipages se contentent, vers l'arrière, de chambres mal aérées, malodorantes, bruyantes ; dormir à tour de rôle, au rythme des quarts, sur les mêmes « lits », est une performance qu'expliquent seulement la fatigue, l'air marin et la jeunesse. Les galériens ne bougeaient pas de leur banc, ils y dormaient, mangeaient et satisfaisaient leurs autres besoins.

La qualité de l'alimentation est caractérisée par son adaptation aux ressources locales et un nombre suffisant de calories. Sur les naves méditerranéennes médiévales et les vaisseaux des siècles modernes, la variété des menus est inconnue des équipages et parfois des états-majors. Les marines européennes connurent assez tôt une hiérarchie de plusieurs « tables » (jusqu'à quatre sur les navires vénitiens) correspondant à celle des fonctions et des grades. La viande paraît plus fréquente en Méditerranée que sur les bateaux du Nord où règnent le hareng et la morue. Les salaisons constituent toujours l'essentiel de la nourriture avec le biscuit, si dur qu'il fallait le tremper dans l'eau, le vin, la bière ou la bouillie. Sur l'alimentation des galériens, mieux vaut ne pas insister, quoique, pour eux, un souci de rendement ait maintenu un niveau nutritif minimum. Il y eut, si l'on peut dire, une « Europe des calories » : au XIVe siècle, 3 920 calories par jour sur les nefs vénitiennes, à peine davantage (4 000) sur les navires suédois, mais beaucoup plus (6500, à cause de la bière) sur les gros vaisseaux hollandais, au XVIIIe siècle. En revanche, le minimum caractérisait la marine russe dont la sobriété se contentait d'environ 3000 calories. Entre ces extrêmes se tenaient les autres régimes, français, anglais, ibérique. Ainsi, le marin européen étique et affamé serait une légende, même s'il semble constamment assoiffé : l'air salin l'assèche.

La qualité de l'air ne pouvait pas cependant compenser les déficiences de l'hygiène, qui régnèrent fréquemment jusqu'au siècle présent. Soins de propreté, absence de rechange de vêtements lents à sécher, vermine corporelle et ambiante, entretenue par la chaude moiteur des fonds où persiste l'humidité du « marais nautique », simples bobos dégénérant en plaies purulentes, ophtalmie et tuberculose pulmonaire. Avec les poux et les puces, les rats étaient les compagnons du marin jusqu'au moment où une voie d'eau les contraignait à s'échapper du navire et à trouver refuge, comme les hommes, sur la moindre planche. Un tel environnement entretenait une morbidité permanente, surtout lors des croisières lointaines. En ce cas, le scorbut, résultant d'une avitaminose, faisait des ravages au point de neutraliser toute l'activité et de vouer à la défaite même les plus grands vaisseaux ; on le vit au XVIIIe siècle jusqu'à ce que l'on eût découvert les vertus antiscorbutiques du citron. De services médicaux dignes de ce nom, les marines européennes n'en possédèrent de vraiment efficaces qu'à partir du XVIIIe siècle. Pour résister à tant d'agressions, il fallait de solides santés, aguerries par une accoutumance datant de l'adolescence.

Une discipline rigoureuse contribuait à endurcir tempéraments et caractères. Sa dureté sur les galères est restée légendaire, au point que, ne prêtant qu'aux riches, la légende en a rajouté ; en Méditerranée comme en Baltique, sur les galères anachroniques de la Suède et de la Russie au XVIIIe siècle, l'absence de ménagement de la main-d'œuvre était préjudiciable au service. Entre-temps, la miséricorde s'exerçait parfois avec plus d'humanité ; le dominicain allemand Félix Faber au XVe siècle s'étonnait de la passivité des galériens accablés de coups à bord de la galère vénitienne qui l'emmenait en Terre sainte. Chacun connaît les initiatives charitables de saint Vincent de Paul à Toulon au XVIIe siècle. Sans atteindre une violence constante, la dureté des rapports entre hommes égalait celle des éléments. Un personnage est, à cet égard, devenu légendaire, le *boss* ou *bosco*, maître d'équipage, interprète des ordres du patron, ou du pacha ; mais, sans rigueur à l'égard d'équipages eux-mêmes rustres, que serait devenue la discipline, indispensable sur une mer elle-même sans ménagement ?

Mêmes dangers. Même besoin de sécurité

Les tempêtes soudaines de la Méditerranée ne sont pas moins dangereuses que les tourmentes de l'Océan. Les brumes du Bosphore, de Gibraltar et des îles Berlengas au large du Portugal ou celles des ras bretons, des bancs des Flandres et des détroits danois provoquent des risques d'échouage sur les grèves, de drossage sur les rochers et de collisions. Auprès de ces catastrophes, les chutes de la mâture sur le pont ou dans les flots apparaissent comme la menue monnaie de dangers dont le terrien ne peut se faire l'idée. Riche de contrastes, la mer est célébrée, non sans raison, comme source de vie et nourricière : on l'a définie « plasma de l'Europe ». Mais on l'a dite, avec autant de justesse, « espace de mortalité ».

La sécurité, problème commun à toutes les mers, a pris en Europe une importance particulière en raison de l'intensité de la navigation. Une attention particulière a obtenu des résultats remarquables, au prix, il est vrai, d'expériences tragiques et de pertes matérielles et humaines graves. Tous les peuples d'Europe y ont concouru avec une inégale intensité, mais une égale tension a permis, au cours des siècles, le partage des mêmes résultats. Des progrès techniques, juridiques, sociaux et moraux, il est utile de rappeler la convergence. Sur le plan technique, les recherches dans le domaine des constructions navales ont abouti à l'élaboration du trois-mâts caractéristique de la navigation européenne. Comme il ne suffit pas de disposer d'un bon navire, les marins du Nord et ceux du Midi ont coopéré, les uns apportant les connaissances expérimentales et les intuitions empiriques de marins consommés, les autres, leurs calculs astronomiques et l'usage de la carte nautique.

La recherche de la sécurité a suscité l'initiative des convois et des escortes armées, et développé la pratique du pilotage en mer et du lamanage dans les estuaires. Inspirés une fois de plus par l'exemple romain, les Européens ont jalonné leurs rivages de repères lumineux dont la multiplication depuis la fin du XVIIe siècle résulte de la solution des problèmes d'architecture, de résistance des matériaux, de sources d'énergie et d'optique posés par la construction de phares. Nous verrons que leur dispositif, parfois serré, offre un paysage semblable à un balcon aux jours de fête en certains secteurs des côtes européennes et favorable à la diminution des accidents de mer.

La recherche de la prévention des sinistres a engendré le développement des assurances maritimes. L'initiative la plus féconde est venue de la Méditerranée. Il y avait eu des précédents antiques, mais l'accélération du commerce maritime a stimulé l'ingéniosité des négociants, à Florence en particulier. Federigo Melis a découvert leur précocité dans la pratique, au XIVe siècle, de l'assurance à prime, dont la variance reflète l'intensité, différente selon les zones et les moments, des risques naturels ou provoqués par les hommes (guerre, piraterie). L'usage a gagné les ports océaniques, puis ceux du Nord. Les négociants castillans, en particulier ceux de Burgos et de Bilbao, ont pris le relais et diffusé jusqu'à Anvers, au XVIe siècle, un code d'usages internationaux. A leur tour, les Hanséates ont substitué ces pratiques à des usages moins raffinés tels que le prêt à la grosse aventure, auxquels leur prudence et leurs habitudes demeuraient attachées.

Quelques épisodes illustrent la contagion des préoccupations sécuritaires, notamment au point de vue technique. En voici deux, géographiquement différents et psychologiquement contrastés. L'un, déjà connu, est l'affaire du *Pierre* de La Rochelle dont les autorités municipales de Gdansk utilisèrent et restaurèrent la coque, pour servir de modèle, dans la deuxième moitié du XVe siècle. L'autre, un texte vénitien du début du XVIIIe siècle qui formule un éloge, paradoxalement découragé, des navires du Nord : « Avec les Occidentaux, dit-il, on ne peut concourir ni par l'habileté, ni par le profit, et encore moins pour la sécurité des vaisseaux. »

L'insécurité résultant aussi de la malice humaine, il fallut du temps avant que les initiatives charitables secouent les consciences et organisent les secours aux naufragés. Il serait injuste de généraliser le jugement péjoratif sur l'attitude des « naufrageurs ». Des populations auxquelles l'insularité permettait d'échapper à la répression judiciaire ont attiré les navires en détresse par des feux ou des signaux fallacieux sur les écueils des pointes extrêmes de l'Europe. Une autre malice feignait le désintéressement d'une intervention salvatrice et la faisait payer, cher, aux « bénéficiaires », dépouillés de leur avoir et détenus jusqu'au paiement d'une rançon : la mésaventure de Jacques Cœur, devant Calvi, en 1432, en est un exemple. En revanche, il ne faudrait pas assimiler aux naufrageurs ceux qui, de nos jours, à Ouessant, ont récupéré une cargaison d'espadrilles d'Extrême-Orient arrachées par la tempête à son transporteur drossé sur les écueils.

Le devoir de secours aux personnes en danger n'est passé du plan moral au plan institutionnel qu'à une époque récente. L'esprit d'entraide a suscité, à partir de la fin du XVIIIe siècle, l'instauration d'organismes pour le sauvetage en mer. Cette orientation résulta de l'inspiration chrétienne traditionnelle et de l'esprit des « Lumières »; elle fut stimulée par la double influence des guerres et des naufrages dont le nombre augmentait avec l'accélération de la circulation. A notre époque, la transhumance estivale des touristes amène chaque année sur les côtes des millions d'usagers inexpérimentés dont l'inconscience provoque de nombreux accidents.

Les fondations commencèrent sur les rivages où la fréquence et la gravité des sinistres en révélaient la nécessité. Retenons, à titre d'exemples, des naufrages en mer d'Irlande à la fin du XVIIIe siècle, d'autres sur les côtes du Danemark et de la Hollande (1811, 1824), ceux, plus célèbres, de la *Méduse* sur les côtes marocaines en 1816 et surtout de la *Sémillante* en 1855 dans les bouches de Bonifacio, entraînant la mort de plusieurs centaines de soldats en route vers la Crimée. L'Europe entière s'émut, et à cet émoi correspondit celui qui créa la Croix-Rouge internationale. La construction des *Wreck Charts* britanniques et des cartes françaises des naufrages permit de déterminer l'emplacement des stations de sauvetage.

Des institutions apparurent simultanément dans les îles Britanniques et en France avant 1800 par les initiatives de Sir William Hillary et de M. de Bernières (1775, au Havre). Quelques dates attestent l'extension des fondations : Irlande (vers 1800), Hollande (1824), Belgique

(1838), Danemark (1844), etc. Les institutions les plus puissantes firent leurs débuts en France et en Angleterre. La *Société humaine des naufragés* (Le Havre, 1825) fit place à la *Société centrale des naufragés* et à la *Société des hospitaliers-sauveteurs bretons* (HSB), fusionnées en 1967 dans l'actuelle *Société nationale de sauvetage en mer* (SNSM). La *Royal National Lifeboat Institution* date de 1849, la *Deutsche Gesellschaft zur Rattung Schiffbruchier* de 1865 ; suivirent : l'*Instituto de Soccoros a Naufragos* (Lisbonne, 1892) et la *Sociedad Española de Salvamento de Naufragos.*

L'unanimité des efforts ne fait pas de doute. Leur nature non plus ; elle consiste en un équipement en bateaux de sauvetage, insubmersibles et rapides, répartis entre les points les plus sensibles, servis par des sauveteurs bénévoles partout où prévaut l'initiative privée. C'est le cas notamment des sociétés allemande, anglaise, française, norvégienne, suédoise ; cependant, en d'autres pays (par exemple : Belgique, Danemark, Espagne, Finlande, Grèce, Italie, Pays-Bas, Pologne, Portugal), les secours en mer, financés en majeure partie par l'État, gérés par les ministères de la Marine, sont un service public. Cette diversité ne nuit pas à la solidarité des institutions de sauvetage ; elles sont en contacts presque quotidiens en Europe occidentale et tiennent tous les quatre ans une conférence pour coordonner leurs techniques et leurs initiatives. L'Europe du sauvetage en mer est en route, de jour et de nuit, en toute saison, quelles que soient les intempéries, sans attendre davantage qu'une gratitude méritée. Avant même une coordination souhaitable, l'Europe des sauveteurs en mer est mieux qu'en marche : elle existe.

Les victimes de la mer ne sont pas uniquement les noyés. Il y a aussi les invalides par vieillesse ou par accident, ainsi que les veuves et les orphelins. Le système, précurseur de la Sécurité sociale, institué en France par

Colbert a fait des émules en d'autres pays; il succédait lui-même à des initiatives remontant parfois au Moyen Age, dont la charité avait été l'inspiratrice. Dans l'Antiquité, Athènes au temps de la guerre du Péloponnèse (Ve siècle avant J.-C.), Rome dans l'escadre du cap Misène (Ier siècle après J.-C.) eurent des sortes de navires-hôpitaux : la première avec le *Thérapia*, la seconde avec *l'Aesculapius*. Une assistance sanitaire était au service de la flotte byzantine au VIIe siècle. A son tour, l'Europe médiévale connut des maisons d'accueil pour les marins estropiés ou séniles, et pour les orphelins des disparus. Venise leur réserva l'asile Saint-Martin (1272) et l'hospice Saint-Antoine (1317) ; le Grand Conseil justifiait l'affectation d'une partie des recettes douanières en faveur des marins par leur droit à la sécurité de leurs vieux jours : « C'est une œuvre de miséricorde et de pitié que de secourir les pauvres hommes de mer, âgés de soixante ans, qui dépensent leur jeunesse au service de l'État, et deviennent ensuite impotents. » Les candidats étaient si nombreux qu'en 1385 on ajouta un enclos à la *Misericordia*, et qu'en 1500 l'hôpital de San Nicolo di Castello, jusqu'alors affecté aux pèlerins, fut réservé aux marins hors d'état de servir. Sans être complet, on n'aurait garde d'omettre, parmi les monts-de-piété fondés au XVIe siècle, les *Monti delle Arte del Mare* au royaume de Naples, ainsi que les fondations ibériques au profit des pêcheurs à Valence (1396), des galériens au Puerto de Santa Maria (1512), à Porto (1443) et, près de cette ville, à Matosinhos, un hôpital marin encore aujourd'hui fidèle à sa destination. A La Rochelle, la tradition attribue à un riche marchand, Alexandre Auffredi, la fondation, au XIIIe siècle, de l'hôpital qui porte encore son nom. Au XIVe siècle, les créations s'étendirent aux rivages nordiques. Dans les ports comme dans les autres villes, les orphelins étaient une préoccupation ; des officiers spéciaux, les *garde-orphènes*, veillaient sur eux ; à

Londres, l'*Orphan Court* les recevait. Une émulation se poursuivit en toute l'Europe au XVIIe et au XVIIIe siècle, avec la fondation d'hôpitaux marins à Pise (1627), à Civitavecchia (1645, 1660), à Rochefort (1666), Brest et Toulon (1689), à Greenwich (1695), à Rotterdam (1740). En Suède, le Code maritime renouvela une disposition des lois de Visby affectant à des œuvres de charité le tiers des amendes infligées à des matelots pour négligence dans le service. Matelots chenus et estropiés, veuves, orphelins composaient donc un peuple affecté par l'insécurité. Il est impossible de les dénombrer bien qu'ils soient les plus nombreuses victimes de la mer. D'ailleurs, mourir en mer ne signifie pas toujours être noyé. La morbidité tuait beaucoup à bord, et le jet de cadavres à la mer, en des sacs lestés par une pierre, faisait l'objet d'un cérémonial défini ; même sur les navires négriers du XVIIIe siècle, il mourait plus de Blancs que de Noirs. Alain Cabantous a calculé qu'à Dunkerque, entre 1662 et 1791, les accidents à bord furent responsables de 37,40 % des décès, et les combats de 2,25 % seulement. On imagine l'angoisse de celui qui se sentait mourir, malade ou englouti, loin des siens et de la terre natale. Avec émotion, C. E. Dufourcq a noté, au hasard de ses recherches dans les archives catalanes, une prière composée et écrite par un marin anonyme sur une feuille isolée dans un registre ; il l'a ainsi traduite : « Seigneur ! Fais-moi échapper aux périls, s'il vous plaît. »

Au bout du compte, dans une Europe restée unanime en ses croyances fondamentales malgré la Réforme, l'ultime recours des marins demeura un regard vers le Ciel, dans l'espoir de la sécurité définitive. L'espérance est de toute époque et n'appartient à aucune civilisation particulière. Tout se passe, à la mer, au désert et à la montagne, comme si l'affrontement avec la puissance contraignante de la nature conduisait à implorer une force extra- ou surnaturelle s'exerçant, en mer, avec une infinité oppressante. Avant d'entrer en contact avec la mer, la consécration du navire est un acte dont les rituels prévoient, au pied du mât principal, la lecture évangélique du miracle de la tempête apaisée et une bénédiction de la proue à la poupe. Le bâtiment reçoit un nom dont le choix au XVe siècle reflète la foi de son possesseur. La religion des gens de mer, semblable à celle des terriens, en diffère par une intensité au moins apparente de sa relation avec le Ciel. Du milieu du XIVe siècle jusqu'à celui du XVIe, les recours s'adressent principalement, sauf en Angleterre, à la Vierge Marie, invoquée comme *Stella Maris*; les autres intercesseurs sont d'une façon générale saint Pierre, saint Nicolas, dont la légende s'est partout répandue à partir du XIIe siècle, et, d'une façon particulière, certains saints régionaux propres à la Méditerranée, à l'Océan et aux mers nordiques. Dieu, avec référence au Sauveur, à la Croix ou à l'Esprit Saint, est chargé parfois lui-même de la protection du navire. Les modes s'en sont mêlées : saint François conquiert l'espace méditerranéen ; sainte Ursule et sainte Barbe conservent le Nord. Les vocables purement profanes, peu nombreux au Moyen Age, apportent, *a contrario*, une confirmation de la recherche d'une sécurité extra-naturelle auprès d'allégories féminines bénéfiques (*Gloria, Benedicta*) ou animales évoquant la force (*L'Aigle, Le Lion* par exemple). Le protestantisme nordique a modifié ces usages. La protection immédiate de Dieu prit l'avantage sur l'intercession des saints. Ceux-ci pourtant, jusqu'au milieu du XVIe siècle, patronnent volontiers les bateaux envoyés des pays du Nord vers les ports méditerranéens ; pour des marins luthériens, c'était une garantie supplémentaire contre les méfiances de l'Inquisition, sévère en certains lieux comme Malte. Le recours au Seigneur seul, directement ou indirectement par l'intermédiaire de sa Mère et de ses saints, était animé de sincérités égales. Au XVIIe siècle, le recueil de prières du pasteur Théophile Barbauld, de l'île de Ré, pour toutes formes de danger, est inspiré d'une spiritualité comparable à celle du père Fournier à propos du « bon usage des naufrages », car la mer, espace sacré parce que périlleux, est rédemptrice. Tension inquiète et confiance assurée se rejoignent. La spiritualité de l'« École française » du XVIIe siècle y trouvait finalement son compte, même au sein de la rusticité superstitieuse des matelots.

L'appel au secours se fait plus ardent au moment du péril suprême, une fois brisée la mâture, déchirées les voiles, rompu le gouvernail ; même l'ancre de miséricorde est impuissante. L'équipage est désemparé. Seul, le Ciel peut le sauver. C'est le moment des vœux : on promet, si l'on échappe à la mort, de pèleriner en tel ou tel des sanctuaires marins échelonnés au long des côtes européennes, et d'apporter au thaumaturge choisi un objet qui, commémorant le drame, est destiné à représenter le donateur. L'ex-voto marin peut être le morceau de la coque sur lequel le rescapé a surnagé, un des vêtements qu'il portait lors du naufrage et qu'il a revêtu encore pour déposer son offrande, une maquette du bâtiment, une image (tableau peint ou simple dessin) figurant le drame. Ce genre de pratique est de nature anthropologique autant que spirituelle. En usage dans l'Antiquité et parmi les peuples primitifs eux-mêmes, l'ex-voto a laissé des témoins sur tous les rivages européens, dans les îles grecques et dalmates, par exemple à Cattaro ; ils sont nombreux à l'Annunziata près de Naples, au Monte Nero près de Livourne, à Antibes, à Notre-Dame-de-la-Garde à Marseille ; à Séville, le grand tableau de *N. Sra de Navegadores* évoque les Découvertes ; on en retrouve à Notre-Dame-de-Montuzet sur la Gironde, à Sainte-Anne-d'Auray et dans la moindre chapelle bretonne, à Honfleur et à Fécamp, à Notre-Dame de Boulogne et à Notre-Dame-des-Dunes près de Dunkerque, ainsi qu'à Bruges. Le protestantisme ne les a pas fait tous disparaître dans les sanctuaires anglais, germaniques et scandinaves; des églises hollandaises et danoises possèdent des maquettes dont le caractère commémoratif a pu être substitué à l'intention votive, sans que l'oblitération de cette dernière soit absolue. Même en Pologne, des églises côtières ont, malgré les guerres, conservé quelques ex-voto.

L'ex-voto peint retient l'attention par son contenu psychologique et spirituel. Bernard Cousin a analysé minutieusement des peintures méditerranéennes en les comparant avec celles des autres régions de l'Europe. Trois registres se partagent l'espace pictural : l'un concerne la nature, la mer en furie et des nuages menaçants; le second se rapporte à l'homme et à son (ou ses) bateau(x) ; le registre supérieur est occupé par l'image des personnages célestes invoqués. Une « gestuelle » exprime le contenu religieux de l'objet. Les vagues symbolisent l'épreuve subie par l'homme. Entre lui et les êtres célestes, gestes et regards évoquent un dialogue : bras et regards suppliants des naufragés vers le Ciel, main tendue du saint pour arracher les malheureux à la mort avec un regard de pitié. La signification est à son comble quand la Vierge présente l'Enfant Jésus sur son bras; Marie tend la main vers le suppliant, mais, exerçant son rôle intercesseur, elle regarde son Fils de qui dépend toute décision. L'œuvre atteint alors une dimension théologique rare à ce degré chez de rudes marins, mais expressive de la fonction sécurisante dont Jean Delumeau a fait le titre d'un de ses meilleurs livres : *Rassurer et Protéger.*

Complexes de sociabilité et d'indépendance

Décidément peu compréhensibles pour des terriens, les gens de mer, Méditerranéens, Ponantais et Nordiques, trouvent moyen de compenser leurs différences par le partage de deux traits de caractère opposés, la sociabilité et l'indépendance, capables de solidarités aussi solides que d'antagonismes explosifs.

Le « bord » s'est déjà présenté sous les aspects à la fois monotones et fantasques d'une communauté masculine artificielle (sauf sur les petits bateaux de pêche), mais contraignante. Le ciment, vital il est vrai, vient des exigences de la sécurité. La copropriété, assez fréquente, des petits bateaux de pêche explique cette solidarité. Il s'y ajoutait la coresponsabilité du sort du bâtiment, surtout sur de longs parcours. Les divers codes de la mer, dont nous reparlerons, s'y réfèrent. Conscients de l'interdépendance de leurs tâches, les gens de mer prirent l'habitude de tenir conseil, surtout dans les circonstances où le sort commun est en jeu. Ce conseil était plus ou moins large selon la nature des décisions à prendre sur le plan économique (escales à effectuer ou à prolonger), sur le plan technique (radoub et calfatage, changement de route en raison de la météorologie ou de la présence de pirates, jet à la mer imposé par l'imminence d'un péril). L'expression « compaignie du bord » prend sa signification, que représente, de son côté, l'institution vénitienne du « Conseil des Douze ».

La solidarité du bord s'enracinait dans une multiplicité de sociabilités terriennes. Le « Conseil » dont il vient d'être question avait des allures de conseil de famille, sur les petites unités montées par de proches parents, des amis ou au moins des « hommes du pays ». S'ils n'étaient pas de la même paroisse, leurs origines étaient dans le même secteur et, à moins d'animosités personnelles, ils avaient les mêmes dispositions d'esprit. A terre, ils se retrouvaient à l'occasion de fêtes religieuses ou profanes et appartenaient aux confréries, ou guildes, spécialisées selon les catégories professionnelles dans les ports importants, depuis les petits pêcheurs jusqu'aux calfats, charpentiers et maîtres de navire, sous le patronage des saints professionnels déjà mentionnés. L'organisation des confréries de gens de mer ressemblait à celle des organisations similaires des terriens et, comme elles, avait d'abord une finalité charitable au profit des veuves, des orphelins, des marins âgés ou infirmes. Une de leurs préoccupations était la recherche des corps des noyés afin de leur donner une sépulture en terre bénie ; s'ils étaient introuvables, un simulacre d'inhumation religieuse en tenait lieu ; c'était par exemple, à Ouessant, la « proëlla » (étymologiquement : *pro illa anima*), en usage jusqu'au milieu du XXe siècle. Envers les pauvres, les guildes londoniennes firent preuve d'une grande activité et, de leur côté, les confréries napolitaines contribuèrent jusqu'à la fin du XVIIIe siècle au financement de monts-de-piété particuliers aux gens de mer, à l'aide des recettes d'une taxe sur la pêche. Certaines confréries veillaient à l'éducation des mousses et des jeunes matelots en encourageant par des prix des compétitions de natation et de rame, en organisant, par exemple au Havre au XVIIe siècle, des cours d'hydrographie qu'accompagnait une formation morale et religieuse.

Sur le plan professionnel, des guildes sanctionnaient par des amendes l'ivrognerie à bord, cause d'accidents, confisquaient le poisson pris en temps prohibé, dont elles réglaient les dates, suspendaient les pilotes contrevenant aux règlements. En Allemagne et en mer Baltique, elles fixaient les salaires des matelots. La sociabilité joyeuse reprenait quelquefois ses droits, pour célébrer, par exemple dans les ports harenguiers, la clôture de la saison de pêche ; à Dieppe, c'était l'occasion du banquet de l'« oue » (oie). Ou bien telle confrérie organisait des concours littéraires (par exemple les « puys » normands) où s'exprimaient des poètes de la mer, et non des moindres au temps de la Renaissance.

Le sens de la solidarité poussé jusqu'au sacrifice avait pour contrepartie – on est tenté de dire : pour complément – un esprit très vif d'indépendance à tous points de vue : moral, religieux et parfois disciplinaire. Quoi d'étonnant ! Les jeunes, embarqués au seuil de l'adolescence pour suivre l'exemple paternel ou fraternel, ou pour pallier l'impécuniosité d'une famille nombreuse, risquaient une perversion précoce, par une initiation sans ménagement aux questions de la vie. S'ils étaient un peu plus préservés sur les petits bateaux, en milieu familial ou pour le moins connu, à bord de grands navires, au contraire, l'entraînement mutuel conspirait pour les dévoyer.

Certes, les usages tendaient à rappeler la religion : la bénédiction du navire lors de son lancement et à son appareillage pour une destination lointaine (Jacques Cartier, le 15 août 1534, reçut l'eucharistie avec tous ses hommes avant de partir pour le Canada) ; on saluait au passage les clochers des sanctuaires préférés. Chaque jour, des prières étaient récitées en commun sous la direction du maître du navire. Avant le XVIe siècle, il y eut rarement des chapelains à bord, même sur les vaisseaux de pèlerins en route vers la Terre sainte depuis Venise, Gênes, Marseille ou Barcelone. A défaut de prêtre, on lisait les prières de la messe, sans consécration : on appelait cela une « messe sèche ». La dispense des pratiques communes était reconnue par l'Église, qui, dès la fin du XIIe siècle, avait permis aux pêcheurs flamands de sortir en mer le dimanche. Ce fut seulement à partir des longues traversées océaniques qu'il y eut des chapelains ou des pasteurs, après la Réforme protestante, à bord des grands navires. Alors se développa auprès des équipages un effort pastoral.

En effet,.la diversité, parfois l'affrontement, des confessions chrétiennes, ainsi que la découverte d'autres religions outre-mer, inclinaient nombre de navigateurs au scepticisme et à l'indifférence religieuse au moins pratique. Pourtant, ces marins, pas mauvais garçons et, pour un grand nombre, attachés aux traditions ancestrales, appelaient le secours divin au moment ultime où l'on ne peut plus ni tricher ni crâner.

Crâner est une attitude facile quand on est jeune et libéré des contraintes sociales. Passé les jetées, l'air du large balaie les interdits et dénoue les entraves. « Les faits de la mer, dit une ordonnance royale française de 1400, ne sont pas semblables à ceux de la terre. » Les gestes et les rites accomplis à bord restent formels et incompris, mais, prenant à témoin Dieu, la Vierge et les saints (manière de reconnaître leur existence !), on blasphème à longueur de temps, et les jurons pleuvent de la tête des mâts sur le pont et s'entrecroisent du gaillard d'avant à celui d'arrière, comme des stimulants et des preuves d'affranchissement.

Les colères s'affirment avec la violence des grands vents. Elles éclatent comme un orage, pour de menus incidents de la vie collective comme pour des rancunes refoulées. Les vols sont menue monnaie à côté des rixes survenues à bord ou plus souvent à terre, dans une taverne, la boisson aidant. Jalousies au sujet de femmes ? Cela arrive, car la morale conjugale encaisse parfois de rudes coups aux escales, mais une escale est rarement longue, et la fidélité conjugale reprend ses droits au retour et engendre une nouvelle fois. Querelles d'argent aussi, car bien des matelots étaient presque à sec de pécune dès l'appareillage initial et, mettant sac à terre, épuisaient le solde de leurs gages en des libations finales. Certaines violences avaient de plus nobles motifs : la défense, par exemple à Dunkerque, d'une servante que d'autres matelots tentaient de violer, ou bien une solidarité soudaine réconciliait des marins d'origines concurrentes, comme Bretons et Gascons, Normands et Flamands, Anglais et Français, Allemands et Scandinaves.

Rébellions

L'esprit d'indépendance allait parfois plus loin, dépassait les bornes de la discipline et menaçait la solidarité nécessaire. L'insubordination individuelle s'exposait à des châtiments rigoureux et débouchait sur la désertion que le système français des « Classes » et l'usage anglais de la « Presse » tentaient de prévenir avec un succès inégal.

L'insubordination collective prenait le chemin de la mutinerie aux conséquences beaucoup plus graves. Alain Cabantous, dans *La Vergue et les Fers*, a fort bien analysé les phénomènes de rébellion, sous les aspects divers de ce qu'on appelle la « groume ». Le murmure contestataire désigné par ce terme, sourd d'abord, prend le volume d'une rumeur et la grogne enfle jusqu'à rassembler un groupe plus ou moins nombreux, mais capable de pression sur le commandement du bord en envahissant la poupe du navire. Les origines du mécontentement étaient parfois un épisode mineur, amplifié dans la mesure inverse du microcosme masculin du bâtiment : une simple remarque faite à un subordonné, de mauvais traitements, les exigences du « bosco », le mécontentement du régime alimentaire, la contestation du choix de la route, des rancunes à propos de la rémunération des parts de la pêche et, sur les navires armés en course, des récriminations quant au partage des prises. L'objectif variait selon les griefs et l'ampleur du mouvement. Toute époque connut cela avec des buts plus ou moins solides ou légitimes. Les dossiers judiciaires de tout ordre à Venise ou à Gênes, dans les ports ibériques et dans ceux de la Hanse, en Angleterre et en France, les archives des amirautés comme les lettres de rémission révèlent les circonstances de façon vivante. Voici en quels termes sur un navire catalan un meneur excitait ses hommes à supprimer le capitaine afin de pouvoir s'adonner à la piraterie : « Eh ! les gars ! Vous voulez vous remplir les poches ? Eh bien ! emparons-nous de tout ce qui appartient à n'importe qui. » Sans aller jusqu'à une extrémité pareille, l'équipage d'un navire britannique se mit en grève en 1757 à Londres et menaça de déserter si les armateurs ne consentaient pas à laisser à la disposition des matelots une partie importante de la cale pour loger leur pacotille. Cette part de cargaison des matelots, chargée obligatoirement sur le pont et de ce fait exposée aux intempéries, constituait un complément de salaire, communément reconnu (à Venise, la *portata*), et défini en Angleterre (1786) comme destiné à la famille du matelot.

Les meneurs furent rarement de simples matelots, mais souvent des officiers de second rang ou des officiers mariniers mus par de vieilles rancunes ou des envies, et possédant un certain niveau d'instruction. L'exemple le plus célèbre est celui de la *Bounty*, trop connu pour y revenir. Une dizaine d'années plus tard, les mutineries de la Navy ont par leur gravité et leur durée failli, en 1797, mener l'Angleterre à un désastre. Le genre a fait recette jusqu'aux mutineries de la mer Noire, en 1917.

Les désertions, avec moins d'ampleur mais davantage de fréquence, sont demeurées, jusqu'au XVIIIe siècle, un fléau pour toutes les marines, à commencer par celles des villes italiennes au Moyen Age. Le cas de Gênes aux XIVe et XVe siècles est significatif au point qu'un *Manuel des fugitifs des Galées de la Commune* expose qu'en 1356, sur treize galères, on comptait cent quatre-vingt-dix déserteurs qui, dégoûtés de la vie à bord, cherchaient un travail moins dur et mieux rémunéré. Pourtant, moins de vingt ans auparavant, un règlement (1339) avait prévu des dispositions pour limiter les désertions. Celles-ci perturbaient tant les trafics qu'en cours de route il fallait recruter du monde pour combler les vides.

Corsaires et pirates

Un exutoire pour l'esprit d'indépendance des gens de mer fut, pendant des siècles, les aventures de la course et de la piraterie. Elles n'ont conservé, depuis le XIXe siècle, en Europe du moins, que la faveur des romanciers et l'audience du public. Les historiens se sont efforcés depuis quelques décennies d'en définir et distinguer les traits, d'en apprécier l'ampleur et d'en évaluer la portée, ce qui n'est pas aisé.

A partir de la fin du Moyen Age, l'autorité de l'État chercha à limiter les dégâts, c'est-à-dire à canaliser l'usage de la violence sur mer. Il y avait beaucoup à faire pour dominer une situation anarchique, car les particuliers et certains pouvoirs publics organisaient des entreprises sans contrôle. En mer du Nord au XIVe siècle les *Vitalienbrüder*, dans la Manche et sur l'Océan des pirates ou corsaires anglais, français, bretons, castillans profitaient de la guerre de Cent Ans, même pendant les trêves, pour réaliser de fructueux butins ; en Méditerranée, ni la mer Tyrrhénienne, ni l'Adriatique, ni l'Égée n'échappaient aux razzias des chrétiens et des sarrasins.

L'effort de l'État consista à introduire dans le droit international des distinctions entre la course et la piraterie. Il y fut aidé par la réflexion de juristes comme Bartole et Grotius et des progrès furent acquis grâce à des traités bilatéraux à la fin du XVe siècle, entre la France, la Hanse, la Castille, l'Angleterre. Dès lors fut corsaire celui qui arme sur mer avec l'autorisation du prince contre les ennemis de ce dernier, et qui laisse à l'autorité de l'Amirauté le soin de légitimer ou d'invalider ses prises. Au contraire, le pirate est celui qui, sans contrôle, attaque et dépouille n'importe qui. Le corsaire devient respectable ; le pirate un forban.

Les résultats, inévitablement imparfaits du côté océanique et nordique, laissèrent une part à la course, dont on peut évaluer le rôle dans les guerres franco-anglaises de Louis XIV à Napoléon, dans les guerres anglo-hollandaises du milieu du XVIIe siècle et dans l'espace baltique au temps de la guerre de Trente Ans et de la rivalité russo-suédoise. La situation fut plus complexe en Méditerranée. Au XVIe siècle, les Uscoques sortaient de leurs îles dalmates pour perturber le trafic. Mais, d'un bout à l'autre, la Méditerranée fut l'aire privilégiée de la concurrence armée des chrétiens et des Barbaresques, car la distinction entre course et piraterie y demeurait confuse : tous se renvoyaient mutuellement l'insulte de la piraterie, assortie de celle de l'infidélité religieuse.

Pour en finir, il fallut, au XIXe siècle, la cessation de l'activité barbaresque et l'interdiction internationale de la course. Encore que, on doit le reconnaître, les deux dernières guerres mondiales aient connu des survivances de la course et, en quelques cas, de la piraterie. L'État, en quelques siècles, récupéra à son profit les ressources de l'esprit d'aventure des gens de mer ; il les a apprivoisées sans se rendre toujours compte de ce que la course elle-même, et pas seulement la piraterie, est un parasite de l'économie, car, sans rien produire, elle détourne de leur finalité des biens et des énergies humaines.

Des équipages composites

Même scandée par des conflits, des rivalités et des concurrences, même freinée aussi par des différences ethniques, politiques, sociales, religieuses, une compénétration s'est manifestée par la mixité croissante des équipages. Lors des périples des galères méditerranéennes, on vit la nécessité de compenser les désertions par des embauches, au gré des marchés de la main-d'œuvre. Depuis l'époque médiévale, la tendance ne s'est pas démentie.

Les Génois avaient fini par normaliser une situation fluide en prévoyant, au moment de l'engagement des matelots, la constitution devant notaire de fidéjusseurs garants de la substitution d'un remplaçant, que les appelés pouvaient d'ailleurs choisir. Le recrutement comptait naturellement un fort contingent génois ou au moins ligure, mais on cherchait des compléments ailleurs, et pas seulement sur les rives tyrrhéniennes. Ainsi, Michel Balard a décompté que les 7 508 marins de huit galères armées entre 1369 et 1409 venaient pour quatre cinquièmes de Ligurie (1 400 de Gênes et 207 de la rivière du Ponant), le cinquième restant étant originaire des côtes voisines et des comptoirs génois d'Orient ; ils étaient donc grecs ou slaves. De leur côté, les flottes vénitiennes recrutaient en grand nombre des Grecs de Crète, de Nègrepont et des Cyclades. Les voyageurs, Félix Faber entre autres, ont observé, sur les navires de la Sérénissime, un recrutement hétéroclite de « Macédoniens, Esclavons, Grecs, Turcs et sarrasins » ; mais les Infidèles ne se gênaient pas pour astreindre des captifs chrétiens à manier la rame sur leurs galères. Le recrutement disparate des marins au service de Venise finit par constituer une « mosaïque ethnique ». Moins que dans les ports italiens, ce caractère composite affectait Marseille, Barcelone, Valence. Les découvertes atlantiques attirèrent une main-d'œuvre en quête de gains et d'aventures ; à côté des gens de mer confirmés, des hommes de l'intérieur, appâtés par les nouvelles des pays découverts, affluèrent à Lisbonne, Séville et Cadix dans les flottes de Vasco de Gama, Cabral et surtout Magellan.

Des sortes de jumelage unirent des ports de pays différents. La *Contratación* associant Nantes et Bilbao au XVIe siècle avait certains aspects d'une confrérie internationale, avec réciprocité de prières pour les défunts. En d'autres cas, plus nombreux, l'association était un simple état de fait né de la fréquentation, par exemple entre les ports de la Bretagne septentrionale et ceux du Devon et du Cornwall (notamment Roscoff et Lannion, Exeter et Dartmouth), ou entre les côtes de Caux et de l'Essex (Dieppe, Fécamp, Rye et Hastings), de même entre Calais et Douvres, entre Flandre, Zélande et East Anglia. Il y en eut d'autres exemples jusqu'en Baltique où les rives germaniques et slaves étaient en symbiose si étroite avec les côtes scandinaves que leurs liens ont servi d'assises aux ambitions maritimes de la Suède des Vasa et de la Russie des Romanov.

Des marchés de la main-d'œuvre

En ce contexte, quelques places et régions ont tenu le rôle de marchés internationaux de la main-d'œuvre marine, dans le Nord et en Méditerranée. Le matelot est devenu un salarié. L'embauche dépend de la situation démographique, par exemple en Bretagne et en Norvège, comme des conditions économiques et des nécessités techniques. La compétence professionnelle acquise sur les bancs de Terre-Neuve, aux XVIIe et XVIIIe siècles, fit ainsi de la grande pêche la pépinière de la Navy et des marines royales de France et d'Espagne. Les équipages, au commerce surtout, connurent un brassage extrême. Au début du XVIIe siècle, des jésuites flamands y voyaient « un rassemblement de la lie des nations ». La diversité n'était pas seulement ethnique. Vauban pouvait écrire à Louis XIV que le septième des marins « classés » était protestant. La composition pluriconfessionnelle des équipages contribua sans doute au développement de la tolérance caractéristique des relations entre les hommes de l'Océan. En Méditerranée, le mixage allait plus loin sur les galères marchandes ou militaires, puisqu'il incluait, même du côté européen, des sarrasins auprès de chrétiens ou supposés tels. Il est vrai que, si les gens de mer acceptaient par nécessité une existence dure, ils escomptaient les éventuels profits de la course ou d'une piraterie inavouée.

L'offre et la demande ont joué. Alors que l'Europe du Nord disposait d'un excédent de marins et que la Hollande, le Danemark et les villes hanséatiques satisfaisaient leurs besoins, la France et l'Angleterre prenaient des mesures pour retenir leurs marins. Le *Navigation Act* de 1660 prévoyait que les trois quarts des équipages seraient britanniques. L'intention de Colbert était de maintenir les matelots français au service du roi de France et de les détourner de s'engager sur les navires hollandais. Sur un effectif total européen estimé entre 300 000 et 400 000 marins, pêcheurs et matelots confondus, la France en aurait eu au maximum entre 43 000 à la fin du XVIIe siècle et 55 000 en 1789 ; mais l'Angleterre l'aurait largement dépassée. Pallier un déficit supposait non seulement de conserver ses propres marins, mais aussi, pour le commerce, de faire appel à l'étranger. C'est ce que voulaient les Bordelais et les Nantais ; ceux-ci, en 1730, sollicitaient de l'administration royale « toutes facilités pour engager des matelots étrangers et les inciter à se fixer » dans le royaume.

L'exemple de Dunkerque

Le cas de Dunkerque, étudié par Alain Cabantous, est un exemple intéressant de marché européen de la main-d'œuvre maritime aux XVIIe et XVIIIe siècles. Par sa situation entre la mer du Nord et la Manche, ses aptitudes à la petite et grande pêche, au cabotage international et au trafic colonial, son expérience de la course, ce port se prêtait à profiter, comme à souffrir, d'une position politique longtemps ambiguë d'appartenance aux Pays-Bas autrichiens, de cousinage avec les Hollandais, de relations nécessaires avec l'Angleterre. Cela finit au temps de Jean Bart, sous Louis XIV, par un rattachement définitif à la France monarchique. Nulle part ne peut mieux s'appliquer la formule que « le monde maritime échappe aux frontières et, dans une large mesure, aussi au temps » (M. Bogucka). Dunkerque apparaissait comme un *melting pot.* Pas de groupe étranger prééminent, comme les Espagnols à Bordeaux ou, à Nantes, la colonie hollandaise, mais un milieu fluctuant de matelots besogneux en quête de salaires. Entre le milieu du XVIIe siècle et celui du XVIIIe, la majorité provenait d'Angleterre, des pays scandinaves et germaniques ; vinrent ensuite, vers 1740, des Italiens, des Espagnols et des Flamands. Malgré l'instabilité des familles, la répartition d'origine des marins étrangers mariés à Dunkerque entre 1710 et 1790 place en tête les Vénitiens et les Génois (près de 25 %), les Espagnols (12,5 %), les Britanniques et les Allemands en égale proportion (11 %), les Hollandais n'intervenant que pour 8 % à peine et les Scandinaves 3 %. L'approximation des chiffres importe moins que la nature des faits. Le cas de Dunkerque paraît modeste à côté des ports des Provinces-Unies, où la proportion d'étrangers parmi les gens de mer s'éleva à plus de 40 %, et au-delà de ce que

Londres, Séville, Marseille et Gênes pouvaient en compter. De tout cela il résulte que, dans les grands ports du Vieux continent, la population maritime était devenue une mixture de nationalités à la fin du XVIIIe siècle.

CHAPITRE IX

Images familières

Paysages

Cartes et routiers

Les dimensions de l'Europe ne sont pas si grandes qu'un peu de recul ne permette de saisir ses nuances. Le marin, homme des distances et des éloignements, le peut mieux que quiconque. En fait-il le tour, par l'ouest, qu'il reconnaît aisément des paysages annoncés, attendus même, grâce aux tracés des cartes et aux descriptions des routiers dont la Méditerranée, la première, l'a doté depuis le XIIIe siècle. Ayant, avec son compas, mesuré l'angle de sa route avec la direction des vents tracée sur sa carte-portulan, il reconnaît bientôt les lignes de côtes et les amers signalés par l'auteur du routier en un langage direct :

> Si tu veux aller en Loyre [c'est-à-dire à Nantes] sache que l'île du Pilier et la pointe de Chémoulin gisent nord-nord-est et sud-sud-ouest. La pointe de Chémoulin est au bas de Saint-Lesayres [Nazaire] et y a dessus une chapelle et est une pointe noire, et pour bien suivre le chenal (...) il faut voir un moulin qui est en terre (...) au centre de l'anse du Sable qui est au bas de Chémoulin.

Le marin peut donc discerner les aspects du rivage dont la maladresse des dessins de côtes restitue tant bien que mal la silhouette.

Ainsi jusqu'au terme du parcours; mais « en Baltique, notait le cartographe Fra Mauro (1459), on ne navigue ni avec la carte, ni avec le compas, mais avec la sonde ». Cela était déjà nécessaire dans le cas d'un atterrissement sur les côtes flamandes et zélandaises pour atteindre L'Écluse, Middelbourg et Anvers. Mais, dit alors le *Seebuch* prenant le relais du *Routier de la mer*:

> Si tu veux faire voile du Zwin vers les récifs du Jutland, t'écartant de la terre de vingt-sept brasses, il faut aller nord-nord-est (...) et garder cette direction jusqu'à ce que tu n'aies plus de fond à quarante brasses; va alors nord-est jusqu'à apercevoir le Jutland (...) Sitôt passés les récifs de Skagen, jette la sonde jusqu'à ne plus avoir que dix brasses (...) Enfin tu arriveras devant la ville de Rostock.

Les perfectionnements du « langage des géographes » (F. de Dainville) permirent à ces derniers de renseigner les navigateurs avec davantage de précision, en inventant des signes indiquant les rochers, les grèves, les ancrages et, sur la base de sondages, les fonds sableux et même les bancs poissonneux. Une innovation proche de l'art pictural consista, en Italie dès le XVe siècle, à encadrer la carte ou à la meubler de vignettes figurant l'aspect monumental des ports. Le prototype de ce genre fut l'œuvre de Cristoforo Buondelmonte, descendant d'une grande famille florentine, qui dédia, en 1420, au cardinal Giordano Orsini une sorte de guide des Cyclades et des îles Ioniennes, le *Liber insularum Archipelagi*; l'ouvrage contient environ quatre-vingts images que l'auteur commente en ces termes à l'adresse du cardinal: «...vous y verrez des montagnes verdoyantes et blanches de neige, des sources, des plaines, des ports avec les caps et les écueils avoisinants, des villes fortes, des étendues de mer. » La ville de Chio, « port très sûr », se présente avec les deux phares commandant l'accès du havre et l'enceinte du Kastro, encore subsistante. Buondelmonte fit école, son œuvre ayant été plusieurs fois recopiée, traduite en grec et imitée, notamment par Bartolomeo delli Sonetti (1485) et Benedetto Bordone (1528) ; le genre cartographique de l'*isolario* fit florès au XVIIe siècle et a laissé des représentations des îles méditerranéennes dont la précision du dessin et l'harmonie des coloris rejoignent la qualité des miniatures des manuscrits représentant, depuis la fin du XVe siècle, Rhodes, Constantinople, Venise, Naples, Gênes, Marseille.

L'*isolario* partagea le privilège de la représentation des sites portuaires avec la carte proprement dite. Dès l'époque de Buondelmonte, une carte de la Méditerranée du Majorquin Gabriele de Vallsecha (1447) s'orne de vues cavalières assez conventionnelles, parmi lesquelles celle de Gênes est reconnaissable à l'avancée de sa digue. Les écoles cartographiques ne furent pas en reste. Diogo Homem, en 1559, donne une image de Lisbonne. Les exemples sont nombreux au XVIIe siècle. L'atlas nautique du pilote d'Enkhuisen, Lucas Waghenaer, publié en 1584-1585 et traduit en français en 1600 sous le titre de *Nouveau Miroir*, avec ses vingt-trois cartes marines, constitua un ouvrage fondamental pour les navigateurs européens jusqu'à la publication du *Neptune français* en 1693. Que Waghenaer ait eu des émules, notamment dans les écoles méditerranéennes et dieppoise, ou qu'il leur ait fourni des modèles, les portraits de villes portuaires se multiplièrent sur les cartes. Voici, en 1603, Barcelone, Marseille, Gênes, Venise, Raguse sur les cartes de Francesco Oliva, d'ascendance majorquine. Voici, en 1620, les vues cavalières des ports dans l'*Atlas* du Marseillais Charlat Ambrosin. Enfin, le Dieppois Jean Guérard orne les marges de sa *Description hydrographique de la France* (1627) et de sa carte de l'*Océan septentrional* (1628) de cartouches contenant, avec des commentaires, des images des ports de l'Atlantique, de la Manche et des mers nordiques d'une précision presque photographique avant la lettre, celle de Dieppe en particulier.

Donc, si l'on tient compte aussi des manuels qui constituaient l'outillage scientifique des marins à partir du XVe siècle (manuel de pilotage, tables des marées, tables des déclinaisons) permettant l'établissement des ports, et si l'on considère leur diffusion, on peut conclure que l'image du littoral européen n'avait pas de secrets pour les navigateurs circulant entre le Bosphore et les détroits danois.

Sites côtiers

Certains sites côtiers se prêtaient à des comparaisons qui n'échappèrent pas aux voyageurs. L'une des plus évidentes montre la similitude des marais salants. Le même paysage d'aires saunantes et d'étiers disposés en damiers sur un plan orthogonal se retrouve au bord de la Méditerranée et de l'Océan. De telle sorte, les Hanséates ne se trouvaient nullement dépaysés en passant des marais de Guérande à ceux de la « baie » de Bourgneuf et de la Saintonge, puis au Portugal ; c'était la même chose pour les Génois qui, revenant sur lest de leur périple océanique, prenaient à Ibiza un sel semblable à celui du Languedoc ou d'Hyères. De leur côté, les Vénitiens ne pensaient qu'au prix de revient en chargeant du sel en Crète ou sur les rives dalmates. Rien n'est plus semblable à soi-même que le paysage des salines.

Les types de côtes se prêtent, au contraire, à une typologie différenciée dont la perception, aux siècles passés, se traduit par les notations des voyageurs et les comportements des marins : littoral bas, falaises élevées, écueils à ras de l'eau, tous à divers titres sont dangereux et, par gros temps, mieux vaut aller au large, attendre l'embellie et mettre le « nez », c'est-à-dire le cap du navire, dans le vent. Les îles sont différemment appréciées. Les récits de navigation en Méditerranée sont éloquents : à côté des îles refuges, sous le vent, d'autres sont redoutées depuis l'Antiquité. Les différences avec les îles océaniques, moins nombreuses et moins sporadiques, sont notables. Mais fréquents sont les repaires des pirates ; le danger est maximal sur les voies du grand commerce et quand la disposition des archipels est favorable aux pièges et aux surprises, par exemple sur les côtes d'Asie Mineure, dans les îles Ioniennes, dans les « canali » dalmates, aux bouches de Bonifacio entre Corse et Sardaigne, à proximité des îles Berlengas au large du Portugal, dans les pertuis de Saintonge et d'Aunis, dans les ras bretons, en mer d'Irlande, aux approches des détroits danois. Pourtant, la sécurité trouve son compte autant que l'insécurité dans les secteurs insulaires ; ce sont des refuges autant que des repaires.

Tours de guet, phares, balises

Audace, anxiété, prudence ont été servies ou tempérées au long des côtes européennes par la mise en place, progressive au cours des siècles, d'un dispositif de sécurité. Les rivages d'Occident ont acquis, en certains secteurs, l'allure de boulevards bien signalés et bien surveillés.

Deux fonctions complémentaires se sont ainsi dessinées. L'une, celle du guet, a pour objectif premier la sécurité du rivage. L'autre, celle du signal, vise à guider les navigateurs. La Méditerranée, dans les deux cas, eut la priorité et fit part de ses initiatives aux rives atlantiques et nordiques. Premier paysage typique : le dispositif des tours de guet qui jalonnent les bords de la « Grande Bleue », depuis, peut-être, les temps préhistoriques. En Corse, en Sardaigne, on les dit volontiers génoises ; elles pourraient aussi être qualifiées catalanes. Peu importe. La documentation confirme le fait. Ainsi les archives provençales du XIVe siècle permettent de cartographier le réseau de ces tours, distantes de 20 à 25 kilomètres environ, c'est-à-dire l'espace d'une signalisation optique par feux ou signaux annonçant des voiles ennemies sur la ligne d'horizon, depuis le Rhône jusqu'à La Turbie. Les voiles suspectes ont souvent été celles des ennemis de la cité ou de l'État ; elles ont toujours été celles des pirates. Voilà pourquoi, les mêmes causes produisant les mêmes effets, les rivages occidentaux ont connu un dispositif comparable. La menace viking donnant la réplique à celle des sarrasins, les Carolingiens ont inauguré le guet dès le IXe siècle, astreignant les habitants du littoral à tenir des postes de surveillance sur le rivage. Les châteaux côtiers français, les *cliff-castles* britanniques tinrent ainsi le même rôle que les tours méditerranéennes. Plus tard, les États monarchiques reprirent cette politique à leur compte ; par exemple, sous Louis XIV, Vauban organisa la défense des fronts de mer de la France.

Les phares sont depuis l'Antiquité et le Moyen Age un symbole de l'éveil de l'Europe à la vie maritime, et l'augmentation de leur nombre et de leur puissance au cours des siècles traduit une attention croissante aux problèmes de la mer.

L'Antiquité avait jalonné les rivages alors connus : aux approches du Danube, sur les rives du Bosphore, du canal d'Otrante (à Dyrrachium), à Ravenne dont les tours figurent sur les mosaïques, à Messine et à Rhegium pour seconder les signaux naturels des volcans, puis cinq feux très rapprochés entre Naples et Ostie. La chaîne continuait sur la côte ligure, à Albenga, puis à Fréjus et à Marseille (le Pharo), à Port-Vendres. Le phare de Gadès (Cadix) signalait l'arrivée dans l'Océan et annonçait la route océane ; celui de La Corogne, assez bien conservé, fut remis en service au XVIIIe siècle ; après quoi il reste des ruines au terme du parcours, à Douvres, et, à Boulogne, la célèbre tour d'Ordre, effondrée en 1644.

Le Moyen Age compléta cet héritage à partir du XIIe siècle, par exemple à Gênes, où le phare, à l'extrémité du môle, fut, au milieu du XVe siècle, confié à un Colombo, oncle de Christophe ; la Meloria, à l'est, eut aussi le sien (1157), que celui de Livourne suppléa vers 1300. Les côtes océanes et celles du Nord, jusqu'alors sinistrement obscures, virent s'allumer quelques feux (*fouyers*) sur les sites dangereux, à l'entrée de quelques ports et sur des clochers. C'étaient des brasiers de broussailles, des lumignons difficilement perceptibles de loin : des fanaux plutôt que des phares, suppléant, la nuit, les amers visibles de jour. C'était le cas à l'entrée de la Gironde où le Prince Noir, Édouard, qui administrait l'Aquitaine anglaise dans la deuxième moitié du XIVe siècle, fit à partir de 1362 entretenir un feu sur une tour de 16 mètres, construite sur le rocher de Cordouan, pour indiquer aux marins l'accès de Bordeaux et de ses vignobles. Le même service était rendu par les tours de La Rochelle (1498) et par le clocher de la collégiale de Guérande aux navigateurs hanséates venus chercher le sel de la « Baie ». A leur retour vers le nord, ils bénéficiaient, au-delà de Calais, d'une dizaine de phares, notamment ceux d'Ostende, Blankenberge et Walcheren ; ensuite leur route passait devant celui de Falsterbo qui marquait le Sund. Enfin qui voulait gagner Lübeck trouvait un feu signalant l'entrée de la Trave, tandis que, de loin, la ville de Rostock s'annonçait par un clocher de 122 mètres de hauteur. Les côtes allemandes, slaves et scandinaves étaient jalonnées jusqu'à Riga de plus de quinze phares vers 1600.

L'équipement des côtes européennes, amélioré à partir du XVIIe siècle, bénéficia des progrès constants, jusqu'à notre époque, de la « pharologie » dans le domaine technique. Un fait remarquable fut, malgré la fréquence des guerres, l'émulation, parfois la coopération, franco-anglaise pour la signalisation dans les zones névralgiques du pas de Calais et de l'entrée de la Manche.

Si les phares pouvaient conter leur histoire, Cordouan et Eddystone seraient parmi les plus bavards. L'un et l'autre ont connu quatre restaurations au moins, tant ils sont nécessaires. Cordouan était mentionné sur les portulans. L'auteur de sa troisième restauration (fin XVIe siècle), Louis de Foix, un des architectes de l'Escurial, en fit une œuvre d'art, classée monument historique en même temps que Notre-Dame de Paris au XIXe siècle, et qu'il faut maintenant protéger moins contre la mer que contre le vandalisme des... touristes. Eddystone, près de Plymouth, faisait sensation vers 1700, lors de sa première construction (l'actuelle, la quatrième, date de 1882). Un épisode intéressant de coopération internationale marqua cet événement. Un dessin fut alors envoyé de Plymouth par le commandant de la Navy à l'Intendant de la Marine à Brest afin d'éviter toute confusion avec le phare récemment construit à Ouessant; par précaution, celui-ci avait été peint en blanc et la *Gazette de France* annonçait en 1700 la construction du phare d'Ouessant « à toutes les nations dont les vaisseaux entrent dans la Manche et en sortent, afin que ceux qui viennent de loin ne prennent pas cette tour pour celle des Sorlingues ». Ouessant faisait suite à un fanal que « selon d'anciens traités avec l'Angleterre les rois de France se seraient engagés à entretenir en temps de guerre comme en temps de paix ». Heureuses époques si l'on peut dire, en songeant que Cordouan fut aveugle de septembre 1939 à juillet 1945.

L'émulation régnait de part et d'autre. En 1686, une enquête fut faite sur ordre de Louis XIV qui voulait « être informé de la manière dont sont établis les feux en Angleterre », pour faire aussi bien. Vauban y veilla. Partout, l'impulsion était donnée sous l'effet des exigences de la circulation et des possibilités techniques. Ainsi, l'Angleterre, en particulier à l'époque des guerres napoléoniennes, multiplia la signalisation sur sa côte orientale en raison de la proximité des ressources énergétiques de ses bassins houillers. De son côté, la France, qui comptait 24 phares en 1800, en eut 360 en 1885 et, en 1987, 1 088 phares et feux.

L'évolution des sources d'énergie et de l'optique soutenait un progrès généralisé. En moins d'un siècle, on passa du charbon aux huiles végétales et minérales, au gaz de pétrole (1907), au fuel (1948), à l'électricité. L'équipement optique changea du tout au tout avec l'adoption des miroirs de Teulère et de Borda, puis de la lentille de Fresnel (1882), et avec un système progressant du feu fixe aux éclipses avec éclats alternatifs (1854), aux occultations groupées à faisceaux de couleurs différentes (blanc, vert, rouge) ; la portée de la projection lumineuse est remarquable au phare de Creac'h à Ouessant, avec une portée de 34 milles, dont le doublement a pour objet d'assurer plus de sécurité aux quelque 50 000 navires qui empruntent chaque année le « rail », artère majeure du trafic maritime européen.

Une entente internationale, européenne en premier lieu, s'imposait, pour que la sécurité sur des mers aussi fréquentées ne soit pas illusoire. Des codes internationaux régissent les couleurs des feux, leur éclat, leur fréquence ; tout changement fait l'objet de notifications réciproques et concertées. Dépassant d'ailleurs le cadre européen, l'*International Association of Lighthouses Authorities* tient des réunions régulières et publie des informations, jouant le rôle d'une des institutions communes en lesquelles l'Europe trouve les assises de son union.

Les avant-ports

Marins du Nord et marins du Midi se familiarisèrent avec des genres de ports auxquels ils n'étaient pas accoutumés. La topographie des sites, le mouvement ou l'absence des marées constituaient les conditions auxquelles ils étaient sans doute le plus sensibles. Les Méditerranéens étaient habitués à certains sites, dont les différences avec le paysage portuaire habituel du Ponant s'affirmèrent peu à peu.

L'Europe occidentale s'ouvre plus largement et plus profondément, de façon plus protégée aussi, par des estuaires où la vie maritime s'engage jusqu'au point où meurt le flot, où se développe le dialogue de la terre et de l'eau. Le paysage portuaire prend alors son extension. L'accroissement du tonnage des navires et de leur tirant d'eau, conjugué avec l'intensité de l'alluvionnement dans les estuaires, posa le problème de leur aménagement. Il y avait un risque de vulnérabilité pour des installations portuaires sur le rivage, compensé par un gain de temps, diminuant ou supprimant les délais de remontée des fleuves. Le développement des avant-ports devint caractéristique à la fin du Moyen Age et à l'époque moderne.

Certains ports en firent l'économie, pour des raisons différentes. Lisbonne n'en avait nul besoin. Au contraire, Bordeaux, engoncée au fond de la Gironde, qui aurait pu en aménager un dès le Moyen Age, en fit l'économie, en concentrant sur ses quais la presque totalité de son trafic essentiel, et saisonnier, le vin ; du reste, avant les implantations industrielles, nul site ne s'imposait pour jouer ce rôle. Il en fut longtemps de même pour Nantes, d'ailleurs plus proche de la mer. Bristol non plus n'en avait pas besoin, pas plus que Londres, à la fois proche de la mer et assez éloigné pour être à l'abri ; d'ailleurs, les ports secondaires de l'East Anglia, du Sussex et du Kent sont si proches que la nature semble les avoir destinés à servir d'avant-ports à Londres ; même Southampton a joué ce rôle à la fin du Moyen Age.

Au contraire, le problème des avant-ports s'est posé pour Rouen, les ports des Pays-Bas (au sens large) et de la plaine de l'Europe du Nord. Pour Rouen, la question s'est posée sur deux plans, en raison de la navigation fluviale et de la durée des parcours à la remontée et à la descente. L'accès de l'estuaire était difficile à cause des courants et des hauts-fonds alluviaux. Le chenal, sinueux et instable, était sujet au mascaret. Encore au début de l'époque moderne, il fallait trois marées pour atteindre Rouen. N'eût été la valeur économique de l'arrière-pays, la région parisienne, il eût été de faible intérêt (comme à Nantes et à Bordeaux) de créer un avant-port. Les Rouennais l'ont si vivement ressenti qu'ils voulaient que la nouvelle fondation, Le Havre, demeurât dans leur dépendance. Le Havre résulta de la volonté du roi, François Ier, dont il porta initialement le nom, « Ville Françoise de Grâce », mais les conditions économiques, fluviales et politiques de sa fondation illustraient assez bien le problème des avant-ports. Les anciens Pays-Bas offrirent deux cas opposés. Celui de Bruges fut un combat contre la nature. Deux avant-ports successifs, entre le XIIe et le XVe siècle, Damme et L'Écluse (aujourd'hui Sluis) furent victimes d'un ensablement inexorable. Aux yeux du célèbre voyageur nurembergois Jérôme Münzer (Monetarius), qui la visita au cours de sa tournée européenne de 1495, Bruges apparut avec un charme déjà désuet ; mais, selon le voyageur, Damme restait une « très belle ville » et L'Écluse un « port magnifique ». A cette date, Anvers commençait son ascension.

L'Escaut était et demeure une très belle voie d'eau, mais tous les navigateurs des XVe et XVIe siècles ne remontaient pas les 80 kilomètres qui les auraient menés à

Anvers et s'en tenaient aux relais intermédiaires de ses avant-ports ; à travers les îles de Zélande, les passes sont nombreuses et la nature y a fait son choix. L'homme aussi. Jusqu'au XVe siècle l'accès se faisait par l'est, utile à qui venait de cette direction, mais détour qui le desservait par rapport à L'Écluse ; les tempêtes et un mouvement positif de la mer ouvrirent à la navigation la branche occidentale de l'Escaut, le Hont. Sans ruiner le vieil avant-port de l'Escaut oriental, Berg-op-Zoom, dont les foires conservèrent le renom, des mouillages et de nouveaux entrepôts se développèrent au milieu du XVe siècle sur le Hont, dans l'île de Walcheren, à Arnemuiden, Veere, Flessingue et surtout à Middelbourg, particulièrement bien placé pour accueillir les bâtiments arrivant de l'ouest et remplir à l'égard d'Anvers la même fonction que Le Havre par rapport à Rouen ; les gros navires ne risquaient pas la remontée du fleuve. Les transactions se réalisaient à Anvers qui, centre des affaires, fut équipé de nouveaux quais spécialisés selon les marchandises, et bientôt de trois grues, la vieille en bois, les nouvelles en pierre, près de la forteresse du Steen, au cœur de la ville et à l'abri d'une muraille reliant, en bordure du fleuve, des tours postées en amont et en aval pour la surveillance de la circulation.

Lübeck illustre le problème des avant-ports avec une originalité particulière. La ville avait été fondée en 1158-1159 au confluent de la Wakenitz et de la Trave, à 20 kilomètres en amont du débouché de celle-ci sur la mer Baltique. Jusqu'au terme du Moyen Age, la profondeur de la Trave fut suffisante pour les bâtiments de mer. Mais la situation de Lübeck plaçait dans son aire de rayonnement les petits ports de l'isthme du Holstein, tout voisin. De plus, la faible distance séparant Lübeck de Hambourg, une cinquantaine de kilomètres, fit de ce port une sorte d'avant-port, sur la mer du Nord, au moins jusqu'au XVIe siècle. Ensuite, Hambourg prit son essor, tripla sa population, doubla son tonnage et, doté d'une Bourse, supplanta Lübeck à la tête de la Hanse, non sans être, par sa distance à la mer, confronté, à son tour, au problème d'un avant-port.

Physionomies des villes portuaires

La disposition de l'espace urbain différait, évidemment, entre les ports méditerranéens, atlantiques et nordiques. Cependant, à côté de contrastes notables dans l'aménagement et les comportements humains, des analogies suffisaient pour que, même de passage, les gens de mer ne se sentent pas dépaysés. Certaines constantes permettraient de définir un type spécifique de ville maritime.

Le port est soit intérieur, soit extérieur à la ville. Il est souvent extérieur dans le cas des ports fluviaux, dont les remparts bordent le cours d'eau, par exemple à Rouen et à Bordeaux, à Anvers et à Londres, de même à Palerme et à Constantinople, dont la muraille longe la Corne d'Or. En d'autres cas, l'enceinte englobe le plan d'eau où mouillent les navires ; c'était le cas de La Rochelle, de Marseille, de Gênes, de Raguse. Enfin, mouillé en pleine eau ou accosté, le navire prend alors contact avec un élément qui, partout présent, concrétise sa présence au port : le quai.

La poésie du quai est réelle, tout prosaïque qu'il soit. Le quai est synonyme d'escale, donc de repos, ou d'achèvement du voyage, « à port de salut ». Finies les anxiétés du large, l'absence des nouvelles et la monotonie de la compagnie masculine du bord. Partout, à Bergen comme à Palerme, à Gdansk et à Hambourg comme à Gênes, à Anvers, Lisbonne ou Séville, à Rouen, Nantes ou Bordeaux comme à Marseille, le quai est le lieu des entrepôts et des magasins, des bâtiments administratifs où se font les formalités de séjour des navires (starie), les déclarations fiscales, les enquêtes judiciaires. A proximité des ports siègent les juridictions d'amirauté et les instances spécialisées, telles que prévôtés, bailliage de l'Eau, juridictions consulaires dont les noms, variables selon les pays, correspondent à des institutions similaires.

Sur le quai, les bruits sont multiples, grincements des poulies des mâts de charge et, en certains ports, des grues. Mais le quai retentit aussi d'autres bruits : les voix fortes des débardeurs, les jurons des charretiers, le martèlement des sabots des chevaux. Aux bruits s'ajoutent les odeurs : celle, forte, des harengs, ou enivrante s'il s'agit de vin, le parfum des résineux, et celui des épices ; mais il s'y mêle les puanteurs exhalées des cales et des cloaques des berges. Encore au XVIIIe siècle, tous les recoins des quais n'étaient pas des salons.

Les voyageurs ajoutent leurs témoignages aux gravures et aux tableaux représentant les ports. Sans doute les bordels méditerranéens ne connaissaient pas la même ambiance que ceux du Nord ; mais le personnel et la clientèle ont allure de parenté, sinon d'identité. A titre d'exemple, on reconnaîtra l'analogie entre les ruelles montant de la *ripa* génoise vers les hauteurs de la ville, celles de Marseille formant naguère un dédale depuis le port jusqu'à la Major, les bouges du quai des Chartrons à Bordeaux et de la Fosse à Nantes, ceux de l'East End londonien que connut Dickens, les tripots d'Anvers, d'Amsterdam et de Hambourg. Il existe, ne l'oublions pas, une Europe des bistrots de matelots antérieure à celle des bars louches du XXe siècle.

Le quai, c'est tout cela, mais il n'épuise pas toute la signification de la vie portuaire. Du quai, les ruelles rayonnent ; les unes, à Palerme, à Bruges, portent les noms des « nations » dont les membres y ont leur demeure ; d'autres, parfois les mêmes, portent le nom du métier dont les artisans y ont ouvert boutique et travaillent à la vue des passants, même sur la chaussée. Organisme vivant, la ville portuaire, méditerranéenne, océanique ou nordique, évolue au rythme de l'évolution du trafic ; elle se développe, déplace son centre, se rétracte, au gré des affaires. Les hommes, eux, manifestent un souci de ségrégation sociale dans la qualité de leurs maisons plus que dans leur localisation topographique. Les maisons et hôtels des étrangers dont nous avons noté la présence, à Bruges et à Anvers, à Venise, à Lisbonne et à Londres, voisinent avec ceux des lignages locaux, alliés aux riches familles immigrées ; l'aristocratie marchande se groupait volontiers en certaines paroisses ou certains quartiers huppés : les rives du Grand Canal à Venise, la via San Luca à Gênes, Saint-Michel à Bordeaux, Saint-Nicolas à Nantes, Saint-Étienne-des-Tonneliers et Saint-Jean à Rouen, le *Strand* à Londres... Dans le voisinage de ces demeures cossues, le port européen plaçait les hôtels où se traitaient les affaires : les Loges des Marchands sur les bords de la Méditerranée (Gênes, Montpellier, Barcelone, Valence), la Bourse à Bruges, Anvers, Amsterdam, enfin Londres et Hambourg.

En revanche, le menu peuple des matelots se groupait dans des quartiers parfois sordides en bordure du port, par exemple à Gênes, Lisbonne et Londres. Dans les villes les plus anciennes, le château originel dominait l'ensemble ou tenait le cœur de la ville : à Lisbonne, le Castelo surplombe l'Alfama ; à Londres, la Tour contrôle le cours de la Tamise comme le faisaient à Rouen le Vieux Château près de la Seine et à Anvers le Steen au bord de l'Escaut, les châteaux médiévaux de Brest et de Boulogne.

La ville portuaire était donc, à la fin du Moyen Age, un organisme, un modèle sur lequel le port moderne s'est moulé sans bouleverser la disposition de l'ensemble.

Arsenaux

Il est une composante de la ville portuaire que les siècles, les modernes surtout, ont juxtaposée au noyau historique, aussi bien dans le Nord que dans le Midi : l'arsenal. Des études comparatives menées au cours des dernières années permettent de préciser les traits communs de ce phénomène dans l'espace européen.

Il faut d'abord distinguer chantier et arsenal. Le premier est un atelier spécialisé relevant le plupart du temps de l'initiative privée et dont l'activité est limitée à

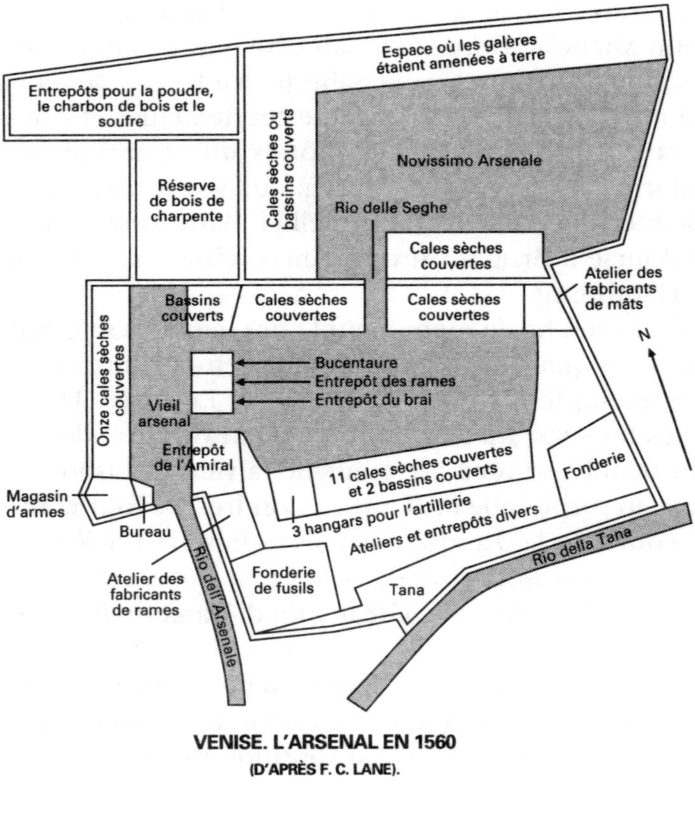

VENISE. L'ARSENAL EN 1560
(D'APRÈS F. C. LANE).

un secteur de la construction navale. Le moindre port, la côte la plus isolée peuvent disposer d'un chantier. L'arsenal, en revanche, est une institution voulue par une autorité pour se doter d'une flotte ; cette fonction suppose un équipement spécifique, un personnel spécialisé, et l'accomplissement de tâches complémentaires : stockage de matériaux, construction, armement, entretien. Pour ces raisons, l'origine des arsenaux est liée au moment où, pour des motifs techniques, économiques et politiques, l'improvisation en la matière n'est plus payante, parce que sont nécessaires à la fois un volume important de capitaux et la continuité de la compétence, aux meilleurs coûts. Le développement des arsenaux coïncide avec la croissance de l'État.

L'étymologie arabe du mot arsenal (*darsenaa*) traduit l'héritage méditerranéen de l'institution, non reçu du Califat mais, par Byzance, de Rome et d'Athènes. La mention de cette ville et l'évocation de Thémistocle suffisent à rappeler que l'Europe, dès ses débuts, fit triompher sa liberté contre l'impérialisme perse grâce aux navires construits dans les chantiers grecs. Est-ce forcer exagérément les comparaisons que de mettre en parallèle le génie maritime (au sens strict) hellénique des guerres médiques avec celui de l'Occident méditerranéen, Venise en tête, à l'époque de Lépante ?

Jusqu'au terme du XVIIe siècle, le modèle de l'arsenal, selon José Merino, reste méditerranéen, avant de céder la priorité aux ports atlantiques. Il changea alors de physionomie, tout en demeurant une unité homogène dans l'ensemble portuaire. La spécificité de ses tâches détermina la spécialisation de ses personnels de direction, d'administration et d'exécution, depuis les ingénieurs jusqu'aux maîtres d'hache ; humainement, l'arsenal est un monde à part, techniquement et administrativement. Topographiquement et architecturalement aussi. Par rapport à la cité portuaire, l'arsenal peut être extérieur ou intégré. La superficie nécessaire put justifier une juxtaposition à Venise, à Messine, à Barcelone, à Séville, à Lisbonne. Sur ces modèles, dès la fin du XIIIe siècle, le premier arsenal royal français fut installé, sur des terrains vides de la rive gauche de la Seine en face de Rouen, donc hors de ses murs, et appelé le Clos des Galées ; il y est demeuré jusqu'au XVIe siècle, moment où François Ier fonda Le Havre avec un arsenal pour la construction de ses propres navires.

Les arsenaux modernes furent souvent des créations de toutes pièces, tantôt sur des terrains neufs, tantôt à proximité immédiate d'une ville déjà ancienne. Ce fut, par exemple, le cas de Pise qui, au XVe siècle, vit aménager la *Tersana* médicéenne et ses neuf nefs à galères sur des terrains achetés au monastère extra-urbain de San Vito. Au nord, tous les arsenaux hanséatiques furent installés hors les enceintes, soit dans une île fluviale, comme à Cologne, soit dans une presqu'île, comme à Hambourg et Brême. L'iconographie confirme la documentation. A Gênes, une peinture célèbre de Cristoforo Grasso ainsi que des plans ultérieurs montrent les chantiers tout proches de la muraille urbaine, mais à l'extérieur.

La grande époque des arsenaux européens, à partir de la fin du XVIIe siècle, les localisa aussi à la périphérie immédiate des grandes villes portuaires. Celui de Marseille, décrit en 1670, fut construit à l'est du Vieux-Port sur les terrains du plan Formigier, à l'opposé de la ville médiévale et à distance des quartiers résidentiels aménagés à l'est. A Lorient, ce fut la ville que la Compagnie des Indes juxtaposa à ses chantiers. Rochefort se développa autour de l'arsenal ; Brest groupe ses ateliers au pied du château et à côté de la ville, dans un site de ria où, comme au Ferrol, un goulet étroit peut, selon les cas, être une protection ou un piège.

La répartition géographique et l'aménagement des

arsenaux correspondent à l'intervention croissante de l'État. Leur rôle perdit son caractère local au profit d'une mission au service d'une politique de large envergure. Cela se vérifie à Brest, à Toulon et encore à Marseille, à Carthagène comme au Ferrol, à Cadix qui supplante Séville. Cela est vrai en Angleterre : à Southampton, équipé dès la fin du Moyen Age, s'étaient ajoutés Chatham au milieu du XVIe siècle, Devonport en 1689. Enfin, dans les pays du Nord, les chantiers d'Anvers, Amsterdam, Copenhague, Karlskrona, Stockholm et Cronstadt achèvent de tracer la carte des grands arsenaux du XVIIIe siècle européen.

L'intervention de l'État accentua la spécificité de la ville portuaire : caractère technique très remarqué, aux XVIIe et XVIIIe siècles, de complexe industriel. L'arsenal, usine à construire des navires, stocke ses matières premières, confectionne ce qui lui est nécessaire et affecte à chaque opération des bâtiments spéciaux : bassins pour le traitement des bois, forge, grues, machine à mâter, bassins de carénage à Rochefort et à Portsmouth dès la fin du XVIIe siècle. Enfin une mention spéciale est due aux majestueux édifices des corderies ; celle de Chatham, survivant à celles de Woolwich, Porstmouth et Devonport, a fonctionné jusqu'en 1984. Celle de Rochefort, restaurée après la Seconde Guerre mondiale, reste l'orgueil de cette ville par son aspect monumental.

Représentations mentales. Les défis de la mer

Les images familières et communes aux marins ne sont pas seulement matérielles et visuelles. D'autres sont d'ordre mental, fondées les unes sur des faits vécus et sur des convictions, les autres sur des données imaginaires et sur des mythes. Leur relation avec le monde maritime leur confère valeur de message porteur des défis de la mer. Bravant le temps et l'espace, la mer oppose sa pérennité et son immensité aux générations éphémères d'humains fixés sur un sol déterminé. La mer défie la constance continentale par l'irrégularité de son humeur. Elle défie l'agitation des hommes par l'exigence de ses silences, impose qu'on s'abandonne à elle, car elle est maîtresse d'absolu.

Ces défis, l'Europe en partage la menace avec les autres régions marines du monde; seules lui sont propres ses manières de les relever. Nous l'avons vue à l'œuvre tant au nord qu'au midi, mais il n'est pas sans intérêt de retenir un choix parmi les réactions observées. Une sorte de gradation conduit ainsi des attitudes de peur devant l'élément marin à des rêves de bonheur, à une recherche de l'infini, enfin à la conviction d'une vocation proposée par l'immensité marine.

Peurs, phantasmes et croyances

L'ambiguïté de la mer, source de vie et domaine de la mort, fait d'elle une puissance à la fois maléfique et bienveillante. Il faut l'apprivoiser et, lorsqu'elle se montre méchante, force est pour les marins, selon leur expression même, de « faire avec ». Dès lors s'explique, du parallèle 36°N au cercle polaire, un ensemble de phantasmes, de légendes et de pratiques que la religion chrétienne s'efforça d'exorciser. Anthropologie, ethnographie, sociologie, histoire des religions s'épaulent mutuellement pour tenter de les expliquer. Le fonds culturel gréco-latin n'a pas limité sa prédominance au monde méditerranéen, puisque nous avons constaté sa confrontation avec les mythologies celtique, scandinave, slave et germanique. Les divinités grecques et romaines de la mer ont rencontré la concurrence de celles des peuples païens du Nord ; l'identité de leurs fonctions a souvent engendré la commutabilité de leurs désignations, à telle enseigne que la littérature savante a, selon les pays, utilisé les unes et les autres. Les légendes ont suivi la même évolution, en attribuant aux forces de la nature marine une personnalité dont la malfaisance s'est partout affirmée. Les phénomènes météorologiques, tempêtes et raz de marée, brumes et calmes plats, avec leur séquelle de mauvaises pêches, de dévastations de salines, de naufrages, d'attaques d'animaux monstrueux, composent un univers redoutable ; contre ces méfaits, les magies méditerranéennes et nordiques avaient multiplié des recettes que le christianisme recueillit dans l'héritage païen. Les ermites et les missionnaires répandus sur les côtes d'Irlande, de (Grande) Bretagne, de Gaule et de Germanie au haut Moyen Age ne parvinrent pas, malgré des efforts alternativement patients et violents, à éradiquer ou, au moins, à baptiser les pratiques ancestrales. Certaines ont laissé des traces jusqu'à nos jours, sous forme de tabous traditionnels (présence d'une femme enceinte à bord, embarquement et consommation de viande de lapin), de gestes divinatoires (interprétation des mouvements de la mer et de la direction des vents à certaines dates de l'année, prémonitions des songes), de gestes propitiatoires (cache de pièces de monnaie dans l'emplanture du mât principal), de précautions préalables à la sortie en mer (recours à un astrologue, embarquement d'un sorcier muni d'un couteau pour trancher l'ouragan avec accompagnement de formules magiques). Ce qui importe en ces actes est leur motif intime perçu ou non, conscient ou inconscient. Leur diffusion, constatée à travers les siècles par exemple en Adriatique, en Baltique, dans la Manche et sur les bancs de Terre-Neuve, résulte de la conviction diffuse que la mer, toute féconde qu'elle soit, est une résidence favorite des puissances du Mal, c'est-à-dire, pour l'Europe chrétienne, de Satan.

Les anciennes sociétés maritimes étaient très attentives aux signes bénéfiques ou maléfiques. Les premiers ont, un peu partout, engendré des dévotions populaires acceptées ou tolérées par l'autorité ecclésiastique. Celle-ci, cependant, n'a pas pu empêcher les légendes d'envelopper de brouillard les faits originels, ni des pratiques superstitieuses de surcharger et de déformer d'authentiques dévotions. Non sans mal, l'Église rappela la signification réelle de pratiques déformées. Des pèlerinages se sont organisés aux lieux où la tradition fixait l'échouage de bateaux vides transportant soit le corps d'un saint, soit sa statue : saint Jacques à Compostelle, Notre-Dame à Boulogne, pour ne citer que deux cas célèbres. Au contraire, en face du sacré, le démon et ses suppôts s'exprimaient, par exemple, dans la violence du vent. Une nuit, pendant l'office claustral, la porte de l'église abbatiale des Dunes fut enfoncée par la tempête : « Le Diable, conclut le narrateur, était là, en personne. » Une croyance courante était que le cri des mouettes exprimait, dans leur vol incessant, la plainte des âmes des défunts qui les habitaient, spécialement les péris en mer, privés de sépulture.

La mort en mer était une hantise. Mourir à bord d'accident, ou d'une maladie, scorbut ou typhus, était mourir sans revoir les siens, ni sa maison, ni son village : le corps était jeté à l'eau dans un sac cousu et lesté d'une pierre ou d'une barre de métal ; il devenait la proie de la faune marine ; sans doute, le cadavre avait droit aux adieux des compagnons et à leur prière collective. Mourir au combat ne comportait même pas cette cérémonie. Les familles, elles, avaient connu l'attente angoissée de nouvelles jusqu'au moment où, le temps passant, la certitude fatale s'imposait.

Sans doute, la vie reprenait ses droits. On entendit,

par exemple, un jour d'avril 1516 les cloches de l'église de Penmarc'h en Bretagne sonner pour la célébration collective du remariage des jeunes veuves des naufragés du *Pierre* péris en mer en janvier précédent. Cependant la profondeur de l'émotion restait vive, car, pensait-on, les âmes des morts sans sépulture étaient vouées à l'errance, exprimaient leurs plaintes dans le sifflement du vent comme dans le cri des oiseaux. Le pire de l'angoisse était qu'à la fin des temps le corps des naufragés serait introuvable pour la résurrection générale.

Faute de pouvoir se recueillir sur la tombe de leurs disparus, les familles des gens de mer et leurs confréries multipliaient les prières pour le repos de leurs âmes, sous des formes spontanées comme la « proëlla » d'Ouessant, ou plus authentiquement canoniques comme la célébration de messes. Les milieux maritimes étaient prédisposés à accueillir la dévotion en faveur des âmes du purgatoire dont Jacques Le Goff a établi le développement à partir du XIIe siècle. La localisation de ce lieu d'achèvement de justification spirituelle, acceptée depuis l'Irlande jusqu'à la Calabre, s'insérait sur les voies maritimes de traditions remontant à saint Patrick. N'était-ce pas une source de consolation pour les familles anxieuses du salut de leurs noyés ?

Le rejet officiel de la croyance au purgatoire dans les pays devenus protestants à partir du XVIe siècle a-t-il complètement évacué de la conscience populaire la conviction de la présence spirituelle des âmes des disparus ? La dépose de plaques à leur mémoire, analogues aux « murs des péris en mer » des paroisses bretonnes, n'est-elle en pays nordiques qu'une tradition commémorative, dépourvue d'invitation à une prière, au moins personnelle, pour les morts ? L'usage de tels rappels caractérise des pays où la mythologie germanique et anglo-saxonne semble enracinée, où « les légendes des spectres marins, des vaisseaux fantômes et autres Hollandais volants éveillent tant de récits du gaillard avant ». Alain Cabantous, en ces termes, pose un problème non encore résolu. Mais il semble possible d'admettre que, sur un point aussi important, la mentalité des gens de mer en Europe occidentale conserve, jusqu'à nos jours, une cohérence essentielle.

Rêves de bonheur. Le mythe insulaire

Les contrastes psychologiques des milieux marins font voisiner des tendances morbides avec la recherche de compensations par les cheminements de l'espoir. N'est-ce pas le propre de sociétés, comme celle des gens de mer, où l'attente est une attitude générale ? Mais espérer est toujours un peu rêver, et la forme courante est l'attente d'un mieux-être et d'un mieux-vivre. Parmi les sociétés maritimes, le mirage – ou mieux : le mythe – des îles du bonheur est constant et significatif.

Ce rêve s'est trouvé, aux premiers temps de l'Europe, dans le legs classique et parmi les légendes celtiques. La coloration du mythe a varié non seulement parce que les îles rêvées étaient introuvables, mais surtout parce que, les réalités rencontrées ne correspondant pas aux espoirs, il fallait sans cesse chercher le bonheur ailleurs. L'épisode légendaire de la baleine qui se déroba au moment où saint Brandan célébrait la messe sur son dos est symbolique. Bonheur espéré, illusion de découverte, bonheur perdu, nouvelle recherche : le circuit est significatif de l'humaine aventure.

La quête du bonheur procède de la nostalgie du paradis terrestre primordial placé par les cartographes du Moyen Age quelque part dans l'hémisphère Nord, en une situation insulaire, c'est-à-dire isolé, circonscrit par une barrière ou des montagnes sur le continent. L'idéal insulaire prend toutes les formes imaginables, selon les goûts, les tempéraments et les époques. La distance en mer, l'absence de voisinages importuns sont les conditions valables aussi bien pour les ermites du haut Moyen Age dans les îles de Lérins, dans les îles bretonnes, anglo-normandes, irlandaises, écossaises, que pour les amoureux des romans celtiques.

Idéalisées, ces îles peuvent être soit le purgatoire de l'ascétisme (l'on songe à celles du Nord), soit le paradis de toutes les jouissances (Antilia, les îles Fortunées), domaine de l'amour sans contrainte, de la richesse parce que le soleil passe pour engendrer l'or, de la facilité de l'existence sans peine ni travail car la nature fournit tout. Si ces îles sont habitées, leurs rares occupants sont heureux, bons par nature, disposés au partage. Ajoutons que ces îles sont des étapes vers de vastes régions de richesse et de plaisir de vivre : pour Christophe Colomb, les Antilles étaient des escales sur la route du Cathay enchanteur. Les merveilles (*mirabilia*) aussi exceptionnelles qu'admirables ont nourri les rêves atlantiques comme ceux de l'océan Indien.

La persistance du mythe des îles connut des avatars multiples. Leur nature favorable fut la plus fréquente. Elle suscita les migrations scandinaves, la recherche des bancs de Terre-Neuve, lança l'infant de Castille à la conquête des îles Fortunées au XIVe siècle, amena Jean de Béthencourt et Gadifer de La Salle aux Canaries au début du XVe siècle, les Génois, les Portugais et les Castillans à Madère et aux Açores. Sur un plan plus onirique encore, l'image du « bon sauvage » court du *Roman de la Rose* à *Paul et Virginie* et à Bougainville ; elle inspira *L'Utopie*; guida les touristes de la carte de Tendre ; prit corps en *Robinson Crusoé*; finalement, les adolescents des XIXe et XXe siècles trouvent en Jules Verne un pilote vers *L'Ile mystérieuse.*

Le mythe insulaire semblait privilégier les archipels

lointains. Les missionnaires français des XIIe et XIIIe siècles ont vu les îles de l'Atlantique proches du continent avec les yeux de la foi. Comme les prédicateurs franciscains du XVe siècle qui y rénovèrent l'érémitisme, un Michel Le Nobletz, un Julien Maunoir, un Louis Grignion de Montfort voyaient les îles « comme un reflet du paradis terrestre sans pommier ni serpent tentateur » ; ce tableau idyllique fut peut-être leur œuvre, si l'on prend en compte l'influence de laïcs comme François Le Su, pêcheur de Sein, et à Ouessant Françoise Troadec, dont les connaissances cartographiques héritées de son aïeul Brouscon, du Conquet, lui permirent d'imaginer des cartes (les *toalonnou*) décrivant, avec détails techniques à l'appui, la navigation vers le Ciel sur des mers difficiles : réplique apostolique de la carte de Tendre.

Le rêve n'a pas toujours la claire couleur du bonheur, même au siècle des Lumières. Certains doutent ; certains sont déçus, surtout par les îles proches de l'Europe : îles trop grandes pour l'isolement, trop connues pour incliner au rêve. Un exemple original en est l'opinion du Grand Frédéric. Réfléchissant sur Machiavel, il renvoie dos à dos, avec une lucidité impitoyable, les Anglais et les Corses ; il écrit en 1740, moins de trente ans avant la naissance de Napoléon : « Les Romains, qui avaient conquis la Grande-Bretagne et ne pouvaient la retenir en paix à cause de l'humeur turbulente et belliqueuse de ses peuples, prirent le parti de les efféminer, ce qui réussit... Quant aux Corses, ce sont une poignée d'hommes aussi braves et aussi délibérés que les Anglais ; on ne les domptera, je crois, que par la prudence et la bonté. »

Besoin d'absolu

La permanence du fait religieux dans la civilisation maritime au-delà des avatars européens de la religion chrétienne, depuis le XVIe siècle en particulier, demande une explication, ou du moins une recherche. Les îles atlantiques n'ont pas été les seules bénéficiaires d'un effort de la part des missionnaires catholiques. Le littoral des pays latins a fait preuve d'un attachement à ses croyances dont le recours à l'intercession de sainte Anne à partir d'Auray, au XVIIe siècle, a rayonné sur tout l'Occident et, au-delà de l'Océan, sur les rives du Saint-Laurent. L'Église post-tridentine étendit aux gens de mer un effort d'approfondissement dépassant le seul maintien d'une situation acquise. La génération de saint Vincent de Paul, l'« apôtre des galères », connut en France et en Espagne la *Missio navalis*, ancêtre lointain de la contemporaine « Mission de la mer », et l'ouvrage déjà cité du jésuite Georges Fournier, *L'Hydrographie*, développe ce qui, *mutatis mutandis*, correspondrait à une pastorale de la mer. Routine aidant, mais avec l'aide d'aumôniers embarqués sur les plus gros navires, la prière quotidienne à bord restait « un élément indispensable à la vie commune ». Les idées des « Lumières » ayant moins pénétré les équipages que les cadres, la Révolution elle-même ne bouleversa ni profondément ni durablement croyances et pratiques.

L'Europe protestante connut le même état de fait. En Angleterre et en Écosse, par exemple, la rigueur de la chasse aux dévotions traditionnelles aurait pu perturber les esprits. Or certains matelots continuaient à formuler des vœux et à faire des pèlerinages, ou bien, par exemple à Danzig, demandaient à des compagnons restés catholiques de le faire en leur nom. La persistance de telles pratiques est attestée au long des XVIIe et

XVIIIe siècles. Cependant, quelques pasteurs réformés percevant le danger ont, dès le XVIe siècle, composé des livres de prières en anglais à l'usage des marins et stimulé la lutte contre l'immoralité et le blasphème. Le succès répondit inégalement à ces efforts, et pourtant, à la fin du XVIIIe siècle, un *revival* religieux, résultant d'une large diffusion de la Bible, se manifesta dans la *Navy*, même au cours de la mutinerie de 1797.

Peut-on proposer une explication de la pérennité du sens religieux chez les hommes de mer ? C'est une banalité (mais pourquoi la banalité serait-elle erronée ?) de l'attribuer au contact avec l'immensité. Comme la montagne et le désert, la mer invite à la réflexion ; parce qu'elle est immense, elle peut incliner l'esprit vers l'infini. L'affrontement avec le danger incite à l'humilité personnelle devant des forces supérieures. Joint à la cohabitation avec des compagnons, cet affrontement exige, au nom d'une solidarité nécessaire, le dépassement de soi et l'accomplissement de sa part de la tâche commune. Ce qui s'impose est, avec une conscience de sa propre relativité, un besoin d'absolu.

Appels

Les incitations de la mer sont autant d'invitations. Elle en offre en même temps les voies, proches et lointaines : celles qui ont constitué le réseau des relations côtières en Europe, puis celles qui ont tissé sur les océans une sorte de toile d'araignée, semblable au schéma des portulans et de leurs roses des vents. Pour y parvenir, il a fallu beaucoup d'imagination, d'initiative, de courage, et l'esprit sportif qui, connaissant ses possibilités, les exploite à fond et se dépasse soi-même. Le dialogue du marin et de la mer est fait de demandes et de réponses.

Au départ, il y a curiosité, désir de connaître et goût du risque. L'histoire du risque mériterait une étude de ses mobiles, de ses enjeux, de ses résultats. L'imagination qui anime l'entreprise en prévoit les aspects et le déroulement, crée son objet et le projette en une image, mentale d'abord, concrétisée ensuite. N'est-ce pas là un des enseignements des Grandes Découvertes, dont la célébration du cinquième centenaire pourrait faire son profit au moment où l'Europe unie cherche sa voie ?

On peut trouver de l'outrecuidance à appeler vocation la réponse des Européens aux séductions de la mer. Repousser celles-ci eût été une dérobade, et des offres semblables ont été faites aussi par la mer à d'autres peuples. La chance de l'Europe en son dialogue avec l'Océan est d'y avoir été préparée de longue date. La thalassocratie athénienne fut un héritage ; l'aventure celte et viking, une expérience ; les succès vénitiens et génois, un enseignement ; les initiatives portugaises, un coup d'audace.

La nature des sollicitations auxquelles les gens de mer ont été sensibles révèle le type de vocations auxquelles ils ont répondu. De quelque côté qu'on se tourne en Europe, ce furent les mêmes gestes, généralement aux mêmes moments. Il est banal mais nécessaire de mettre en avant les mobiles économiques des expansions maritimes de la fin du Moyen Age ; ils se doublèrent d'ambitions politiques et coloniales à partir du XVIe siècle. L'Europe s'est crue appelée à assumer l'activité maritime du monde et presque tous les États ont estimé que leur rôle était d'y participer : après le Portugal et l'Espagne, la France et l'Angleterre, le Danemark et les Provinces-Unies, en attendant l'Allemagne et l'Italie unifiées. La Russie prit une voie différente, pour arriver à un résultat semblable sur le plan continental eurasiatique. Ainsi la notion de colonie restait liée à celle d'outre-mer jusqu'à ce que, tout récemment, l'ébranlement de l'URSS ne mette en pleine lumière le caractère colonial de son empire.

De plus, l'Europe s'est prise à croire qu'elle devait, par la mer, guider aussi les esprits. Les Églises chrétiennes ont jugé de leur devoir de proposer, parfois d'imposer, les vérités évangéliques dont elles étaient détentrices.

Les missionnaires ont emprunté le sillage des marins et le réveil de la propagande a même utilisé ce mot au XVIIe siècle pour désigner la congrégation romaine chargée de l'évangélisation des peuples.

La diversité de ces vocations, économique, politique, intellectuelle, morale, religieuse, n'épuise pas seulement la dimension géographique de l'Europe dans son ensemble. Elle eut et conserve une dimension sociale, sous les aspects les plus variés. Voilà pourquoi la résonance de la vie maritime peut être perçue dans les différents secteurs de la civilisation européenne, avec des tonalités cependant inégales.

CHAPITRE X

Une dimension culturelle : voir, sentir et comprendre la mer

Au terme d'une promenade rapide sur le front de mer européen, il semble opportun de consulter les témoins qui, à un titre ou à un autre et de points de vue différents, ont regardé la mer, cherché ou fui sa compagnie, écouté sa voix, diffusé ses messages. L'histoire, en effet, perçoit, dans le temps et l'espace, comment les Européens ont vu, senti et compris la mer.

Propos littéraires

La littérature a retenu la richesse du thème maritime. Cette richesse, sans avoir ni le même volume ni la même valeur d'une époque à une autre, contribua à la personnification européenne. Les regards sur la mer peuvent être opposés quand ils émanent d'un Méditerranéen ou d'un Nordique, mais leur nature ne diffère pas essentiellement, et les procédés de description offrent de singulières ressemblances. Compte tenu de la diversité des langues, des tempéraments et des circonstances, la référence à la mer présente des analogies, et des similitudes, en des textes de natures et d'époques différentes. Les uns, de caractère conventionnel, sont peuplés de *topoi*; d'autres, plus tardivement, semble-t-il, cherchent à exprimer une vision réaliste des phénomènes marins.

Dans les deux cas, cette vision a une coloration soit pessimiste et défavorable, soit optimiste et favorable. Ces aspects s'entremêlent fréquemment. En Europe la veine est double et deux aspects se sont transmis de génération en génération, en chevauchant l'un sur l'autre. Un visage méditerranéen, lumineux, alternant fantaisie et mélancolie, contraste avec un aspect océanique, volontiers nuancé, aux teintes plus douces, mais sujet aux caprices de la marée et à de terrifiantes colères. L'un et l'autre font alterner le doute et la crainte avec des calmes rassurants. Ces instabilités de l'humeur marine sont perceptibles dans l'héritage gréco-latin et dans la tradition « barbare » du Nord. Homère, Thucydide, Virgile voisinent avec les « sagas » celtes, scandinaves et slaves, au point, nous l'avons vu, d'être l'objet d'une contamination mutuelle et de connaître la surimposition partielle de leurs panthéons et de leurs légendes.

Le christianisme, prenant la place des cultes païens, engagea une lutte sans merci contre leur mythologie. De ce combat, les références maritimes de la littérature médiévale ont conservé la marque, dans les domaines les plus divers : hagiographie ou romans de chevalerie et poèmes courtois, textes liturgiques et sermons, traités théologiques et moraux, « miroirs » du monde, correspondances enfin. Sur la mer, la société médiévale, comme l'antique, avait un regard ambigu, la considérant simultanément comme un empire du mal et du malheur, et une source de bonheur et de richesse. Christianisé, le Moyen Age voit la mer disputée par Satan à Dieu. Peur et espérance cohabitent. Des textes l'expriment : la mer est hors de la loi commune. Il est parfois difficile de discerner les clichés et les redondances de style sans relation avec les réalités. Afin de rassurer les fidèles troublés par les hérésies et par le Schisme, autour de 1400, le récit évangélique de la tempête apaisée par le Christ servit de modèle aux *exempla* sur les vicissitudes de la nef de l'Église et de son pilote, le souverain pontife. La prudence s'impose dans l'interprétation du thème de la mer. La recherche de l'effet stylistique et de la suggestion impressionniste se mêle à des reflets d'une réalité authentique. Les narrateurs de voyages, tels que les pèlerinages en Orient, sont avares de précisions sur leurs navigations, qu'ils jugeaient banales, mais s'attardent à des épisodes fabuleux et des évocations fantasmagoriques auxquels ils mêlent des réminiscences classiques attestant le niveau de leur culture biblique ou profane : les sirènes se rencontrent avec Noé et Jonas. Les observations nautiques de tel chroniqueur, comme Joinville, retiennent l'attention.

Certains auteurs avaient une expérience maritime. Rappelons la précision des notations d'Adam de Brême sur les mers nordiques et la compétence navale du poète normand Wace. Au terme du XIIe siècle, Pierre de Blois décrit une traversée épouvantable d'Angleterre en France en juin 1178 : l'homme de barre avait dû mettre à la cape, seule manœuvre permettant d'attendre le calme du lendemain ; alors, conclut-il, « ce fut comme si je ressuscitais d'entre les morts ». Au XIVe siècle, à Florence, les *Contes* de Boccace situent des épisodes romanesques dans l'espace, connu de lui, de l'activité méditerranéenne entre les Baléares et l'Égypte, de Naples à Trapani en Sicile ; il décrit les opérations de douane à Palerme et le trafic aux foires de Barletta. La piraterie lui fournit des épisodes romanesques : une pauvre femme chrétienne captive, au service d'une dame sarrasine, apprit chez elle l'arabe en travaillant la soie, les fibres de palmier et le cuir ; une autre, jetée sur l'île de Pongo par une tempête où son mari avait péri, y vécut plusieurs mois comme une « vraie sauvage » jusqu'à ce qu'un navire génois la recueille par hasard. Les tempêtes sont présentées comme des châtiments divins. De son côté, Pétrarque connaît assez les usages des marins pour comparer l'inhumation des victimes de la peste de 1348 à l'arrimage d'une cargaison : « De même que dans les flancs d'un navire on tasse les marchandises, on recouvrait les cadavres d'une pelletée de terre, tant qu'on parvenait au haut de la fosse. » En France, Eustache Deschamps n'avait d'expérience de la mer que ses traversées en Manche, mais il ne s'embarrasse pas de clichés pour en décrire les inconvénients : « Ouïr la grande mer bruir » l'empêche de dormir, et souvent, dit-il (Ballade 84) :

> en tempête formée
> Vous faut en la soute descendre,
> Vous étendre la gueule béante,
> A cause de la puanteur vomir.

Un autre exemple vient d'un Castillan, D. Pedro Niño ; dans le *Victorial*, il raconte sa navigation depuis les côtes ibériques jusqu'en Flandre, au début du XVe siècle. Il fallait de l'audace pour s'aventurer dans le raz de Sein, la nuit : « Les lames, a-t-il noté, étaient si hautes qu'elles masquaient la lune. » A l'Aberwrac'h, au havre des Fées, les feux follets de marécages voisins passaient pour des génies malfaisants.

La littérature faisait encore moins preuve de souci réaliste en représentant des épisodes maritimes sur les planches d'un théâtre. Si les metteurs en scène faisaient effort de vraisemblance, le public frémissait de plaisir à la représentation de naufrages.

On croirait qu'à l'époque des grands discours maritimes le réalisme l'emporta définitivement sur le conventionnalisme littéraire. Or les deux courants persistent et s'entremêlent. Érasme est franchement pessimiste ; la description du *Naufrage* que, sous le pseudonyme d'Adolphe, il présente à Antoine suscite chez ce dernier cette exclamation réprobatrice : « Quel horrible récit ! Est-ce là naviguer ? Dieu me préserve de jamais former un pareil dessein ! » Prenant la parole à son tour, avec le ton d'un homme averti, Rabelais introduit l'humour dans l'évocation d'une tempête ; Panurge et frère Jean des Entommeures se réfèrent simultanément aux démons et aux saints, pour conjurer « l'infecte peste de tous les millions de diables, qui tiennent chapitre pour l'élection de leur nouveau recteur ». « Quelle folie, disait encore Érasme, que de se confier à la mer ! »

Des fous, les explorateurs de l'Océan ? Pire encore, les équipages que certains, Magellan entre autres, ont recrutés comprenaient des repris de justice. Au milieu du XVe siècle, l'hagiographe d'Henri le Navigateur, Gomes Eanes de Zurara, méprisait la *« genta baixa »* embarquée sur les bateaux de la découverte, que Luis Vivès, au siècle suivant, fustigeait de cette intraduisible condamnation : *« faex maris »*. Dans la littérature du siècle des Découvertes, les hommes de mer ont souvent partagé la réputation détestable de la mer elle-même. Ils bénéficièrent parfois d'éloges comparables à ceux des héros des navigations antiques. Après Zurara, les représentants du roi du Portugal à la cour de Rome ont, à la fin du XVe siècle, décrit avec des traits épiques les exploits de leurs compatriotes. João de Barros et Camões ont pris leur relais. La littérature suscitée par les découvertes de Christophe Colomb, de Magellan, de Verrazano eut en Espagne, en Italie et en France des échos trop connus pour qu'on insiste. Ces échos atteignaient toutes les couches sociales, par exemple en Normandie où les sujets maritimes faisaient, à l'époque d'un Jean Ango, le thème des concours littéraires annuels dont les plus grands poètes, comme Clément Marot, ne dédaignaient pas les lauriers. Mieux encore, certains navigateurs étaient eux-mêmes des humanistes, tel le Dieppois Jean Parmentier, à la fois latiniste, helléniste et marin confirmé.

Ainsi, malgré le détestable renom de la gent matelote

et la crainte inspirée par l'élément marin, la mer acquit droit de cité dans les littératures européennes. Au temps de l'humanisme, tout, cependant, se mêle : l'évocation des divinités pélagiques de l'Antiquité avec l'invocation de la Vierge Marie, la *Stella Maris*, les mythes populaires et la *Légende dorée*, la science nautique avec l'empirisme routinier. Neptune n'y aurait pas reconnu ses poissons.

Deux genres ont été engendrés. L'un littéraire, sacrifiant à l'imaginaire symbolique ; l'autre progressivement scientifique. Sous des formes évolutives, les deux courants ont perduré, et les Européens se reconnaissaient en l'un et l'autre. S'il n'est pas besoin de décrire longuement ces courants, notons-en quelques étapes et quelques témoins.

La description des pays était un genre ancien et vivace. L'auteur castillan du *Libro del conoscimiento* et le livre de son contemporain (XIVe siècle) Jehan de Mandeville continuaient d'être lus et traduits en toutes les langues européennes. Leur « géographie » énumérative et descriptive admettait, avec quelques prudentes réserves, beaucoup de fables traditionnelles. On l'a reproché aussi à André Thevet, dont l'œuvre, au XVIe siècle, contient de singuliers mélanges d'où l'imagination n'est pas absente. Ces ouvrages voisinent avec des relations sérieuses parmi lesquelles les journaux des voyages de Münzer dans tout l'Occident, de Claude de Bronseval dans la péninsule Ibérique, de Sigismond de Herberstein en Russie et de Montaigne en Italie apportent à la connaissance de l'Europe de leur temps des témoignages dont la personnalité tranche sur le caractère conventionnel de leurs prédécesseurs.

Si l'objet de beaucoup de relations de voyage des XVIe et XVIIe siècles n'est pas européen, leur caractère maritime traduit l'attention de leurs auteurs aux choses de la mer et ne nous laissent pas indifférents. La distance prise envers l'Europe au-delà de ses horizons océaniques est porteuse de signification. De ses voyages au Brésil, Jean de Léry avait rapporté cette observation que « ceux qui n'ont pas été sur mer (...) n'ont vu que la moitié du monde ». Cette remarque reste valable pour les siècles suivants, et l'on pardonnera à l'auteur du présent livre de dire qu'il s'est senti vraiment européen et qu'il a compris l'Europe à la faveur d'une mission au Brésil en 1962.

Une distinction entre la référence concrète, quelquefois scientifique, à la mer et son évocation littéraire est décelable à partir du XVIIe siècle, particulièrement en France, en Angleterre, en Espagne et en Italie.

L'évocation littéraire est imprégnée de classicisme ; la Méditerranée y tient une place plus large que l'Atlantique. Dans les genres narratifs et dramatiques comme dans la poésie, le nombre et l'importance des aventures maritimes correspondent au goût du romanesque, de la sensation et du spectacle. Une thèse de Mme Bournaz-Baccar l'a analysé de près. Les auteurs, même Corneille malgré les relations maritimes de sa ville, Rouen, ont rarement une connaissance directe de la mer. La curiosité pour le monde marin et ses au-delà lointains, l'ambivalence de la mer en tiennent lieu la plupart du temps. Néanmoins, par sa force évocatrice, le vocabulaire nautique est passé maintes fois dans le langage courant des écrivains. Certains font preuve de sensibilité en face de la mer : « L'on rêve bien doucement lorsque l'on se promène au bord de la mer », écrivait la Grande Mademoiselle à Mme de Motteville.

Cependant, la mer est rarement décrite pour elle-même vu la méfiance qu'elle inspire. Dans les romans et les pièces de théâtre auxquels l'inspiration maritime a donné lieu, la conception dramatique de la mer privilégie les aventures tragiques dans un cortège de métaphores et d'hyperboles. Le thème de la fuite permettant de changer d'identité et de refaire sa vie comme celui de l'enlèvement par des pirates et de la chute en esclavage s'inspirent de légendes antiques et des réalités barbaresques ; les monstres marins le disputent à la fureur des vagues et du vent et à la cruauté humaine.

Il fallait le talent exceptionnel de Shakespeare, dans *The Tempest*, pour sortir du conventionnalisme mythologique et, dans le dialogue de Prospero avec Ariel, exprimer le réalisme du naufrage : « Tous, dit le second, ont plongé dans l'écume salée », et il ajoute en chantant : « Sous cinq brasses ton père gît. Ses os se sont changés en corail » ; l'auteur prête enfin au roi Ferdinand ce cri imité peut-être du *Quart Livre* de Rabelais : « L'enfer est vide : tous les diables sont là ! »

Chez les autres auteurs, tel Corneille, la présentation reste livresque dans la mise en scène d'*Andromède*, comme chez Rotrou dans *Iphigénie en Aulide*. La référence marine serait plus directe dans le roman *Artamène ou le Grand Cyrus* de Madeleine de Scudéry, si l'on admet une relation entre le pittoresque de sa description de l'incendie d'une vingtaine de galères et la peinture des *Troyennes incendiant des navires* de Claude Gellée dit le Lorrain, antérieure de six ans au roman. Chez d'autres auteurs, compte non tenu du jeu littéraire, la sensibilité à la mer apparaît par exemple dans les descriptions du détroit de Gibraltar et de Belle-Ile par le Normand Saint-Amant, en dépit des critiques de Boileau. Enfin, on sait gré à Tristan d'avoir donné à un poème le titre simple de *La Mer*.

Le début du XVIIIe siècle inaugura, en toute l'Europe, la vague des récits d'aventures marines. A partir de 1699, le *Télémaque*, écrit par Fénelon pour l'instruction du duc de Bourgogne, petit-fils de Louis XIV, connut un succès de librairie, mais ce qu'y trouvèrent trois ou quatre générations au moins était une Méditerranée à l'antique où Neptune, Amphitrite et les Néréides faisaient errer leur imagination de Tyr à Carthage et de Corinthe à

Syracuse. L'Angleterre, sortant de ces rêveries d'écoliers, en proposa d'autres, fondées sur la réalité. En 1719, Daniel De Foe construisait un roman sur les mésaventures de l'Écossais Alexander Selkirk, *alias* Robinson Crusoé, et sept ans plus tard un même succès accueillit *Les Voyages de Gulliver* de Jonathan Swift ; ils furent traduits ou imités à l'étranger pendant des décennies. Ainsi fit Nicolas Chamfort, en publiant sa *Jeune Indienne* (1764). Les Français durent attendre jusqu'à la veille de la Révolution (1788) pour s'émouvoir devant le naufrage, bien réel sans présentation romancée, du *Saint-Géran* où Paul et Virginie avaient pris passage. Bernardin de Saint-Pierre avait, pour l'écrire en connaissance de cause, visité Port-Louis, siège de la Compagnie des Indes. Cette allusion conduit à mentionner l'énorme succès européen des relations de voyage d'un Cook et d'un Bougainville. Sans qu'il y soit question des mers européennes, l'intérêt des Européens pour la mer, où qu'elle soit, apparaît comme un signe des temps.

Cette attention s'affirma désormais en plusieurs genres littéraires : l'ouvrage pédagogique (dans la mesure où il est l'un d'eux), le récit de voyage, le roman, la poésie et quelquefois le théâtre. Ce sont autant de moyens de saisir les influences sous lesquelles sont entrés en scène la mer et les marins dans la première moitié du XIXe siècle, et de savoir comment le monde maritime a été perçu et quelle fut l'évolution de ce regard.

Les livres pour la jeunesse sont naturellement le reflet des images mentales des adultes. La postérité de *Télémaque* est devenue banale, mais, dans le cas français, la présentation de la mer est faite avec la recherche du réalisme pédagogique des « leçons de choses » de jadis auxquelles la télévision s'est substituée. Pendant un siècle de rééditions successives (1877-1976), *Le Tour de France par deux enfants* a promené ses jeunes lecteurs de Marseille à Dunkerque. Ensuite, deux autres enfants d'aujourd'hui, c'est-à-dire d'après la Seconde Guerre mondiale, ont pris le relais depuis Le Havre jusqu'à Bayonne (1977). Dans l'intervalle, *Le Voyage d'Edgar*, commencé à Marseille, menait ses passagers en Baltique et de là vers le Groenland ; cet ouvrage est de 1938, mais son ouverture européenne mérite une mention, que justifie l'humour d'un chapitre intitulé « De quelques personnages qui hantent Gibraltar ». Le lecteur est introduit en un salon où conversent : une petite princesse, « Méditerranée » ; une jeune dame au corps délié et à la peau noire, « Madame Afrique » ; un homme grand, puissant, aux colères soudaines et violentes, qui s'appelle « Atlantique », enfin « Madame Europe », une vieille dame bien conservée, très collet monté, très conservatrice ; un ruban cache son cou ridé ; elle se coiffe d'un chapeau du temps de la reine Victoria et regarde Madame Afrique à travers un face-à-main.

Le développement d'une littérature maritime en Europe fut un avatar du romantisme, comme l'a montré une étude de Monique Brosse. Le précurseur fut Bernardin de Saint-Pierre, à qui est dû le thème de la tempête, à la fois spectacle, affrontement épique avec interventions magiques et maléfiques, et phénomène météorologique. Elle se prête à un cérémonial et à une sorte de protocole, qui n'exclut pas les détails techniques. De vrais marins, comme Byron et Fenimore Cooper, furent les initiateurs du roman maritime. Le second passe pour responsable de la vulgarisation du type héroïque du loup de mer. Son *Pilot* (1823) aurait été inspiré par *Le Pirate* de Walter Scott, de deux ans antérieur (1821). En sa génération, mais aussi après lui, ce sont encore des marins qui ont été sensibles au drame et admiratifs des héros. Certains situant volontiers la tempête dans les brumes nordiques évoquées par la légende d'Ossian alors en honneur, et dans les fjords norvégiens, en vogue eux aussi, cela correspond au flou sentimental des « *dandies* ». L'émotion s'apitoie d'autre part sur les victimes des pirates autant qu'elle exalte la hardiesse des corsaires, dont le XXe siècle eût fait des « idoles » ou des « *supermen* ».

Le succès de la littérature maritime est redevable à sa relation avec la tendance romantique pour le culte des héros et pour le dolorisme, et surtout à la qualité professionnelle des auteurs. Si Chateaubriand n'avait pas été malouin, il n'aurait pas su traduire l'âme de sa ville, ni exprimer l'émotion de sa première rencontre avec Brest, ni raconter sa dramatique traversée de l'Atlantique, ni décrire la splendeur de la flotte royale revenant, victorieuse, de la guerre d'Amérique. De son temps, et après lui, des marins ont su évoquer et raconter leur vie. Plusieurs furent poètes et peintres, même sans atteindre le niveau d'un Garneray que nous retrouverons plus loin. Citons des contemporains des deux côtés de la Manche : Frédérick Marryat, officier de la *Royal Navy*, qui reçut de Louis-Philippe la croix de la Légion d'honneur « pour services rendus à la science et à la navigation » ; il reste célèbre par son roman du *Vaisseau fantôme*. En cette génération, Édouard Corbière passe pour le premier romancier maritime digne de ce nom, avec Augustin Jal, un Lyonnais qui reçut une sorte de coup de foudre à la découverte, comme Chateaubriand, du site de Brest.

En France, du moins, peu sont comparables à l'« expressionnisme flamboyant » d'Eugène Sue, chirurgien de marine ; présent à la bataille de Navarin, il évoque la *Salamandre* au combat, « tonnante, furieuse, échevelée, mordant une frégate ennemie avec ses grappins » ; il sait décrire aussi le naufrage de la *Méduse* et construire une épopée romanesque autour du personnage de Jean Bart.

La génération qui prit fait et cause pour l'indépendance grecque applaudit à la nouvelle de Navarin, s'enthousiasmait pour les découvertes anglaises et françaises dans les mers du Sud, dont elle suivait les étapes dans la presse londonienne et parisienne (la rubrique « Voyages » du *Globe*), savait aussi s'émouvoir avec Charles Dickens sur le sort de David Copperfield, sur celui des veuves de marins de l'île de Norderney avec Heinrich Heine dans les *Reisebilder* et sur la pauvreté des paludiers guérandais avec Honoré de Balzac.

Au milieu du XIXe siècle et depuis lors, la littérature maritime change de ton vers 1860 pour répondre, par un souci didactique, aux exigences d'un public avide de connaissances. Plus sérieuse, elle considère la mer d'une façon plus souvent objective, et décrit métiers et techniques. « Dédramatisée, après le romantisme, la mer devient l'objet d'une pratique morne et monotone », assure M. Brosse. Est-il sûr qu'elle ait entièrement raison ? Comment, alors, expliquer la sensibilité vigoureuse des *Travailleurs de la mer*, chez Hugo, et la puissance de l'évocation de *La Mer* par Jules Michelet ? Comment expliquer aussi l'extraordinaire succès de Jules Verne, dont les œuvres traduites en toutes langues joignent le talent du *suspense* à l'analyse psychologique, à l'exactitude technique de son temps, voire à la prospective ? Il est trop connu pour qu'on insiste.

Le tournant, s'il en est un, n'est pas un changement de cap. La sensibilité ne perd pas ses droits, tout en s'affirmant plus virile, au moins chez les plus grands. La tempête fait toujours entendre sa voix. Après son évocation dans le Grand Nord par Edgar Poe, voici qu'en *Oceano Nox* Victor Hugo donne un solennel écho aux mugissements de la « demeure orageuse de Dieu ». De son côté, Alphonse Daudet sublimait l'agonie de la *Sémillante*, ouvrant par une nuit d'hiver la « tombe de hasard » des noyés des îles Lavezzi. Le talent aussi parfois peut suppléer l'absence d'expérience de la mer. Arthur Rimbaud n'avait jamais vu la mer avant de composer *Le Bateau ivre*. Le talent permet de tout sentir et de tout exprimer. Sans lui, Stéphane Mallarmé n'eût pas évoqué, dans *Brise marine*, la nostalgie « d'aller où les oiseaux sont ivres d'errer entre la mer, d'errer entre la vague ». Charles Baudelaire, d'un seul jeu de mots, avait, dans *Spleen*, éveillé le scintillement des phares, les oscillations harmonieuses de la houle et les mouvements de ceux qui partent et de ceux qui reviennent. Mais il y a aussi ceux qui ne reviennent pas. Paul Valéry (*Le Cimetière marin*) eut pour eux la même pensée, mais avec une sensibilité que, non loin de là, à Gruissan (Aude), la liste gravée sur le mur des péris en mer peut seulement suggérer.

Pour ne pas être tous poètes, les hommes de la mer eux-mêmes apportent, encore maintenant, des témoignages sur la mer que la véracité rend plus forts. L'Europe entière s'y concerte de génération en génération. Le Nord avait donné Hans Andersen, avec ses *Contes*, Henrik Ibsen et Alexander Kielland, romancier du *Capitaine Worse*. Ce sont encore les tempêtes de l'Atlantique Nord qui ont suggéré *Captains Courageous* à Rudyard Kipling et *Pêcheurs d'Islande* à Pierre Loti. Avec celui-ci, nous avons déjà bourlingué jusqu'au Bosphore. Mais il est d'autres convergences, par exemple deux diplomates humanistes ; Alexis Léger (Saint-John Perse) a donné une sorte de réplique à son confrère et prédécesseur, Paul Claudel, dans une vision cosmique du Monde et de l'Europe. Mais le plus complet, le plus européen et marin par surcroît, est peut-être Joseph Conrad, né polonais, devenu anglais, après avoir servi pendant vingt ans dans les marines marchandes française et britannique. Mieux que quiconque, Conrad a su évoquer dans *Typhons* l'autorité du vent d'ouest, « ce roi de l'Occident qui règne en maître sur l'Atlantique Nord, des Açores au cap Farewell, et qui réserve de mauvaises nuits aux navires qui font route vers la Manche ». Mais Conrad éprouve aussi la « tendre séduction » inspirée par la Méditerranée, « berceau du trafic maritime et de la guerre navale », « grande chambre d'une vieille demeure où d'innombrables générations ont fait leurs premiers pas », car, ajoute-t-il, « tous les marins ne forment qu'une seule famille ». Une seule famille ! Conrad écrivait cela en 1906. Cinquante ans plus tard, après les deux guerres mondiales, Saint-John Perse s'écriait, dans *Amers* :

> Ô Mer plénière de l'alliance et de la mésentente ! (...)
> Celle qu'interrogent les grands fédérateurs
> [des peuples pacifiques ! (...)
> Mer fédérale et mer d'alliance !

L'encre du traité de Rome fondateur de la Communauté européenne était à peine séchée. Le diplomate visionnaire du Quai d'Orsay serait-il entendu ? Plus tard !

Reflets dans l'iconographie et les arts mineurs

Les arts ne furent pas en retard sur les lettres. L'impressionnisme et le souci commémoratif se sont exprimés en Europe par des images graphiques et par l'évocation musicale aussi bien que dans la poésie, le récit, le théâtre et la littérature pédagogique.

Les mobiles de la représentation iconographique de scènes maritimes sont divers. Certains sont esthétiques, d'autres relèvent de la curiosité et de la recherche du pittoresque, beaucoup répondent à une exigence de la mémoire collective inspirée par un souci de la gloire militaire ou politique. Dans ce dernier genre, l'Europe a connu, dès le XIe siècle, l'imagerie de la tapisserie, dont la « broderie de Bayeux » est l'exemple parfait. Racontant, à la manière d'une bande dessinée, la conquête de l'Angleterre par le duc normand Guillaume en 1066, l'œuvre, telle que Lucien Musset vient de l'analyser, représente avec légende à l'appui la construction des bateaux, l'embarquement, un combat en mer, le débarquement ; la mer est gauchement figurée par des ondulations, mais ce qui concerne les navires et les équipages traduit un effort d'exactitude.

Un autre domaine, celui de l'illustration des manuscrits, couvre tout le Moyen Age européen. Sa richesse exprime le goût des lecteurs pour les récits maritimes que les miniatures accompagnent. La précision du dessin éclaire assez fréquemment, malgré d'évidentes maladresses, l'évolution technique des formes et du gréement des navires, l'activité des gens de mer, la disposition des ports. Le choix des images, la manière de les traiter, leur caractère paisible ou tragique révèlent une certaine manière de voir, ou de concevoir, le monde marin. D'ailleurs, le fait que les miniaturistes n'aient pas été, bien souvent, familiers avec la mer est compensé, de leur part et de celle de la clientèle, par un certain intérêt pour elle. Les travaux de Christiane Villain-Gandossi, fondés sur un très riche corpus de miniatures recueillies dans les bibliothèques d'Europe et d'Amérique, prouvent l'importance de ces œuvres pour la connaissance de la place de la mer dans la culture européenne du Moyen Age.

Les sceaux et les blasons, autre source d'un intérêt égal, ont l'avantage de correspondre directement à une réalité vécue et évoluant dans un milieu social et institutionnel défini. La numismatique et l'héraldique ne sont pas sans liens avec la mer, surtout la première, car elles symbolisent l'ambition et le destin des cités portuaires et des États maritimes. Leurs blasons ont, parfois, joint à leurs éléments originaux des symboles correspondant à leurs allégeances politiques, et à leurs avatars successifs ; de la sorte, il leur arrive de pérenniser les souvenirs de dominations passées.

Les sceaux des cités portuaires européennes offrent l'intérêt de refléter leur histoire et contribuent à éclairer l'histoire du navire. Le profil des bateaux illustrant, par exemple, les sceaux de La Rochelle, de Damme, de Sandwich, de Lübeck et de Gdansk atteste certaines pratiques de la construction navale et permet d'en suivre l'évolution du XIIe au XVIIe siècle ; les ambitions politiques et économiques s'affirment dans les légendes et les emblèmes.

Commémorer un événement ou un personnage en en fixant l'image sur une médaille était un héritage dont l'Antiquité avait donné l'exemple pour des sujets maritimes comme pour d'autres. Le renouveau classique de la Renaissance, servi par les progrès techniques de la frappe, en stimula l'usage. La France, l'Angleterre, l'Espagne, les princes et les cités d'Italie et d'Allemagne ont rivalisé d'émulation en cette pratique. Née d'une initiative de Louis XIV en 1663, l'Académie des inscriptions et belles-lettres reçut mission d'élaborer les légendes des médailles et de veiller à la qualité de la frappe. L'importance numérique des médailles à sujet maritime ressort des travaux de M.-J. Jacquiot ; le choix des thèmes et des personnages marins ainsi promus au premier rang de la mémoire nationale est révélateur de l'attention portée aux affaires de la mer. Des médailles commémorèrent ainsi la bataille navale de Carthagène (1643), la fortification de Dunkerque (1671), les combats en Manche en 1690 et 1694, sans oublier les ambitieuses images du globe éclairé par le soleil royal sous la devise *« Nec pluribus impar »*, ni la glorification en 1668 de la restauration de la marine comportant au revers la représentation d'un vaisseau accompagné de la légende *Navigatio instaurata* ; sans oublier non plus des médailles célébrant l'expansion outre-mer. Ces exemples sont représentatifs d'une pratique coutumière de la propagande politique des États européens.

Sur le plan populaire, mais très répandus, et sans prétention artistique, d'autres objets présents dans les lieux les plus divers, églises, tours ou simples maisons, sont les *graffiti*, gravés avec des moyens rudimentaires, et représentant des bateaux, des marins, des scènes nautiques. La sincérité spontanée de ces témoins fragiles de la vie maritime retient l'attention. En France, la Normandie (Dieppe, la basse Seine), La Rochelle, Beaucaire sur le Rhône offrent des exemples de cette esthétique rudimentaire où d'anciens marins, des prisonniers, se sont ainsi libérés, maladroitement, de leurs souvenirs et de leurs nostalgies.

La peinture de marine

La même intention commémorative explique la diffusion des ex-voto marins peints. Considérés comme œuvres naïves de médiocres barbouilleurs, ils ont été décriés par les hommes des Lumières. Diderot, dans l'*Encyclopédie*, affirmait leur décadence, même en Italie où, selon lui, il n'y avait plus que de « pauvres peintres réduits, pour subsister, à en faire pour de misérables pèlerins ». Qu'aurait-il dit, lui, chroniqueur des Salons, s'il avait vu celui de 1831, à Paris, admettre les œuvres d'un Jugelet, de Dieppe ? Le dédain pour une pratique « obscurantiste » a cédé devant l'indiscutable mérite de certains artistes authentiques (Bommelaer à Dunkerque, Grandin à Fécamp, Adam à Honfleur, Pajot aux Sables-d'Olonne, et surtout la dynastie des Roux à Marseille). Quelques expositions réalisées depuis une trentaine d'années dans les pays latins d'Europe les ont sortis de l'ombre et les ont même fait connaître (ceux de Livourne par exemple) outre-Atlantique. Ces œuvres, en raison de leur fragilité, remontent rarement au-delà du XVIIe siècle, à moins d'être attribuées avec certitude à de grands artistes comme Nicolas da Fabriano (*Saint Nicolas sauvant une nef en détresse*) ou d'être conservées dans un monument célèbre (la *Vierge des Navigateurs*, à l'Alcazar de Séville).

Sans appartenir au genre votif, la suite de *La Légende de sainte Ursule*, à Venise, montre combien Carpaccio, dont on a dit qu'il était une « parenthèse » dans l'histoire de la peinture marine, fut un observateur attentif; ainsi, l'abattage en carène d'un grand bâtiment au gréement très articulé s'impose par sa vérité technique.

En effet, comme en tous les secteurs de l'art pictural, deux tendances principales caractérisent la peinture de marine. L'une vise à la représentation aussi exacte que possible de la réalité. L'autre intériorise l'observation. Chacune de ces orientations comporte des nuances. Le premier courant correspond souvent à une spécialisation. Alors que généralement les grands peintres de la Renaissance voyaient la mer de loin, les Flamands et les Hollandais ont, aux XVIIe et XVIIIe siècles, fait naître la vraie peinture de marine. Celle-ci fait irruption dans l'art européen « avec l'impétuosité d'une grande marée d'équinoxe ». Certains noms sont en toutes les mémoires : Van Dijck, Van de Velde, Vermeer, Ruisdael, Backhuijsen, de Hooghe, mais toute liste est incomplète. A propos de ces écoles prestigieuses, un critique a écrit qu'« un mariniste connaissait les bateaux comme un constructeur et comme un marin, et, s'il représentait des combats navals, il en avait l'expérience militaire ». La peinture marine produisit les portraits des ports, des flottes, des armateurs et des marins des Provinces-Unies, qui sont de véritables documents historiques.

Un autre courant a donné la réplique au classicisme de la littérature et imprimé un caractère académique aux images de la mer. Celle-ci, lumineuse certes, apparaît en majesté dans un cadre de « fabriques », c'est-à-dire de portiques et de colonnes; mais il faut beaucoup d'imagination pour qualifier antiques les vaisseaux, munis de sabords, desquels l'artiste fait débarquer Ulysse ou Énée, en compagnie de Néréides. C'est un mélange des genres, et la mer ainsi vue n'a qu'un rapport indirect avec la vie. Claude Lorrain aurait pu illustrer les pages du *Télémaque*. Le même critique, lui-même « peintre de la Marine », estime difficile de considérer le Lorrain comme un peintre de la mer.

Le XVIIIe siècle a cultivé l'exactitude du paysage. Venise eut le mérite de produire la *veduta* dont le nom traduit la volonté d'une image visuelle, en quoi Canaletto, Guardi, Zucarelli ont excellé. La formule eut un grand succès en France. Claude-Joseph Vernet, formé à l'exemple vénitien, a fait connaître à ses compatriotes leurs mers et leurs ports. En sa série de *Quinze Ports de France*, il suivit consciencieusement les suggestions dictées au nom de Louis XV lui-même par Marigny, directeur général des Bâtiments. La fidélité du détail permet de suivre, par exemple, la construction d'un vaisseau à Rochefort et l'affairement des hommes sur les quais de Toulon. Ce genre eut un immense succès et contribua à intéresser les Français à leur marine. Les catalogues des Salons, notamment en 1763, en font foi, ainsi que la diffusion des gravures d'Ozanne.

L'académisme n'empêchait pas Vernet d'être attentif aux forces naturelles de l'univers marin, par antithèse avec les havres de paix offerts par ses ports. Il avait subi aussi l'influence d'un contemporain du Lorrain, Salvator Rosa, un Napolitain, célèbre par sa présentation théâtrale des tempêtes et des naufrages. Les Français s'habituèrent donc aussi à une vue élargie des horizons marins.

Vernet eut d'étroites relations en Angleterre, où la vision réaliste de la mer allait atteindre des sommets. La mer commence à être le spectacle auquel le romantisme devait donner son ampleur. Deux noms dominent la fin du XVIIIe siècle et le début du XIXe. D'abord celui de William Turner dont l'œuvre, considérable (principalement à la Tate Gallery, de Londres), se caractérise par une vigueur exceptionnelle des lignes et des nuances. Nul n'a mieux su observer, sentir et exprimer une tempête. Cet homme, qui se fit passer pour marin de profession à la fin de sa vie, éprouvait une sorte d'obsession de l'eau, dont il rendit les contrastes des couleurs, d'ombre et de lumière avec un art consommé de la composition : « prémonitions de l'impressionnisme », a-t-on dit. Sa *Mort de Nelson* (1808) en est un exemple. John Constable, son contemporain, était un paysagiste de la mer ; il la perçoit plus paisible, sur la plage de Brighton et dans la baie de Weymouth, encore que les ciels y soient tourmentés.

De ce côté-ci de la Manche, la saisie de la mer se moulait, elle aussi, sur le romantisme. Ce que les peintres font voir de la mer à leur public français est marqué à la fois par un dramatisme classique et par la violence des gestes et des couleurs ; ce sont des désordres académiques que représente Louis Garneray, disciple de Vernet, ancien des campagnes de Robert Surcouf aux Indes et premier peintre officiel de la Marine française. On en dirait autant d'Eugène Delacroix (*La Barque de Dante*) et de Théodore Géricault (*Le Radeau de la Méduse*).

Une dernière remarque constaterait l'intimité avec l'univers marin que les impressionnistes ont su faire partager à leur public. Toutefois une distinction paraît s'imposer et valoir jusqu'au temps présent. Sans être insensibles à la sauvagerie du vent et de la mer, certains ne les ont vus et sentis que du rivage ; ils présentent en général des ports et des bateaux, mais embarquent rarement. Nommons donc, par exemple, Adam, Braque et Dufy d'un côté, Pissarro, Baboulène, Monet et Buffet de l'autre. Signac, lui, a navigué.

C'est qu'en effet la perception des choses de la mer est encore plus fidèle quand l'artiste se double d'un marin. Citons un disparu qui a contribué à faire connaître la mer : Pierre Fleury, dont la sensibilité interprétait et traduisait avec une infinité de nuances le jeu des forces physiques du vent et des vagues, ainsi que le symbolisme de leur puissance. On comprend ainsi que la France, au XIXe siècle, se soit dotée d'un corps de peintres de la Marine, dont la mission n'est pas seulement esthétique. Ils travaillent en liaison étroite avec les officiers de pont et les hydrographes, ce qui les associe à des tâches proprement scientifiques.

Échos dans l'art musical

La musique, fort naturellement, s'est associée à la symphonie artistique inspirée par la mer. Et cela dès les temps anciens. Des galères athéniennes à leurs lointaines héritières du XVIIIe siècle en Baltique, des chants ont soutenu le rythme de la vogue. Sur les navires à voiles, les chansons de matelots accompagnaient les gestes des gabiers. Les marins emportaient des instruments rustiques pour tromper leurs nostalgies. De même, dès leurs débuts, les paquebots offrirent des concerts à leurs passagers. Enfin, toutes les flottes ont leurs musiques des Équipages, appréciées pour leur qualité artistique autant que comme soutien du moral des troupes. Ce soutien venait aussi de la musique lyrique du théâtre et un exemple célèbre est le final de l'opéra *Alfred*, joué à Londres en 1740 : *Rule, Britannia !* qui a été repris, à travers l'ère victorienne, comme l'expression même de la fierté maritime de l'Angleterre.

L'apport de la mer à la composition symphonique européenne est encore un fruit du romantisme. Comme l'observe M. Brosse, il est curieux que le fond sonore de la mer, au large et davantage encore sur les côtes rocheuses, n'ait pas trouvé davantage d'écho dans les récits de voyage et les journaux de bord. Ils mentionnent laconiquement le sifflement du vent dans les voiles et dans les haubans, les rafales de la pluie ruisselant sur les ponts et dans les coursives, le grincement des chaînes, les craquements des bois et finalement les cris d'effroi quand le navire touche. Les marins sont-ils des visuels plus que des auditifs ? On remarque ainsi que certains poèmes évoquant les voix de la mer avec authenticité sont des œuvres de terriens aveugles.

La sensibilité romantique aiguisée par l'éveil national germanique a trouvé dans les traditions ancestrales des sources enrichissantes d'inspiration, et donné ainsi un exemple à l'Europe. Berlioz fut l'un des premiers à donner, dans la *Grotte de Fingal*, le signal d'une rupture avec la fadeur coutumière. Mais il appartint à Richard Wagner d'exploiter, sur un ton héroïque, la grandeur violente de la mer. Son *Vaisseau fantôme* (1843) emprunte à la légende du Hollandais volant le dénouement tragique d'un naufrage corps et biens. Son *Tristan* exploite le vieux fonds maritime nordique, veine inépuisable ; on la retrouve au milieu du XXe siècle chez le Finlandais Sibelius, qui s'inspire du *Kalevala*, et intitule *Océanides* un poème symphonique.

Le thème de la tempête, repris de génération en génération, se prête aux effets sensoriels les plus variés de l'instrumentation ; on sait le parti qu'en ont tiré au XVIIe siècle Henry Purcell en Angleterre, au XVIIIe siècle Luigi Caruso en Italie, au XIXe siècle Antoine Thomas en France et en Russie Tchaïkovski.

La tradition des thèmes s'est mêlée avec celle des nations. Sibelius en était un exemple. Sir Edward Elgar en est un autre ; ses *Sea Pictures* (1897-1899) empruntent un grand nombre de leurs sujets aux antiquités celtiques de l'Angleterre comme à la vie quotidienne du port de

Londres. C'est un reflet semblable de la réalité britannique qu'après lui Benjamin Britten a présenté en 1951 dans *Billy Budd*, évoquant la Navy du XVIIIe siècle.

La relation entre la musique européenne et l'inspiration maritime ne s'en tenait pas seulement à l'exploitation de vieux thèmes nationaux. La mer a exercé une influence, parfois une fascination, qui lui sont propres, sur les compositeurs musicaux comme sur les peintres. Albert Roussel servit quelques années à la mer après son passage sur le *Borda*. A l'autre bout de l'Europe, un Rimski-Korsakov ne quitta le service actif qu'au terme de dix-sept ans pour devenir inspecteur de la musique des Équipages de la Flotte impériale pendant onze ans. Son talent de l'orchestration construit des « tableaux symphoniques mouvants » où certains reconnaissent une sensibilité aux mouvements incessants de la mer. Éditeur des œuvres de Moussorgski, on lui doit la publication de *La Mouette*, indice de mutations harmoniques.

Pour en finir, la puissance de la symphonie contemporaine traduit la personnalité de la mer avec les volutes de ses vagues, le déferlement de la marée, la colère des tempêtes accompagnées du souffle violent du vent. Les compositeurs trouvent là un champ inépuisable d'expression. Maurice Ravel, par exemple, avec *Une barque sur l'Océan*, avait su davantage interpréter des sensations vives qu'évoquer des sentiments et susciter des émotions. Claude Debussy, de son côté, bénéficia d'abord d'un contact avec la mer, à Cannes, avant de séjourner en Russie chez la protectrice de Tchaïkovski. Ce voyage lui fit connaître Moussorgski, dont l'influence fut très vive sur lui. Le caractère très personnel de son évolution explique qu'au risque d'un scandale initial, ses trois esquisses symphoniques, composées à Dieppe (1903) sous le titre de *La Mer*, évoquent, comme un éclat de lumière, le mouvement toujours recommencé du flux et du reflux ; audacieusement pour son temps, il rappelle avec une variété déroutante de tons la présence fugace de l'Océan. C'est la mer en soi, et pour elle-même.

Les sciences de la mer

La présence et la domination européennes sur les mers du monde sont associées à un progrès scientifique et technique continu.

Sans négliger l'apport de la Chine aux techniques de la navigation maritime, celui de l'Europe a été servi par l'esprit inventif, le sens de l'initiative, des moyens et des ressources de grande ampleur. Il ne peut être question ici de dépasser un aperçu rapide des problèmes posés et des solutions adoptées. Il n'est pas non plus nécessaire d'exposer les origines et les détails du développement ; il convient, au plan européen, de considérer les étapes principales. Les stimulants sont venus de la conjoncture, mais la source fut la curiosité, l'imagination, la réflexion et la recherche ; les conditions sociales ont joué un rôle non moins grand que les circonstances économiques et politiques.

Les phases correspondent aux étapes marquantes de la civilisation européenne, les XIIe, XVIe et XVIIIe siècles, quand se posèrent les grands problèmes de la navigation maritime. Si la recherche fut foisonnante, l'évolution n'a pas progressé à une allure constante vers plus de capacité, de vitesse et de sécurité. Cependant, l'apparition du trois-mâts et d'une voilure fractionnée, aux XVe et XVIe siècles, a jeté les bases de perfectionnements ultérieurement portés à leur maximum au milieu du XIXe siècle. La navigation dans les eaux européennes ne posait pas les gros problèmes de carénage apparus plus tard dans les eaux tropicales et équatoriales. Une solution fut, dans la deuxième moitié du XVIIIe siècle, le doublage des coques avec des plaques de cuivre, en Angleterre et en France, puis, au XIXe, la construction en fer puis en acier. Chemin faisant, quelques grandes nouveautés marquèrent la construction navale. Les travaux de Fred. C. Lane ont mis en relief les conceptions médiévales du génie vénitien, mais de véritables plans de navires n'apparaissent couramment qu'au XVIIIe siècle. Maintenant, l'ordinateur, en traitant les données numériques puisées dans les textes, peut restituer les lignes et le profil des bâtiments. Le XVIe siècle avait produit des traités techniques, mais c'est au XVIIIe qu'en Angleterre et en France, surtout, une formation scientifique permit aux constructeurs de visualiser leurs conceptions sur des plans, de calculer les caractéristiques des navires et de diversifier les types de vaisseaux et frégates. Le rôle des Écoles (à Paris, celle des Travaux publics devenue École du génie maritime en 1765) et des Académies (Académie de marine à Brest en 1752) contribua à développer comme une science l'art de construire les navires. On est loin, alors, des tâtonnements réalisés localement dès le XVIe siècle (par exemple à Dieppe et au Havre) et prônés au XVIIe siècle par quelques auteurs dont le père Fournier. L'*Encyclopédie*, aux préoccupations maritimes de laquelle un colloque a été consacré en 1984 à Brest, ne pouvait pas négliger un secteur aussi important des connaissances humaines. Elle fit appel à presque tous les spécialistes maritimes du temps, notamment à des membres de l'Académie de marine. Citons, en France, Sébastien Bigot de Morogues, Aymar de Roquefeuil, Henri Duhamel du Monceau, Pierre Bouguer, Honoré Vial du Clairbois, Philippe Buache, Jacques Bellin. Du côté anglais, une sorte de réplique fut donnée à l'initiative de Diderot par l'*Encyclopédie méthodique*, parue en 1786.

Les modèles qu'il fallait construire, l'Europe allait les

donner pendant plus d'un siècle, avant que de nouveaux États (États-Unis, Japon) ne présentent les leurs. Gros navires de combat ou unités légères, grands bâtiments de commerce ou cargos moyens et petits. C'est en Europe que devait naître la « Jeune École » au terme du XIXe siècle. En Europe furent conçus et construits les prototypes des sous-marins. Ces progrès furent réalisés dans la compétition, voire la concurrence, avec la conscience, sans doute, de la communauté de l'acquis scientifique, mais non avec celle d'une coopération.

Marine et science cheminaient la main dans la main en tous les domaines, et de façon très remarquable dans l'art nautique. Malgré les progrès réalisés à l'époque des Grandes Découvertes, l'impossibilité de déterminer la longitude, pour le point à la mer, persistait. Une émulation s'établit entre le *Board of Longitudes* de Londres, stimulé par l'attrait d'un prix de 20 000 livres sterling fondé par la reine Anne, et le Bureau français des Longitudes, en germe dans l'Académie des sciences, fondatrice aussi d'un prix. L'événement fut l'invention d'une montre garde-temps substituée au calcul des distances entre la Lune et des astres fixes. Le perfectionnement des tables lunaires fit l'objet des calculs de Français (Borda, Romme, Delambre, La Caille) et d'Anglais (Maskeline, auteur du *Nautical Almanach*). Quant à l'invention d'un chronomètre de marine, le mérite en revint à l'Anglais John Harrison et aux Français Pierre Le Roy et Ferdinand Berthoud, dont les découvertes furent expérimentées à la mer en 1761-1764, et en 1768. La navigation devint une « science exacte » quand les marines des deux royaumes furent dotées de ces chronomètres et l'on peut dater de cette innovation la fin du Moyen Age au point de vue nautique.

Les fruits scientifiques de telles inventions bénéficièrent d'abord à l'hydrographie et à la cartographie. L'une et l'autre eurent en France la faveur du roi,

Louis XVI, à qui Buache les avait enseignées. Le « Dépôt général des cartes et plans, journaux et mémoires concernant la navigation » fut créé en France en 1720, soixante-quinze ans avant la fondation d'un service analogue en Angleterre. Louis XVI eut le mérite d'y faire entrer un cousin de Buache, Beautemps-Beaupré, qui renouvela les méthodes de l'hydrographie au moment où l'on avait besoin de relevés exacts, notamment en Baltique et en mer du Nord, et à plus forte raison pour les grands voyages d'exploration.

Avant de partager avec les États-Unis d'Amérique la primauté dans les techniques de la navigation, l'Europe conserva au XIXe siècle la priorité d'inventions capitales, qui maintinrent longtemps entre ses mains, particulièrement en Angleterre, la première place parmi les nations maritimes. La propulsion à vapeur avait fait en France et en Angleterre l'objet d'expériences (Denis Papin 1690, Jonathan Hulls 1736 et surtout Jouffroy d'Abbans 1783) qui préludèrent à celle de l'Américain Fulton. Au milieu du siècle, l'adoption de l'hélice et celle de la construction métallique dans les chantiers français, anglais et suédois donnèrent naissance aux premiers grands navires modernes, capables de relier l'Europe à l'Amérique avec une vitesse accrue (le *Napoléon,* construit au Havre, 1841, 11 nœuds), de grandes dimensions (*The Great Eastern,* 1843, long de 210 mètres), de forte puissance de feu (la *Gloire,* 1859, le premier cuirassé).

L'hygiène et la santé à bord des navires furent un troisième aspect majeur de la recherche scientifique européenne. L'intérêt du siècle des Lumières pour les sciences de la nature y a contribué, mais plus encore les très graves épidémies à bord des navires et dans les ports. La peste marseillaise (1720) n'était pas une nouveauté, et ce n'était pas une découverte que de constater les conditions désastreuses de l'hygiène sur les vaisseaux. Le typhus ravagea les flottes du duc d'Anville et d'Emmanuel Dubois de La Motte en 1746 et 1757-1758 au point d'empêcher leurs missions au Canada. Alors, l'Académie de marine et la jeune École de médecine de Brest se préoccupèrent de deux problèmes graves. Pour l'eau de boisson, médecins et chirurgiens navigants proposèrent, sans grands résultats, différents modes de traitement de l'eau douce embarquée, dont un procédé danois consistant au filtrage sur du sable et du gravier. Un procédé de distillation de l'eau de mer fut l'emploi du cucurbite, en particulier pour les très grands voyages, tel celui de Bougainville. La meilleure solution resta, faute de mieux, le choix d'une eau saine et sa bonne conservation à bord.

Plus graves étaient les pertes humaines dues aux épidémies, particulièrement pendant la guerre de Sept Ans. La *Royal Navy*, en vingt ans, perdit par maladie 80 000 hommes, un peu plus d'un dixième de ses effectifs. La santé coûta à la France plusieurs escadres et lui fit perdre le Canada. Avec le typhus, le scorbut fut la plaie de tous les gens de mer. On en connaissait les symptômes depuis des siècles : Joinville les a décrits dans la flotte de Saint Louis en Égypte ; les récits de voyage des Découvertes en font état parmi les compagnons de Vasco de Gama, des frères Parmentier de Dieppe et de Jacques Cartier. Sans pouvoir, avant la fin du XIXe siècle, attribuer le scorbut à une carence en vitamines, on en tentait la prévention et la guérison par des palliatifs. L'hécatombe provoquée par le scorbut sur les sept navires d'Anson entre 1740 et 1744 stimula les efforts en Angleterre et en France.

Sur la thérapeutique, on tâtonnait. Un médecin écossais de la *Navy*, James Lind, ayant réussi (1747) à sauver des scorbutiques à l'aide du citron, celui-ci allait, non sans mal, devenir la panacée. Paradoxalement, l'attitude de Cook lui-même et de la *Royal Society* encourageant l'usage du malt et de la choucroute, avec le vinaigre et le vitriol, a freiné la consommation du *lemon juice*, qui ne devint obligatoire dans la *Navy* qu'en 1795, mêlé à 10 % de brandy pour surmonter les répugnances des matelots. Au contraire, la Marine royale française continuait à employer le vinaigre et le chou. C'est ainsi que le citron de Sicile, dont la *Navy* consomma des milliers de tonnes, fut le vainqueur réel de Trafalgar sur des équipages franco-espagnols décimés par le scorbut. Après tant d'atermoiements, le scorbut ne disparut qu'à la faveur de l'abrègement des longs parcours en mer, de l'embarquement de stocks de pommes de terre et surtout grâce aux techniques du froid. Une autre conquête scientifique devait par la suite résoudre le problème médical, sérieux sur les navires, posé par l'emploi de plomb pour les canalisations du bord. Le saturnisme provoqua de graves intoxications sur les flottes occidentales alliées pendant la guerre de Crimée. Il fallut des recherches pour en déceler et éliminer l'origine par la modification des installations.

Pour l'heure, l'Europe, restée attentive aux progrès techniques et scientifiques de la construction navale en particulier (le *dreadnought*, les premiers sous-marins), des télécommunications et de la médecine navale, dut partager l'initiative avec les États-Unis et bientôt le Japon. L'Europe avait donné un exemple, sans conserver le privilège des applications.

Mer et vie sociale : les modes

La promotion de la mer dans la vie sociale européenne est récente. Jusqu'au XIXe siècle, en dehors des ports, beaucoup de côtes étaient presque vides et en certaines régions elles le sont restées jusqu'à notre époque.

Ce n'est pas, sans doute, qu'on ignorât la mer, mais l'attention était fugitive et se bornait parfois à de simples ébats aquatiques, jeux et fêtes de terriens sur l'eau.

Dans la deuxième partie du XVe siècle, c'était un des rituels de la cour d'Anjou : le roi René se promenait en mer avec sa cour et Charles du Maine entretenait un bateau pour ses menus plaisirs. La mer était utilisée pour les déplacements des princes surtout : bien entendu entre les îles Britanniques et le continent, mais aussi entre la péninsule Ibérique, la Bretagne et les Pays-Bas ; la fille du roi de Navarre, par exemple, arriva sur un « bateau tout doré » à Saillé près de Guérande pour son mariage avec le duc Jean IV de Bretagne. Également somptueux était le bâtiment monté par le doge de Venise lors des « épousailles de la mer ».

La Renaissance développa ce rôle social. Quand François Ier vint à Lyon en 1515, un cortège le mena sur les bords de la Saône pour un spectacle nautique où figurait « un grand navire en sorte d'un navire de mer ». Deux ans plus tard, à Marseille, une naumachie assortie d'une bataille d'oranges précéda la revue, par le roi, des arsenaux et de la flotte des galères. Quand le roi revint à Marseille en 1533 pour rencontrer le pape Clément VII, ce fut l'occasion de nouvelles fêtes nautiques. Mais en quelle mesure faut-il voir en ce décor naval du cérémonial plus que des manifestations symboliques de prestige ? En 1518, lors des fiançailles du jeune dauphin François avec Marie, fille d'Henry VIII, un spectacle organisé par deux Italiens, un Visconti et un Rincio, fut donné sous une tenture bleue figurant la voûte céleste ; l'emblème royal de la salamandre tenait la place de la Grande Ourse guidant le roi, pilote du royaume. La mère du roi, Louise de Savoie, avait choisi pour emblème une ancre de navire.

Dans les mystères, dans la *commedia dell'arte* comme dans les pièces classiques du XVIIe siècle, les sujets maritimes comportaient une mise en scène correspondante, et les livrets des metteurs en scène étaient conformes au langage professionnel des marins. Ensuite, on connaît les fêtes nautiques de Versailles sur le bassin de Neptune et le Grand Canal, avec les *Plaisirs de l'île enchantée.*

Le XVIIIe siècle suivit l'exemple et la mer fut à la mode. Il fut de bon ton de s'intéresser aux récits de voyages maritimes et d'avoir chez soi un « cabinet », c'est-à-dire une collection de cailloux, d'animaux empaillés rapportés des voyages lointains, et d'enrichir son herbier de plantes exotiques. L'*Encyclopédie,* avec les planches précises jointes à des articles dus à des compétences alors indiscutées, initiait les milieux « éclairés » à des disciplines, des pratiques, des usages, des métiers de la mer qu'ils ignoraient souvent. Les sociétés savantes à caractère maritime recrutaient leurs adhérents parmi les négociants de Rouen, Nantes, Bordeaux et Marseille, Lisbonne, Séville, Amsterdam et Londres. Volontiers on allait visiter les ports, tel Bernardin de Saint-Pierre à Lorient. A défaut d'une excursion, on fréquentait le Salon que commentait Diderot et, dans la deuxième moitié du XVIIIe siècle et le début du XIXe, il n'était pas d'hôtel aristocratique ou bourgeois qui, on l'a vu, ne possédât de gravures d'Ozanne.

De grands personnages firent des voyages sur les côtes. Louis XV visita Le Havre et Louis XVI y passa au retour de son voyage à Cherbourg. Brest reçut, outre le comte d'Artois (futur Charles X), l'empereur Joseph II et l'héritier de la Grande Catherine. La guerre d'Amérique contribua à l'engouement de la société française pour la marine et la mode lança la vogue de l'étrange coiffure qui, sous Louis XVI, fit d'une réplique d'un vaisseau le sommet d'un échafaudage capillaire, dit « à la Belle Poule » ou « à la Frégate ». L'épisode devenu légendaire fut l'expression d'une mode passagère. « J'ai trois chapeaux, disait une jeune élégante, et je les baptise, comme dans la marine les navires de guerre, le *Court-toujours*, le *Va-t-en-Ville* et le *Glorieux.* »

La Révolution et les guerres suspendirent un moment la mode de la mer. Elle devait reprendre de plus belle en France sous la Restauration, à l'exemple de l'Angleterre. La plage de Brighton avait la vogue en 1781. Dieppe lui fit vis-à-vis, car la duchesse du Berry allait y lancer, même pour les dames de la « bonne société », l'usage, d'ailleurs discret, des bains de mer. Cette station devait ensuite bénéficier du voisinage des princes d'Orléans, à Eu. Une vingtaine d'années plus tard, l'impératrice Eugénie inaugurait la saison automnale de Biarritz, sur la côte basque, aux portes de son pays d'origine. De son côté, la *gentry* britannique fréquentait les plages méridionales de l'Angleterre. Ce phénomène social est européen. La mer apparaît comme une découverte. Chateaubriand s'était baigné en pleine mer. Roscoff attirait ceux qui comptaient à Paris dans les milieux mondains et littéraires. Heinrich Heine se baigna à Norderney. Curieusement, la mode n'atteignit que lentement la Méditerranée et les rives de l'Adriatique. Flaubert aimait la « grande bleue » ; avant lui, Lord Byron s'offrit en 1810, dit-on, le plaisir de franchir les Dardanelles à la nage. Michelet apprécia la douceur de l'hiver à Hyères en 1858 ; mais, s'il trouvait belle la mer Intérieure, il la jugeait « âpre ». La « Côte d'Azur » devint à la mode vers la fin du siècle avec un afflux de Britanniques. Pour eux, la Manche jouait un rôle de « vide sanitaire » exemptant leurs îles des influences continentales ; mais ils n'oubliaient pas pour autant qu'elle est un lien, que l'anglomanie, à la Belle Époque, illustra en inventant le « franglais », signe d'une civilisation de la Manche.

Des peintres ont fixé sur la toile les hauts lieux marins de la mondanité européenne ; les photographies, inventées par Daguerre et répandues par les premières cartes postales, initièrent le grand public aux joies de la plage et du yachting. Celui-ci fut désigné internationalement par son nom néerlandais en raison de l'origine de son essor. Les premières bordées avaient commencé au XVIIIe siècle, même en 1718 en Russie ; la mode gagna l'Angleterre, où le nom de Cowes rappelle les premières régates d'Europe (1775), suivies de celles, non moins célèbres, de Tor Bay. L'Angleterre victorienne vit dans le sport marin le symbole de sa vocation impériale.

Deux expressions le formulent de façon significative. L'une définit le métier même de marin : suivre la mer (*to follow the sea*) ; l'autre traduit l'intimité du marin et de son navire, deux compagnons inséparables (*The ship and I are two brave fellows*). L'exemple anglais suscitait dès le milieu du XIXe siècle une émulation qui gagna toute l'Europe. Les auteurs, se faisant involontairement publicistes, répandaient l'opinion que la traversée en mer est une initiation. Flaubert consacrait une partie de ses droits d'auteur à la navigation de plaisance, et Maupassant acquit de la même façon le *Bel-Ami*. Quant à Jules Verne, la construction de ses trois *Saint-Michel* atteste qu'il joignait, avec passion, le geste à l'écrit.

De mondaine à sportive, la rivalité passa sur un plan national et politique aux environs de 1900. Cela fut éclatant lors des régates de Kiel en 1912, où le yacht *Grille*, orgueil du Kaiser Guillaume II, prétendait concurrencer le *Victoria and Albert* armé par son cousin Édouard VII.

Depuis lors et surtout depuis la Seconde Guerre mondiale, les Européens font preuve d'une extraordinaire émulation maritime dans leur transhumance estivale, facilitée au moins en France, Belgique et Allemagne par des législations sociales sur les congés, mais aussi par une poussée non moins importante du marché de tous les engins flottants. Sans doute, dans les grandes stations touristiques, beaucoup de confortables bateaux ne naviguent guère et servent de résidences de vacances à leurs riches propriétaires. S'ils embarquent, ils composent la clientèle des croisières organisées sur des paquebots luxueux ; et pourtant le tourisme marin cherche à atteindre le grand public. A défaut d'y avoir accès, ce dernier porte un intérêt croissant aux compétitions et aux performances nautiques, dont l'Europe continue à partager l'initiative. Un gage d'avenir est le goût de la jeunesse pour la mer ; bien qu'elle ne soit pas une navigation, la planche à voile peut constituer une accoutumance, sinon une initiation, à la mer, à ses risques et à ses joies. Il y a une Europe maritime du loisir et du sport. Cependant, la mer ne devrait pas être considérée seulement comme un espace ludique ou une occasion de profit. Les événements se chargent toujours de rappeler à l'Europe que la mer, ou plutôt les mers, toutes solidaires à travers le monde, ont pour son avenir une importance infiniment plus grande.

CONCLUSION

Et maintenant ?

Au terme d'un parcours rapide à travers le passé, Érasme formule encore, pour nous, une question ultime. « Oh, malheur ! s'écria-t-il, le seul nom de leur pays sépare les peuples. Et pourquoi tant de choses communes ne les réconcilient-elles pas ? »

De ces choses communes aux Européens, la mer est, certainement, une des plus constantes et des plus fécondes. L'histoire lui reconnaît la double mission d'union et de séparation que la géographie lui a assignée, mais les peuples donnent la priorité à l'une ou à l'autre, selon leurs intérêts, sans déterminisme. L'expérience historique offre une approche des chances, et des obstacles, présentés par la mer à ceux qui veulent « faire l'Europe ». La mer, c'est-à-dire la Méditerranée et surtout l'Océan, sont d'utiles observatoires : avec Edgar Morin on peut écrire qu'« il est difficile de percevoir l'Europe depuis l'Europe et même d'un point particulier de l'Europe ». Le recul est nécessaire ! La mer le permet.

L'apport positif de l'histoire : la mer, un héritage commun...

Dans la construction historique de l'Europe, la mer est apparue comme un facteur décisif. Elle y a travaillé par à-coups, mais avec persévérance, localement ou sur un plan plus vaste, et pendant des siècles. Jadis, Thémistocle avait, le premier, osé dire à ses concitoyens qu'« il fallait s'attacher à la mer » (Thucydide, I, 93-94), et la mer avait fait la thalassocratie athénienne. Ensuite, débarrassée des pirates par Pompée, la mer avait offert à Rome un empire. Plus tard, elle a contenu les invasions « barbares ». Déferlant depuis l'Orient, la mer a véhiculé la foi chrétienne destinée à donner à l'Europe son premier visage unitaire, la *christianitas* : la mer dont l'apôtre Paul a dû surmonter les colères pour apporter son message. Et c'est encore la mer qui a mené jusqu'aux extrémités irlandaises l'influence des moines orientaux du Désert. La mer constitua la base des royaumes danois et norvégien, et le chemin des Normands qui, contournant l'Europe par l'Océan, fondèrent l'État sicilien et furent l'avant-garde des croisades. A leurs frères restés au pays, la mer a servi de trait d'union entre la Normandie et l'Angleterre, puis de centre de gravité de la monarchie Plantagenêt entre les îles Britanniques et l'Aquitaine. Le destin de l'Angleterre, alors, a été fixé par la mer, car, refoulée du continent à la fin de la guerre de Cent Ans, elle trouva en sa position insulaire la base d'une puissance maritime sans égale à l'époque moderne.

La configuration politique de l'Europe résulta en grande partie de la prédominance méditerranéenne. Sans la mer, Venise, Gênes n'eussent pas été elles-mêmes, ni la couronne d'Aragon qui, aux XIVe et XVe siècles, fit de la Méditerranée occidentale un lac catalan. Sans la mer, le Portugal n'eût pas été, dès les XVe et XVIe siècles, la figure de proue de l'Europe à la découverte des mondes atlantique et indien.

Au plan politique, l'image de l'Europe a dépendu de la conjonction de ses deux versants maritimes. Ainsi la monarchie de Charles Quint parvint à dominer simultanément l'aire hanséatique, les Flandres, les côtes espagnoles et italiennes. De même, à la suite d'un début timide à partir du XIIIe siècle, le royaume de France élargit sous Louis XIV ses deux façades maritimes, au Ponant et au Levant, de Dunkerque à Bayonne et de Port-Vendres à Toulon. Au-delà des disputes continentales, le contrôle de la mer constituait l'enjeu des rivalités. La mainmise anglaise sur Gibraltar et, plus tard, Trafalgar ont posé les conditions de la prépondérance britannique sur les routes maritimes européennes. Du *sea power* dépendent les autres possibilités. Napoléon lui-même fit à Las Cases cet aveu : « J'ai jeté le manche après la cognée lors du désastre de Trafalgar ; je ne pouvais pas être partout » ; sans doute pensait-il de Villeneuve ce qu'en Égypte il reprochait, injustement, aux marins, qui, selon lui, « ne comprennent rien de ce qui est grand ». En tout cas, l'opinion imméritée de Napoléon à l'égard des marins et son découragement après Trafalgar confirment l'importance du rôle de la mer dans le destin des États.

En effet, l'analyse dont nous avons tenté l'esquisse a noté quelques données positives, de deux types. D'abord, des similitudes à travers les pays maritimes européens. A un niveau plus élevé, les Européens ont peu à peu pris conscience de ce qui leur est commun, malgré des clivages, des concurrences et des conflits.

Exemples de similitudes : la condition des sauniers méditerranéens et celle des paludiers atlantiques soutiennent la comparaison, bien que l'avenir des uns et des autres ait différé. Le sort des pêcheurs, plus différencié, comporte des analogies, entre les groupes, les types et les zones de pêche, ainsi qu'en fonction des pays et de leurs lois et coutumes. Les problèmes de la pêche lointaine comportent beaucoup de données communes à la Norvège et au Portugal par exemple ; en revanche la pêche hauturière, comme autrefois au Moyen Age, en des conditions différentes, il est vrai, connaît des conflits

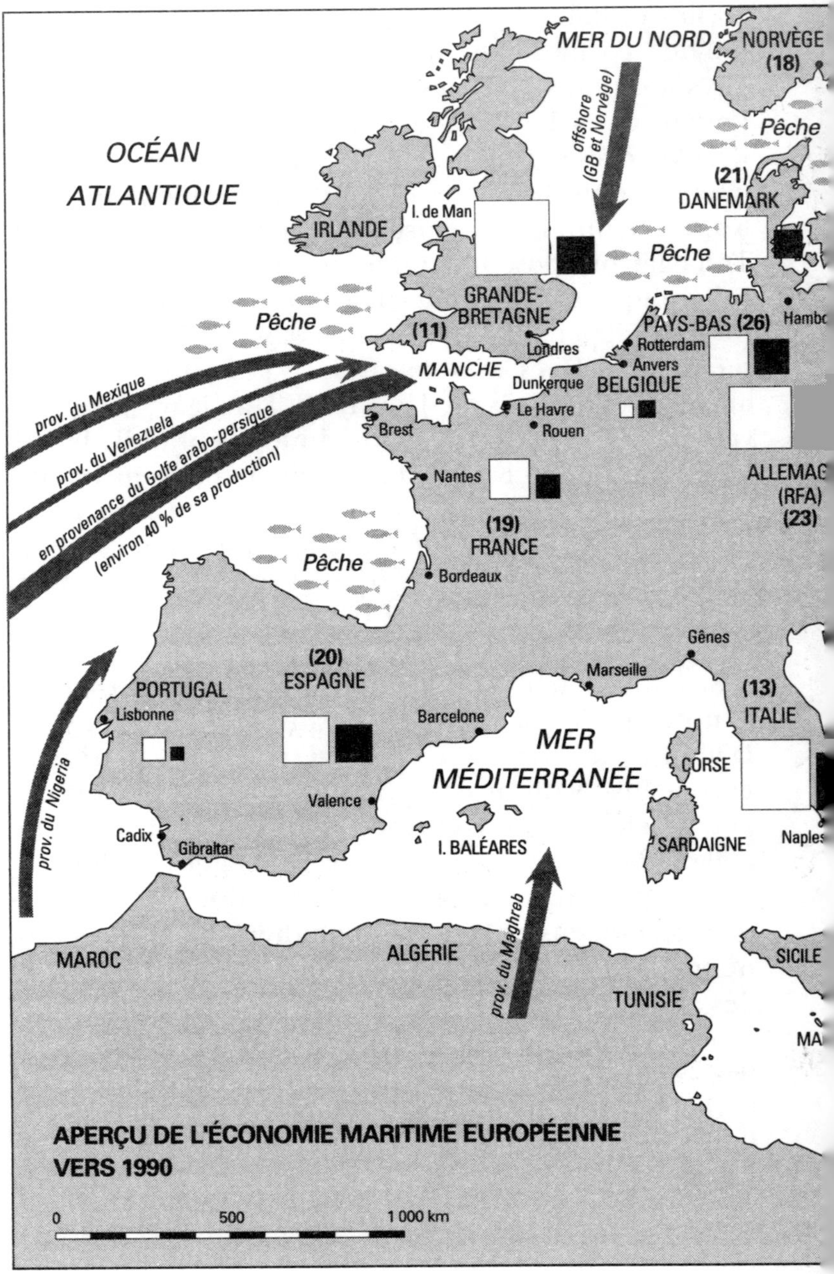
MER DU NORD
NORVÈGE
(18)
OCÉAN
ATLANTIQUE
offshore
(GB et Norvège)
Pêche
(21)
DANEMARK
I. de Man
IRLANDE
Pêche
GRANDE-
BRETAGNE
(11)
Pêche
PAYS-BAS (26)
Rotterdam
Anvers
Londres
MANCHE
Dunkerque
BELGIQUE
Le Havre
Rouen
Brest
prov. du Mexique
prov. du Venezuela
en provenance du Golfe arabo-persique
(environ 40 % de sa production)
Nantes
(19)
FRANCE
ALLEMAG
(RFA)
(23)
Pêche
Bordeaux
Gênes
Marseille
(20)
ESPAGNE
PORTUGAL
Lisbonne
Barcelone
(13)
ITALIE
MER
MÉDITERRANÉE
CORSE
Valence
prov. du Nigeria
Cadix
Gibraltar
I. BALÉARES
SARDAIGNE
Naples
MAROC
ALGÉRIE
prov. du Maghreb
SICILE
TUNISIE
APERÇU DE L'ÉCONOMIE MARITIME EUROPÉENNE
VERS 1990
0
500
1 000 km

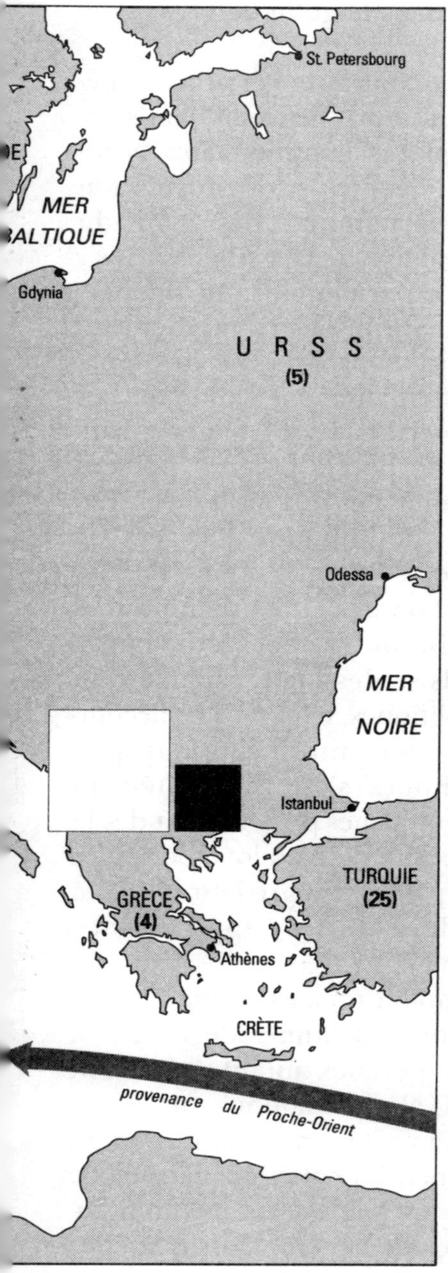

Provenances des produits pétroliers

Pêche

Trafic marchandises
(nombre de navires jaugeant 100 tjb et plus par pays de la CEE)

Pour l'ensemble de la CEE
(en unités)

1977 1987

Réf. : La Mer, *ENA, Paris, t. II, p. 223.*

Les chiffres entre parenthèses, placés auprès des noms de pays, indiquent le rang parmi les 26 premières flottes mondiales (navires de 300 tjb) en 1987.
Réf. : La Mer, *ENA, Paris, t. II, p. 224.*

entre Français et Espagnols dans le golfe de Gascogne. L'héritage date de loin.

D'autres secteurs firent, au contraire, certaines expériences de coopération. La présence des marchands italiens et ibériques sur les places commerciales européennes eut une influence décisive sur la formation d'un milieu commercial international, dès la fin du Moyen Age ; Français, Hollandais, Anglais, Allemands s'y sont joints. Les pratiques de l'armement, du financement et des assurances ont connu dès ce moment un début d'unification, l'adoption progressive des techniques italiennes par les Allemands par exemple. Les correspondances entre négociants, les règlements bancaires de place à place et de port à port en portent témoignage. Des alliances familiales se sont nouées. On cousinait de Séville à Gênes, de Lisbonne à Anvers, de Bilbao et Burgos à Nantes et à Rouen, comme de Florence, Gênes et Livourne à Londres et Southampton et de Londres à Hambourg, Brême, Lübeck et Gdansk. Une Europe des marchands se dessinait, capable non pas de faire fi des conflits politiques, mais de s'en accommoder et d'y survivre. L'entente entre négociants par-dessus les frontières maritimes s'est répercutée au niveau de l'armement. Les équipages présentaient dès le XVIe siècle un éventail composite de matelots d'origines et de langues différentes, capables, malgré leur diversité et parfois leur animosité, de sentir leur appartenance commune au monde de la mer.

Il ne paraît donc pas étonnant qu'au fur et à mesure de la fréquence des relations maritimes de l'Europe les ressemblances aient été perçues autant qu'étaient éprouvées les oppositions. Celles-ci s'atténuaient, le cas échéant, en face du troisième larron, le continental, étranger aux choses de la mer. La cohésion dans la vie maritime est naturelle chez les Anglais, car aucun n'habite à plus de 150 kilomètres de la côte, alors que chez les Allemands, ou même les Français, il en est qui, encore en notre temps, n'ont jamais vu la mer.

En revanche, l'expansion outre-mer a stimulé l'éveil d'une conscience européenne. Au XIXe siècle comme au XVIe et au XVIIe siècle, les Européens ont projeté sur les mondes nouveaux une image de leur patrie d'origine, mais en même temps ils y ont transposé leurs rivalités. Certes, ce ne fut pas un témoignage de cohésion, encore moins de coopération, mais ne peut-on pas y trouver, *a contrario*, la preuve de l'appartenance originelle à un même monde ? En prenant outre-mer leurs distances par rapport à leurs patries respectives, les Européens ont eu l'occasion de découvrir ce qui leur est commun autant que de ressentir ce qui les oppose.

mais un héritage contesté ou méconnu...

L'héritage dont il s'agit est un héritage contesté, parce que estimé à une grande valeur par tous les ayants droit, à commencer par le plus préparé à dominer la mer : l'Angleterre. Son ambition, à partir de l'époque élisabéthaine, suscitait l'envie de ses rivaux ; Philippe II, dans son testament, conseillait à son successeur d'avoir « toujours les yeux et les pensées tournés vers les îles et mers britanniques ». Mais Richelieu a particulièrement bien compris et exprimé le problème dans son *Testament politique* :

> La mer (*a-t-il écrit*) est celui des héritages sur lequel tous les souverains prétendent avoir le plus de part, et cependant c'est celui sur lequel les droits d'un chacun sont moins éclaircis. L'empire de cet élément ne fut jamais bien assuré à personne (...) Il faut être puissant pour prétendre à cet héritage.

Or, explique-t-il dans un « Avis au Roi » (Louis XIII), « la première chose à faire était de se rendre puissant par mer, qui donne entrée à tous les États du monde ».

Les contestations autour de l'héritage ne sont plus à décrire. Sans nul doute leur racine est dans l'opposition des intérêts, mais, vues de la mer, les oppositions relèvent aussi d'attitudes fondées sur des conceptions différentes. Cela est perceptible dans les comportements concurrentiels et hostiles passés mais aussi dans les affrontements verbaux et diplomatiques contemporains sur l'organisation de l'Europe. Jacques Pirenne écrit qu'à travers l'histoire les pays maritimes se montrent individualistes et libéraux, tandis que les pays continentaux, sociaux et autoritaires, ont le goût d'organisations hiérarchiques. En ce cas, les discussions sur le thème de l'Europe traduisent de profonds clivages, dont la mer serait en partie responsable. Ce n'est pas nouveau. Dans la littérature politique anglaise de la fin du Moyen Age, l'Europe est presque absente ; pourtant des voyageurs franchissaient la Manche ; puis, de plus en plus à partir du XVIe siècle, l'Europe, tributaire du négoce anglais, paraissait être un autre monde. Ce courant, venu de loin, s'est manifesté avec ampleur par la constitution de la zone de libre-échange, il y a une quarantaine d'années. Sous des réticences à l'égard de la Communauté, percent un individualisme profond et surtout l'attachement britannique aux pays du *Commonwealth*, eux-mêmes inquiets de la concurrence agricole du continent européen. Jean Monnet, dans ses *Mémoires*, rapporte des « conversations très tendues » à propos du plan Schuman, et l'on s'explique la caricature représentant deux vieilles dames anglaises au bord de la Manche, observant l'horizon avec des lorgnettes. L'une d'elles disait : « Par temps clair, on aperçoit le marché commun. » Ces respectables *ladies* exprimaient leur inquiétude sur des questions à leurs yeux essentielles. Inversement, Jean Monnet, à l'occasion d'une conférence de presse du général de Gaulle en janvier 1963, se déclarait choqué par l'éventuel échec des négociations sur des problèmes « en fin de compte secondaires par rapport à l'objectif de l'union de l'Europe ». La différence d'appréciation était grave. Secondaire peut-être pour des continentaux, la question du commerce maritime ne pouvait pas l'être pour les Anglais. La mer pèse donc lourdement dans l'héritage de l'histoire et il est indispensable d'en tenir compte. Est-ce un hasard si *La Guerre du Péloponnèse* de Thucydide est proposée aux méditations de futurs états-majors navals, au même titre que les raisonnements scientifiques les plus modernes, en plein XXe siècle ? Mais cela se fait outre-Atlantique, au *Naval War College* des États-Unis ! Alors, qu'en pense-t-on sur le « Vieux » continent ?

De fait, une somme de méconnaissances et d'incompréhensions des problèmes de la mer risquerait de freiner l'union de l'Europe. Curieusement, Jean Monnet, dans ses *Mémoires*, est fort peu bavard sur les problèmes maritimes ; peut-être un dépouillement systématique de son abondante correspondance conservée à la Fondation qui porte son nom, à Lausanne, romprait-il ce silence. Car il est impensable qu'il n'ait pas mesuré l'importance de la mer pour l'Europe, lui qui, œuvrant en 1917-1918 pour l'organisation de l'aide américaine, écrivait alors : « Le nerf de la guerre, c'est désormais le tonnage. » Il est vrai que le traité de Rome, s'il a organisé un marché commun, n'a pas prévu des eaux communes. Cette lacune résulte peut-être, au moins partiellement, d'habitudes mentales ataviques. Bien peu d'auteurs de l'abondante littérature contemporaine relative à l'Europe ont une pensée et une ligne pour la mer. Rares sont aussi les colloques, pourtant nombreux, relatifs à l'Europe qui font un peu de place à la mer.

Signalons, du moins en France, la triple initiative de l'École nationale d'administration (ENA), de l'Institut français de recherche pour l'exploitation de la mer (IFREMER) et de la Société navale française de formation et de conseil (NAVFCO) aboutissant, en 1987, à la publication d'un ouvrage, *La Mer. Hommes. Richesses. Enjeux*, fruit de séminaires et de consultations scientifiquement fondées.

et menacé

L'ouvrage dont il vient d'être question contient de mélancoliques réflexions : « Les institutions européennes ne se sont intéressées au transport qu'à partir de 1974, bien que ce fût dans la logique du traité de Rome. » « L'Europe maritime, y lit-on encore, constitue actuellement [1987] plus une zone de libre-échange qu'un véritable marché commun. »

Le déclin maritime de l'Occident s'est inscrit dans les statistiques. Entre 1977 et 1987, les immatriculations de navires de la CEE sont passées de 30 % à 17 % du tonnage mondial. La fin des grands empires coloniaux avait suscité l'apparition des pavillons d'États ayant accédé à l'indépendance et qui préféraient la solitude à l'entente avec d'autres marines. La Grande-Bretagne contrôlait naguère 22 % du tonnage mondial ; elle est descendue à 2 %; en même temps les États-Unis ont régressé de 33 % à 5 %. Ces constatations laissent entrevoir la nature et l'origine de la concurrence. Le plus grave est que, pour les concurrents, le trafic maritime est un outil plus qu'une raison de vivre ; cela traduit un fléchissement, en soi, de la vie maritime. En face des concurrences, l'Europe, en général, ne parvient pas à renouveler ses flottes, pour diverses raisons dont l'économique, c'est-à-dire le prix de revient, n'est pas la moindre.

Au sein de la Communauté économique européenne, de 1977 à 1987, la régression du nombre des navires marchands a été de 2 % et de 1 % en tonnages, la Grande-Bretagne conservant la première place, suivie par la France, le Portugal, la RFA et la Grèce. Cependant, le recul apparaît clairement dans le classement des flottes de commerce sous pavillon national d'après le *Lloyd's Register of Shipping*. Seule des pays de la CEE, la Grèce se plaçait dans les premiers rangs (le 4e), l'Italie est 12e, la Grande-Bretagne 14e, la Norvège 18e, la France 19e, le Danemark 20e et la RFA 22e. En revanche, les trois premières places revenaient au Liberia, au Panama et au Japon. Il faut, il est vrai, considérer un autre classement, celui des flottes contrôlées, qui ajoutent des pavillons divers, de complaisance notamment, aux nationaux. Sans être brillante, la position européenne y apparaît moins affaiblie, mais non sans paradoxes. Ainsi, la Grèce tient la première place dans le monde et son tonnage contrôlé reste à 50 % national ; la Norvège est 5e; la Grande-Bretagne seulement 6e, mais la flotte qu'elle contrôle élève son pavillon à 60 %; la RFA est 9e, la France 10e mais, fidèle à une tradition, elle maintient ses couleurs sur 85 % des bâtiments qu'elle contrôle ; les Pays-Bas se classent au 12e rang.

Les chiffres mettent en évidence l'importance accrue des pavillons de complaisance et l'incidence des problèmes sociaux ; car les charges sociales, en France notamment, freinent lourdement le recrutement national de la main-d'œuvre. Le « dépavillonnement » affaiblit la qualité européenne de l'armement, même si, sans le seul recours aux pavillons de complaisance, on dédouble des pavillons nationaux au moyen d'inscriptions, d'apparence fictive, sur des « registres bis », par exemple pour la Norvège, particulièrement libérale, pour la France avec le pavillon des Kerguelen, pour l'Angleterre avec ceux de Gibraltar ou de l'île de Man.

Également grave pour les intérêts maritimes européens est le problème des constructions navales, dont les chantiers ferment les uns après les autres. L'Angleterre a perdu la priorité qui lui valait encore vers 1960 la 5e place dans la construction navale du monde. Les chantiers asiatiques, en Corée du Sud, à Taiwan, à Hong Kong et à Singapour, disposant d'une main-d'œuvre abondante et peu coûteuse, concurrencent l'Europe sur son propre marché. Cette réalité en traduit une autre : le déplacement du centre de gravité des échanges internationaux vers le Pacifique et l'océan Indien, accompagné de l'apparition de nouveaux types de navires, les très grands pétroliers, en partie seulement sous le contrôle européen.

Autant et même plus que le commerce, le patrimoine européen de la pêche est un héritage méconnu et longtemps maltraité. L'« Europe bleue » souffre d'une laborieuse gestation, malgré les interventions de la CEE, et se heurte à une exploitation imprévoyante, la « surpêche », et à la concurrence parfois effrénée des pêcheurs ; le système des « quotas » est battu en brèche par les égoïsmes locaux, les droits de souveraineté des États sur les zones de pêche, et le sacro-saint principe de la liberté des mers. L'élaboration du nouveau droit international de la mer butte en ce domaine sur un point délicat.

Le problème des eaux territoriales en Europe est plus compliqué qu'ailleurs ; l'exemple le plus caractéristique est sans doute celui de la mer Égée, où la répartition entre la Grèce (35 %) et la Turquie (8 %) n'a pas fini de susciter des contestations. La convention internationale de Montego Bay (1982) distingue la territorialité et la souveraineté des eaux marines, mais les ratifications n'ont pas eu l'unanimité qui donnerait force à la convention ; certains juristes continuent à estimer que la compétence de l'État sur la mer territoriale est un droit de juridiction, mais pas de souveraineté.

Dans un tout autre ordre se pose le problème naval au point de vue militaire dans le cadre européen. La fragmentation politique de l'Europe occidentale et jusqu'à ces derniers temps l'opposition Est-Ouest, l'intégration d'une partie des forces navales occidentales dans l'OTAN empêchaient même de concevoir une flotte européenne. Des souvenirs historiques, des divergences de conception entre les états-majors quant à l'usage des divers types d'unité, comme les porte-avions, surtout des divergences d'intérêts nationaux ont freiné des expériences et des efforts, réels, de coopération. Certains colloques récents ont manifesté la recherche d'une définition de l'« identité européenne de sécurité ». Certains souhaiteraient une marine européenne ; mais cette ambition, formulée de façon convaincante en son principe, n'est pas proche d'une réalisation, car sa mise en œuvre soulèverait d'énormes problèmes. La coopération multinationale européenne en est une approche, car, de toute évidence, la liberté de navigation implique des consultations quasi permanentes. L'intensité de la circulation maritime et la multiplicité des détroits sont pour l'Europe un impératif incontournable. Même les intérêts maritimes lointains le lui imposent et l'on est en droit de penser que, peut-être, les problèmes du Proche et du Moyen-Orient auront au moins pour résultat une plus vive conscience de la communauté des intérêts maritimes des États européens.

Chances et enjeux de la mer

Les concepteurs de l'union de l'Europe ne semblaient pas avoir beaucoup pris en compte ses possibilités maritimes. Tout prouve cependant que la mer est une composante, historique et actuelle, de son identité. Celle-ci doit pouvoir s'adapter à l'éclatement d'une activité maritime hors des cadres géographiques auxquels elle était habituée, en grande partie parce qu'ils avaient été son œuvre.

Dans les conditions présentes, à la fois héritées du passé et imposées par les transformations des décennies écoulées, deux axes de conduite semblent offrir des enjeux et ouvrir des perspectives. L'un, d'une portée générale, est la mutation structurale de la circulation maritime. L'autre, d'un caractère plus spécifiquement européen, postule un rééquilibrage géographique de cette activité sur les rivages du continent. A ce propos, on peut se demander, sans préjuger de la réponse, quels effets le tunnel sous la Manche aura, à long terme, sur l'avenir maritime de l'Europe occidentale, après l'amarrage de l'Angleterre au continent.

La première observation est que l'ère individualiste des ports isolés est révolue en faveur de chaînes de transport fonctionnant sur des critères de rentabilité et de compétitivité. A l'échelle européenne, cela implique la liberté des transports, et bouleverse les habitudes des concurrences nationales. Ainsi, les Anversois aiment dire que leur port est le premier port français, parce qu'il draine une portion notable du trafic de la France du Nord et de l'Est. Mais Anvers n'est pas seul et partage avec Rotterdam une tendance à la concentration du trafic dans les ports du Nord.

Cette chance, cependant, entraîne en contrepartie les mesures prises par la CEE en faveur des pays maritimes du Sud européen, afin de rééquilibrer le paysage maritime. Ces pays bénéficient de longues traditions, de populations maritimes professionnellement compétentes, ainsi que de compagnies de navigation compétitives. C'est le cas de la Grèce, dont la position dans les statistiques est si favorable qu'on l'attend au 3e rang mondial, de l'Italie, du Portugal, de l'Espagne, dont on a pu écrire qu'elle est un « géant de la pêche » par le nombre de ses bateaux et l'expérience de ses équipages. Les Méditerranéens n'ont pas oublié qu'ils furent pendant des siècles les animateurs du commerce européen ; la Méditerranée fait de 12 à 13 % du trafic mondial et sa situation médiane reste tout aussi valable par ses relations marines que par son environnement continental.

Pour conserver ses chances et en bénéficier, l'Europe, cependant, doit harmoniser les conditions de la concurrence dans le trafic et dans la pêche, encourager la modernisation de ses navires, normaliser les conditions sociales des équipages et la formation technique de ses cadres, stimuler parmi eux la connaissance des langues étrangères. Sur ce point déjà, la diffusion de l'anglais est une commodité internationale indéniable. A ces conditions comme à beaucoup d'autres, la construction d'une Europe des transports maritimes paraît inéluctable ; mais elle sera lente.

Pour l'accélérer, on a songé à l'adoption d'un pavillon européen. Cela ne se fera pas demain. Un pavillon est l'expression de la souveraineté et de la puissance de l'État dont le navire lui-même est le symbole de la réalité territoriale. On ne voit guère comment la France, la Grande-Bretagne, l'Italie et l'Espagne accepteraient d'y renoncer. Plus concrètement, on a proposé que les navires européens adjoignent à leur pavillon national une flamme qui serait le symbole de leur appartenance à l'Europe.

D'autres chances ouvrent à l'Europe des possibilités d'avenir et de présence sur les mers. Sans lui promettre une autonomie illimitée en matière énergétique, l'exploitation *off-shore* du pétrole de la mer du Nord par l'Angleterre et la Norvège place l'Europe parmi les producteurs notables d'un produit dont elle possède, en

Manche, une artère primordiale de la circulation, et aux Pays-Bas, à Rotterdam, un de ses marchés régulateurs mondiaux. Dans l'investigation des profondeurs, les Européens ont leurs chances, que ce soit pour l'exploitation du plancton ou la prospection des nodules. N'oublions pas que, dès 1948, l'invention et les expériences du bathyscaphe du professeur Piccard étaient le fruit d'une coopération européenne, entre la France, la Belgique et l'Italie. Depuis lors, même si l'importance des investissements financiers nécessaires a transféré outre-Atlantique les réalisations techniques les plus importantes, l'Europe et notamment les marines militaires y prennent leur part. Surtout, la mise en place des zones d'exploitation des océans prévues par la Conférence internationale du droit de la mer réserve à l'Europe, par l'intermédiaire de la France et de la Grande-Bretagne, des possibilités considérables dans le monde entier. Sans doute l'Europe a perdu la prééminence mondiale, mais on peut souhaiter que les autorités qui préparent son Union tiennent compte de ses racines historiques, gages de son avenir, sur l'eau comme sur le continent.

Concluons. L'excuse – sinon la justification – des réflexions d'un historien poussées au-delà des limites des eaux médiévales qui lui sont familières est que l'histoire ne connaît pas d'hiatus. A ses yeux, du moins, c'est dans l'étendue de son histoire que la mer est une chance et un enjeu pour l'affermissement de l'identité de l'Europe. Celle-ci repose sur une culture commune, et la mer en est un élément essentiel.

Décembre 1990

Mots techniques

AMER : point remarquable à terre servant aux relèvements.

BORDÉ : ensemble de planches constituant le revêtement de la coque du navire.

CALFAT : ouvrier spécialisé dans le calfatage.

CALFATAGE : opération consistant à mettre de l'étoupe dans les joints pour rendre la carène étanche.

CAPE *(mettre à la)* : placer le bateau, sous une voilure très réduite, aux environs du vent de travers pour être protégé de la mer par le remous de la dérive, et s'équilibrer sans faire route.

CARAQUE : bâtiment à trois mâts, d'assez fort tonnage, bien armé.

CARAVELLE : bâtiment léger, gréé de deux à trois voiles latines (triangulaires), caractérisé par sa vélocité.

CARVEL *(à)* : procédé de bordage où les planches s'ajustent à joints vifs, bord à bord.

CARVELLE : petit bâtiment de pêche et de cabotage, différent de la caravelle par son gréement carré, son creux plus faible et sa moindre vélocité.

CLIN *(à)* : procédé de bordage où les planches chevauchent l'une sur l'autre comme les ardoises d'un toit (par opposition au bordage à carvel).

COCA, COQUE : bâtiment rond, haut sur l'eau, ponté.

COGUE, KOGGE : grand bâtiment de transport, de fort tonnage, gréé de voiles carrées.

ÉCHELLE : 1) planche servant aux opérations de chargement et déchargement ;

2) (par extension) port d'escale (le plus souvent appliqué aux ports du Levant).

ÉTAMBOT : forte pièce de bois élevée dans le plan longitudinal du navire, à l'arrière, et sur laquelle est fixé le gouvernail, dit, pour cette raison, axial.

FLUX : marée montante.

HOURQUE : navire de transport de fort tonnage, à fond plat, à poupe ronde, portant deux châteaux et des voiles carrées.

LOUVOYER : courir des bordées.

MAÎTRE D'HACHE : maître charpentier de navire.

MONOXYLE *(barque)* : faite d'un seul tronc d'arbre creusé.

NŒUD : unité de distance parcourue en mer équivalant à 1/120e du mille nautique (soit 15 m environ).

PERTUIS : passages, couloir (entre des îles et entre une île et le continent).

RAIL : disposition conventionnelle et d'usage international pour distinguer des routes de circulation en mer (voies remontante et descendante) afin d'éviter les collisions, par exemple au large de la pointe de Bretagne.

STARIE : durée de séjour d'un navire dans un port de relâche pour y charger ou y décharger.

TIMON : gouvernail, extension de barre de gouvernail.

VOILE LATINE : voile triangulaire.

Bibliographie

Ouvrages généraux

Braudel, Fernand, *et al.*, *L'Europe. L'espace, le temps, les hommes,* Paris, Arts et Métiers graphiques, 1987.
Bywater, M., « La mer européenne : patrimoine communautaire ou ressources côtières », *Revue du Marché commun,* 1976.
Chaunu, Pierre, *L'Expansion européenne du XIIIe au XVe siècle,* Paris, PUF, 1969.
Concina, Ennio (éd.), *Arsenali e città nell' Occidente europeo,* Rome, NIS, 1987.
Conrad, Joseph, *Le Miroir de la mer. Souvenirs et impressions,* trad. fr. de G. J. Audry, Paris, Gallimard, 1946.
–, *Typhon,* trad. fr. d'A. Gide, Paris, Gallimard, 1976.
Duroselle, Jean-Baptiste, *L'Idée d'Europe dans l'histoire,* Paris, Denoël, 1965.
–, *et al.*, *L'Europe. Histoire de ses peuples,* Paris, Librairie académique Perrin, 1990.
Gast, René, *et al.*, *Des phares et des hommes,* Paris, Éd. maritimes et d'outre-mer, 1985.
Godinho, V. Magalhães, *Mito e mercadoria. Utopia e pratica de navegar, seculos XIII-XVIII,* Lisbonne, DIFEL, 1990.
Grotius, Hugo, *Mare liberum. De la liberté des mers (1609),* Paris, CNRS, 1990.
Hague, D. B., et Christia, R., *Lighthouses : Their Architecture, History and Archeology,* Landysul, 1977.
Hocquet, Jean-Claude, *Le Sel de la terre,* Paris, Du May, 1989.
Lecerf, Jean, *Histoire de l'unité européenne,* Paris, Gallimard, 1965.
Le Pichon, Y., *La Mer sous le regard des peintres de la marine,* Paris, Berger-Levrault, 1989.
Lewis, Archibald R., et Runyan, Timothy J., *European Naval and Maritime History,* Bloomington, Indiana University Press, 1985.
Lucchini, Laurent, et Voelckel, Michel, *Les États et la Mer,* Paris, La Documentation française, « Notes et Études documentaires », 1978.

Mac Kay, Derek, *The Rise of Great Powers, 1648-1815,* Londres-New York, Longman,1983.
Mahan, Alfred T., *The Influence of Sea Power on History, 1660-1783,* Londres, Sampson Low, 1889 ; trad. fr., 1899.
–, *Naval Strategy,* Londres, 1911 ; trad. fr. de L. Fournier, 1925.
Masson, Philippe, *Marines et Océans : ressources, échanges, stratégie,* Paris, Imprimerie nationale, 1982.
Mitchell, Simpson (éd.), *War, Strategy and Maritime Power,* New Brunswick, 1977.
Mollat du Jourdin, Michel, et La Roncière, Monique de, *Les Portulans. Cartes marines du* XIII*e au* XVI*e siècle,* Fribourg, Office du Livre, 1984.
Morghen, R., *L'Idea da Europa,* Rome, E. R. I., s. d.
Monnet, Jean, *Mémoires,* Paris, Fayard, 1976.
Morin, Edgar, *Penser l'Europe,* Paris, Gallimard, 1987.
Roskill, Stephen W., *The Strategy of Sea Power,* Londres, 1961.
Rougemont, Denis de, *Vingt-huit Siècles d'Europe,* Paris, Payot, 1961.
–, *Vingt-huit Siècles d'Europe. La conscience européenne à travers les textes,* Paris, Christian de Bartillat, 1990 (préface de Jacques Delors).
Villain-Gandossi, C., Borhemans, K., Metzelin, M., et Schäffner, C., *The Concept of Europe in the Process of the CSCE,* Tübingen, Gunter Marr, 1990.
Vogel, Walter, « Zur frösse der europäischen Handelsoflotten im 15. und 17. Jahrundert. Ein historisch statistischer Versuche », in *Forschungen und Versuche zur Geschichte der Neuzeit* (Festschrift Dietrich Schäfer zum 70. Geburtstag), Iena, 1915.
Weiss, Louise, *Un combat pour l'Europe,* Lausanne, 1984.
Wilson, D. M. (éd.), *The Northern World,* Londres, Thames-Hudson, 1980 ; éd. fr., L. Fleuriot (éd.), *Les Mondes nordiques,* Paris, Tallandier, 1980.

Revues

The American Neptune, Salem (Mass.).
Hansische Geschichtsblätter, Leipzig (depuis 1871).
International Fishing News, Londres (depuis 1960).
The Mariner's Mirror (International Journal of the Society for Nautical Research), Londres, National Maritime Museum (depuis 1911).
Marins et Océans. Études d'histoire maritime, Paris (depuis 1990).
Neptunia, Paris, Société des amis du musée de la Marine.
Relations internationales, Paris (numéros spéciaux sur les problèmes maritimes européens : 1988, 1989, 1990).
Revista de Historia Naval, Madrid.
Rivista Marittima, Rome (depuis 1868).
Tijdschrift voor Geschiedenis, Amersfoort (depuis 1886).

Colloques, recueils

Acerra, Martine, Merino, José, et Meyer, Jean (éd.), *Les Marines de guerre européennes, XVIIe-XVIIIe siècle* [colloque de 1984], Paris, Presses de la Sorbonne, 1985.

Acerra M. et Meyer J., *La Grande Époque de la marine à voile,* Rennes, Ouest-France, 1987.

Les Aspects internationaux de la découverte océanique aux XVe-XVIe siècles [5e Colloque international d'histoire maritime, Lisbonne, 1960], Paris, SEVPEN, 1966.

Balard, Michel (éd.), *État et Colonisation au Moyen Age et à la Renaissance* [colloque de Reims, 1987], Lyon, La Manufacture, 1989.

Balcou, Jean (éd.), *La Mer au siècle des Encyclopédies* [actes du colloque de Brest, 1984], Paris-Genève, Champion-Slatkine, 1987.

Cabantous, Alain, et Hildesheimer, Françoise (éd.), *Foi chrétienne et Milieux maritimes, XVe-XXe siècle* [actes du colloque du Collège de France, 1987], Paris, Publisud, 1989.

Céard, Jean, et Margolin, Jean-Claude, *Voyager à la Renaissance* [actes du colloque de Tours, 1983], Paris, Maisonneuve-Larose, 1987.

Course et Piraterie [15e Colloque international d'histoire maritime, San Francisco, 1975], Paris, CNRS, « Off-set », 1975.

El Estrecho de Gibraltar-Ceuta [actes du congrès international, 1987], t. I-III, Madrid, 1988.

L'Europa. Fondamenti, formazione e realtà [colloque de Rome, 1983].

L'Europe et l'Océan au Moyen Age. Contribution à l'histoire de la navigation [colloque de Nantes, 1987], Nantes, CID, 1988.

Les Gens de la mer en société [18e Colloque international d'histoire maritime, Bucarest, 1980], Paris, 1980 (ronéot.).

Les Grandes Escales [10e Colloque international d'histoire maritime], 3 vol., Bruxelles, 1968.

Groshens, J.-C. (éd.), *Cartes et Figures de la Terre,* Paris, Centre Georges Pompidou/Centre de création industrielle, 1980.

Guerre et Commerce en Méditerranée, IXe-XXe siècle, présenté par M. Vergé-Franceschi, Paris, Kronos, 1991.

Guerres et Paix, 1660-1815 [Journées franco-anglaises d'histoire de la marine, Rochefort, 1986], Vincennes, Service d'histoire de la marine, 1987.

« Les hommes et la mer dans l'Europe du Nord-Ouest de l'Antiquité à nos jours » [colloque de Boulogne-sur-Mer, 1984], *Revue du Nord,* numéro spécial, 1986.

Porti come impresa economica [actes de la 19e Semaine… d'histoire économique F. Datini, Prato, 1987], Florence, Cavaciocchi, 1988.

Istanbul à la jonction des cultures balkaniques, méditerranéennes, slaves et orientales aux XVIe-XIXe siècles [actes du colloque de l'AISEE, Istanbul, 1973], Bucarest, 1977.

Le Genti del Mare Mediterraneo [17e Colloque international d'histoire maritime, Naples, 1980], 2 vol., Naples, 1981.

Méditerranée et Océan Indien [6e bis Colloque international d'histoire maritime, Venise, 1963], Paris, SEVPEN, 1970.
La Mer. Hommes. Richesses. Enjeux (codirection ENA, IFREMER, NAVFLO), 2 vol., Paris, IFREMER, 1989.
Mollat, Michel (éd.), *Les Origines de la navigation à vapeur* [actes du colloque de 1960], Paris, PUF, 1970.
Les Navigations méditerranéennes et leurs liaisons continentales [11e Colloque international d'histoire maritime, à bord de l'*Ausonia*, 1969], Naples, 1981.
Le Navire et l'Économie maritime du XVe au XVIIIe siècle [1er Colloque international d'histoire maritime], Paris, SEVPEN, 1956.
Le Navire et l'Économie maritime du Moyen Age au XVIIIe siècle, principalement en Méditerranée [2e Colloque international d'histoire maritime], Paris, SEVPEN, 1958.
Le Navire et l'Économie maritime du Nord de l'Europe du Moyen Age au XVIIIe siècle [3e Colloque international d'histoire maritime], Paris, SEVPEN, 1960.
Palacio Atard, Vicente (éd.), *España y el Mar en el siglo Carlos III*, Madrid, 1989 [recueil d'articles].
Poleggi, E. (éd.), *Città portuali del Mediterraneo* [Actes du congrès international, Gênes,1985], 1989.
Quand voguaient les galères, Rennes, Ouest-France, 1990 [recueil de travaux à l'occasion de l'exposition du musée de la Marine, Paris, 1990].
Renouard, Yves, *Études d'histoire médiévale*, 2 vol., Paris, SEVPEN, 1968.
Les Sources de l'histoire maritime en Europe du Moyen Age au XVIIIe siècle [4e Colloque international d'histoire maritime, CNRS, 1959], Paris, SEVPEN, 1962.
Les Villes portuaires [16e Colloque international d'histoire maritime, en association avec la Commission internationale d'histoire des villes, Varna, 1978], Sofia, Académie des sciences, 1985.

Aspects particuliers

Ahrweiler, Hélène, *Byzance et la Mer*, Paris, PUF, 1966.
Albion, Robert G., *Forests and Sea Power, Timber Problems of the Royal Navy, 1652-1862*, Cambridge (Mass.), Harvard University Press, 1926.
Balard, Michel, *La Romanie génoise, XIIe-début XVe siècle*, 2 vol., Rome, École française, 1978.
Bernard, Jacques, *Navires et Gens de mer à Bordeaux (vers 1450-vers 1550)*, 3 vol., Paris, SEVPEN, 1968.
Bournaz-Baccar, A., *La Mer, source de création littéraire en France au XVIIe siècle (1640-1671)*, Paris, Seattle et Tübingen, Biblio 17, 1991.
Braudel, Fernand, *La Méditerranée et le Monde méditerranéen à l'époque de Philippe II*, 2 vol., Paris, Armand Colin, 6e éd., 1985.
Braunstein, Philippe, et Delort, Robert, *Venise, portrait historique d'une cité*, Paris, Éd. du Seuil, 1971.

Bresc, Henri, *Un monde méditerranéen. Économie et société en Sicile, 1300-1450,* 2 vol., Rome, École française, 1986.

Brezet, F. E., « Une flotte contre l'Angleterre. La rivalité navale anglo-allemande, 1897-1914 », *Marins et Océans,* Paris, 1990.

Brosse, M., *La Littérature de la mer en France, en Grande-Bretagne et aux États-Unis,* 3 vol., thèse multigr., Paris, Lille, Presses universitaires, 1983.

Cabantous, Alain, *La Mer et les Hommes : pêcheurs et marins dunkerquois de Louis XIV à la Révolution,* Dunkerque, Westhoek,1980.

–, *La Vergue et les Fers. Mutins et déserteurs dans la marine d'Ancien Régime, XVIIe-XVIIIe siècle,* Paris, Tallandier, 1984.

–, *Le Ciel dans la mer. Christianisme et civilisation maritime, XVe-XIXe siècle,* Paris, Fayard, 1990.

–, *Dix Mille Marins face à l'Océan,* Paris, Publisud, 1991.

Carus-Wilson, Eleonora, *Medieval Merchant Venturers,* Londres, Methuen, 1954.

Coornaert, Émile, *Les Français et le Commerce international à Anvers, fin du XVe siècle,* 2 vol., Paris, Rivière, 1961.

Corbin, Alain, *Le Territoire du vide. L'Occident et le désir du rivage, 1750-1850,* Paris, Aubier, 1988.

Coutau-Bégarie, Hervé, *La Puissance maritime soviétique,* Paris, Economica, 1983.

Czaplinski, Wadysaw, « Le problème baltique aux XVIe et XVIIe siècles », in *XIe Congrès international des sciences historiques. Rapports, IV, Histoire moderne,* Göteborg-Stockholm, Uppsala, 1960.

Del Treppo, Mario, *I mercanti catalani e l'espansione della Corona d'Aragona nel secolo XV,* Naples, Libreria scientifica, 1968.

Delumeau, Jean, *L'Alun de Rome, XVe-XIXe siècle,* Paris, SEVPEN, 1962.

De Roover, Raymond, *The Rise and Decline of the Medici Bank, 1397-1494,* Cambridge (Mass.), Harvard University Press, 1963.

Dollinger, Philippe, *La Hanse, XIIe-XVIIe siècle,* Paris, Aubier, 2e éd., 1988.

Doria, G., et Pergiovanni, P. M. (éd.), *Il sistema portuale della repubblica di Genova,* Gênes, 1988.

Dupont, amiral Maurice, *L'Amiral Decrès et Napoléon,* Paris, Economica, 1991.

Ferreira Priegue, Elisa, *Galicia en el comercio maritimo medieval,* La Corogne, Université de Santiago, 1988.

Fleury, Pierre, *Les Amours du vent et de la mer,* Tours, Éd. du Cercle, 1984.

Gravier, Maurice, *Les Scandinaves,* Paris, Lidis, 1984.

Heers, Jacques, *Gênes au XVe siècle,* Paris, SEVPEN, 1961.

Hildesheimer, Françoise, *Richelieu, une certaine idée de l'État,* Paris, Publisud, 1991.

Israel, Jonathan I., *Dutch Primacy in World Trade, 1585-1740,* Oxford, Clarendon, 1989.

Jeannin, Pierre, « L'activité du port de Königsberg dans la seconde moitié du XVe siècle », in *Bulletin de la Société d'histoire moderne,* n° 56, 1958.

Jenkins, Ernest H., *History of the French Navy : from the Beginnings to the Present Day*, 1973 ; trad. fr., Paris, Albin Michel, 1977.

Kerhervé, Jean, *L'État breton aux XIVe et XVe siècles : les ducs, l'argent et les hommes*, 2 vol., Paris, Maloine, 1987.

Ladero-Quesada, Miguel Angel, « L'Espagne et l'Océan à la fin du Moyen Age », in *L'Europe et l'Océan au Moyen Age*, p. 115-130, bibliographie.

Lane, Frederic C., *Venice. A Maritime Republic*, Baltimore, Johns Hopkins University Press, 1973 ; trad. fr., Paris, Flammarion, 1985.

Lebecq, Stéphane, *Marchands et Navigateurs frisons du haut Moyen Age*, 2 vol., Lille, Presses universitaires, 1983.

Malowist, Marian, « The Economic and Social Development of the Baltic Countries from the XVth to the XVIIth centuries », in *Economic History Review*, 2e série, vol. XVII, n° 2, 1959.

Melis, Federigo, *Aspetti della vita economica medievale*, Sienne, Monte dei Paschi, « Studi nell' Archivio Datini di Prato », 1962.

Merino, José, *La Armada española en el siglo XVIII*, Madrid, 1981.

Meyer, Jean, *Colbert*, Paris, Hachette, 1981.

Mollat, Michel, *La Vie quotidienne des gens de mer en Atlantique (Moyen Age-XVe siècle)*, Paris, Hachette, 1983.

– (éd.), *Histoire des pêches maritimes en France*, Toulouse, Privat, 1987.

–, *Jacques Cœur ou l'Esprit d'entreprise au XVe siècle*, Paris, Aubier, 1988 ; éd. allemande, Munich, Beck, 1990.

Mülhenraun, R., *Die Reorganisation der spanischer Kriegsmarine in XVIII. Jahrhundert*, Cologne-Vienne, 1975.

Musset, Lucien, *La Tapisserie de Bayeux : œuvre d'art et document historique*, Saint-Léger-Vauban, Zodiaque, 1989.

Pritchard, James, *Louis XV's Navy, 1748-1762. A Study of Organization and Administration*, Montréal et Kingston, Mac Gill and Queen's University Press, 1987.

Proctor, David, *Music of the Sea*, Londres, HMSO, 1992.

Reddé, Michel, *Mare nostrum. Les infrastructures, le dispositif et l'histoire de la marine militaire sous l'Empire romain*, Rome, École française, 1986.

Rougé, Jean, *Recherches sur l'organisation du commerce maritime en Méditerranée sous l'Empire romain*, Rome, École française, 1966.

Seyssel, Claude de, *La Monarchie de France*, éd. de J. Poujol, Paris, Librairie d'Argence, 1961.

Spratt Hereward, P., *The Birth of the Steam Boat*, Londres, 1958.

Taillemite, Étienne, *L'Histoire ignorée de la marine française*, Paris, Perrin, 1988.

Thrupp, Sylvia L., *The Merchant Class of Medieval London*, University of Michigan, 1962.

Van Houtte, Jan A., *Bruges, essai d'histoire urbaine*, Bruxelles, La Renaissance du Livre, coll. « Notre Passé », 1967.

Villain-Gandossi, Christiane, *Le Navire médiéval à travers les miniatures*, Paris, CNRS, 1985.

Vogel, Walter, *Geschichte der deutschen Seeschiffahrt*, t. I, Berlin, 1915.

Index des noms de lieux et de personnes

Aberwrac'h, 282.
Açores, les, 19, 151, 152, 273, 291.
Actium, 29.
ADAM DE BRÊME, 34, 59, 60, 77, 281.
Adriatique, 25, 28, 37, 43, 88, 136, 181, 196, 241, 269, 310.
Aegnatia, via, 28.
Afrique, 9, 22, 24, 27, 35, 48, 93, 174, 175, 177, 222.
Agosta, 184.
Aigues-Mortes, 102, 159.
Åland, îles d', 35, 175.
Albanie, 28, 181.
ALCUIN, 64, 65, 69.
ALFRED, dit LE GRAND, roi, 66, 71, 77.
Alexandrie, 31, 49, 52, 96.
ALFONSE V LE MAGNANIME, roi d'Aragon, 48, 119, 162.
ALFONSE X LE « SAVANT », roi de Castille, 57, 138.
Alger, 158.
Alghero, 202.
ALIÉNOR D'AQUITAINE, 74, 139.
Allemagne, 52, 57, 116, 119, 168, 173, 177, 206, 236, 277, 294, 311.
Amalfi, 46, 59.
Amérique du Nord, 172, 305.
Amsterdam, 94, 109, 146, 147, 262, 263, 267, 309.
Ancône, 28, 118.
Andalousie, 21, 51, 93, 123, 152.
ANDERSEN, HANS, 291.
Angleterre, 22, 24, 25, 36, 42, 56, 67, 69, 71, 76, 84, 86, 88, 90, 95, 102, 103, 107, 117, 119, 122, 123, 129, 135, 140, 150, 154, 158, 161, 162, 168, 170, 177, 181, 189, 204, 210, 215, 219, 220, 229, 232, 240, 242, 245, 246, 257, 267, 275, 277, 281, 285, 287, 293, 294, 297, 300, 303, 305, 306, 310, 314, 319, 324, 326, 327.
ANGO, JEAN, 283.
Aniane, abbaye d', 196.
ANJOU, CHARLES D', roi de Sicile, 48.
ANNE, DUCHESSE DE BRETAGNE, reine de France, 98.
ANSON, GEORGE, 306.
Antibes, 233.
Antilia, 150, 153, 273.
Antilles, 153, 172, 174, 222, 273.
Anvers, 74, 104, 106, 109, 117, 119, 123, 140, 146, 147, 153, 221, 227, 250, 259-263, 267, 318, 326.
Aquilée, 43, 49, 196.
Aquitaine, 37, 91, 314.
Aragon, 47, 83, 96, 119, 162, 314.
ARCULF, évêque, 56.
ARISTOTE, 27.
Arles, 43, 52, 53, 118.
Armorique, 53, 66.
Arnemuiden, 260.
ARNOLFINI, GIOVANNI, marchand lucquois, 112, 119.
ARON, RAYMOND, 181.
Asie, 16, 17, 31, 32, 48;
– Mineure, 89, 253.
ASTUDILLO, LES, marchands castillans, 124.
Athènes, 31, 46, 105, 265.
Atlantique, océan, 18, 23, 35, 57, 59, 74, 89, 91, 102, 119, 125, 127, 133, 140, 148, 150, 177, 181, 196, 198, 203, 206, 251, 274, 291.
AUFFREDI, ALEXANDRE, marchand de La Rochelle, 230.
Aunis, 194, 253.
AUSONE, 201.
Autriche-Hongrie, 168, 181.
Avignon, 11, 117, 119, 146, 207.
Ayas, 117.
Azov, 175;
– mer d', 31, 34, 70.

BABOULÈNE, 298.
BACKHUIJSEN, 296.
BACON, ROGER, 78.
BALARD, MICHEL, 243.
Baléares, les, 25, 51, 281.
Balkanique, péninsule, 37.
Baltique, mer, 18-21, 23-25, 34, 35, 37, 53, 68-71, 75, 78-81, 90-93, 103, 107, 131, 136, 141, 173, 175, 176, 183, 187, 197, 205, 210, 224, 236, 244, 250, 260, 269, 288, 299, 305.
BARBAULD, THÉOPHILE, pasteur de l'île de Ré, 233.
BARBE, SAINTE, 232.
BARBETORTE, ALAIN, comte de Nantes, 67.
Barcelone, 46, 96-98, 102, 104, 105, 116, 118, 119, 138, 140, 147, 202, 221, 237, 244, 251, 263, 266.
BARDI, LES, 117.
Barents, mer de, 19.
Barletta, 281.
BARROS, JOÃO DE, 283.
BART, JEAN, 246.
BARTHÉLEMY L'ANGLAIS, 78.
BARTOLOMEO I MARCHIONE, marchand génois, 120.
BARTOLOMEO II, 120
BARTOLE, *voir* SASSOFERRATO.
BAUDELAIRE, CHARLES, 291.
Bayeux, 74, 81, 204, 292.
Bayonne, 130, 189, 209, 288, 315.
Beaucaire, 118, 119, 295.
BEAUTEMPS-BEAUPRÉ, CHARLES, 305.
BÈDE LE VÉNÉRABLE, 69, 77.
BEHAIM, LES, 92, 116;
– MARTIN, 136.
Belem, 105, 172.
Belgique, 228, 229, 311, 328.
Belle-Ile, 286.
Belt, Petit et Grand, 20.
BENINCASA, GRAZIOSO, cartographe d'Ancône, 151.
BÉRARD, VICTOR, 39.
Berg-op-Zoom, 260.
Bergen, 53, 75, 76, 81, 82, 91, 93, 103, 113, 122, 127, 149, 159, 207, 261.
Berlengas, îles, 225, 253.
BERLIOZ, HECTOR, 300.
BERNARD, JACQUES, 81, 107, 209.
BERNIÈRES, M. DE, 228.
BERNUY, FERNANDO DE, marchand castillan, 124.
BERRY, DUCHESSE DE, 310.
BERTHOUD, FERDINAND, 150, 304.
BÉTHENCOURT, JEAN DE, 151, 273.
Bévéziers, 184.
Beyrouth, 31.
Biarritz, 310.
Bilbao, 123, 125, 227, 244, 318.
Birka, 69, 70.
Biscaye, 97, 122, 130, 146;
– mer de, 19.
Blanche, mer, 77, 80, 176.
Blankenberge, 255.
BOCCACE, 281.
BOCCANERA, AMBROSIO, amiral de Castille, 120.
BODIN, JEAN, 166.
BOGUCKA, MARIA, 246.
BOMMELAER, 295.
Bonifacio, 228, 253.
BORDA, JEAN-CHARLES, 257, 304.
Bordeaux, 105, 107, 119, 123-125, 129, 147, 221, 246, 255, 258, 259, 261, 263, 309.
BORDONE, BENEDETTO, cartographe, 251.
Bornholm, 35.
Bosphore, le, 31-34, 43, 101, 175, 225, 252, 291.
Boston, 149, 172.
Botnie, 35, 80.
BOUGAINVILLE, LOUIS-ANTOINE DE, 273, 287, 306.
BOUGUER, PIERRE, astronome, 303.
Boulogne, 105, 212, 233, 255, 263, 270.
Bourgneuf, baie de, 91, 194, 252.
Bourgogne, 158.
BOURGOGNE, DUC DE, 214, 286.
BOURNAZ-BACCAR, MME, 285.
BOUVIER, GILLES LE, 165.
BRANDAN, légende de SAINT, 61, 150, 272.
Brandebourg, 174.
BRAQUE, GEORGES, 298
BRAUDEL, FERNAND, 19, 24, 27, 39, 97, 117, 161.
BRAUNSTEIN, PHILIPPE, 113, 116.
Brazil, île, 150.
Brésil, 285.
Bréhat, île de, 149, 212.
Brême, 75, 266, 318.
BRESC, HENRI, 93.
Brest, 105, 231, 256, 263, 266, 267, 289, 303, 306, 309.
Bretagne, 76, 84-87, 92, 97, 98, 102, 105, 147, 148, 158, 159, 194, 198, 203, 204, 210, 221, 244, 271, 308.

BRETAGNE, DUC DE, 214.
BRÉTIGNY, PERE DE, 125.
Brighton, 298, 310.
Bristol, 95, 96, 105, 125, 146, 149, 150, 207, 258.
Britanniques, îles, 210, 211, 228, 308, 314.
BRITTEN, BENJAMIN, 301.
BRONSEVAL, CLAUDE DE, 284.
BROSSE, MONIQUE, 288, 290, 299.
BROUSCON, LES, cartographes bretons, 102, 274.
BROUSCON, GUILLAUME, 135.
Bruges, 58, 75, 88, 89, 91, 94, 101, 109, 113, 117-119, 121, 123, 124, 141, 146, 191, 234, 259, 262, 263.
BUACHE, PHILIPPE, géographe, 303, 305.
BUFFET, BERNARD, 298.
BUONDELMONTE, CRISTOFORO, cartographe florentin, 250, 251.
Burgos, 123, 227, 318.
BYRON, GEORGE, lord, 288, 310.
Byzance, 42, 43, 47-49, 59, 140, 265.

CABANTOUS, ALAIN, 231, 239, 246, 272.
CABOT, JEAN, 149, 150, 151.
CABRAL, ALVARES, 120, 244.
Cadix, 20, 83, 89, 118, 244, 267.
Caffa, 18, 47, 101.
Cagliari, 194, 196.
Cagliari, golfe de, 27.
Calabre, 27, 271.
Calais, 19, 24, 76, 93, 101, 102, 105, 110, 129, 159, 161, 244, 245.
Calais, pas de, 23, 181, 256.
CAMÕES, LUIS DE, 283
Canada, 172, 237, 275, 306.
CANALETTO, 297.
Canaries, 151, 273.
CARIGNANO, GIOVANNI DA, cartographe, 79.
CARPACCIO, VITTORE, 296.
Carthage, 48, 49, 286.
Carthagène, 83, 172, 267, 294.
CARTIER, JACQUES, 237, 306.
CARUS-WILSON, 95.
CARUSO, LUIGI, 300.
CASSIODORE, 195.
Cassitérides, *voir* îles Scilly.
Castello, hôpital San Nicolo di, 230.
Castelo, le, 263.
Castille, 57, 83, 119, 120, 140, 151, 152, 154, 242.
CASTRO, LES, marchands castillans, 124.
Catalogne, 43, 93, 140, 154, 163, 221.
Cathay, 273.
CATHERINE II, 175, 309.
CATTANEO, LES, marchands génois, 121.
Cattaro, 233.
Celte, mer, 19.
Ceuta, 22, 92,
Chalcidique, 25.
CHAMFORT, NICOLAS, 287.
Champagne, foires de, 88, 89.
CHARLEMAGNE, 34, 64, 65, 219.
CHARLES V, roi de France, 154, 206.
CHARLES VII, roi de France, 163.
CHARLES VIII, roi de France, 98, 163.
CHARLES DU MAINE, 308.
CHARLES LE TÉMÉRAIRE, duc de Bourgogne, 109, 113, 123.
CHARLES QUINT, empereur, 110, 184, 314.
CHATEAUBRIAND, FRANÇOIS DE, 289, 310.
Chatham, 267.
Cherbourg, 102, 309.
Chesapeake, 184.
CHILLOU, GUYON LE ROY DU, 169.
Chio, 86, 127, 175, 250.
Chioggia, 194.
CHURCHILL, WINSTON, 184.
Chypre, 35, 194.
Civitavecchia, 97, 119, 231.
Clapham, 141.
CLAUDEL, PAUL, 16, 291.
CLÉMENT VII, pape, 308.
CLÈVES, PHILIPPE DE, seigneur de Ravenstein, 163.
CŒUR, JACQUES, 95, 96, 160, 163, 227.
COLBERT, JEAN-BAPTISTE, 140, 169, 171, 220, 245.
COLIGNY, DE, amiral, 164.
Collioure, 105, 118.
Cologne, 177, 266.
COLOMB, CHRISTOPHE, 120, 132, 151, 273, 283.
Commachio, 196.
Compostelle, 27, 56, 86, 138, 270.
CONFLANS, ANTOINE DE, 82, 136, 137.
Conquet, le, 102, 135, 210, 274.
CONRAD, JOSEPH, 291, 292.
CONSTABLE, JOHN, 298
Constantinople, 24, 28, 32, 33, 42, 43, 49, 50, 53, 95, 104, 117, 164, 175, 251, 261.
Constantza, 31.
COOK, JAMES, 287, 306.
COOPER, FENIMORE, 288.
Copenhague, 22, 61, 173, 267.

CORBIÈRE, ÉDOUARD, 289.
Cordouan, 255, 256.
Corée, du Sud, 324
Corfou, canal de, 29.
Corfou, île de, 43.
Corinthe, 286.
Corinthe, canal de, 29, 37, 38.
Corinthe, détroit de, 31.
Cornouaille, la, 204.
Cornouailles, les, 19, 53.
Cornwall, 25, 244.
Corse, 25, 27, 118, 253.
Cotentin, 25, 42, 85.
Courlande, 85.
Cowes, 311.
Creac'h, phare de, 257.
CRESQUES, ABRAHAM, cartographe, 151.
Crète, 15, 39, 153, 164, 243, 252.
Crimée, 25, 31, 34, 43, 70, 175.
Crimée, golfe de, 18, 228, 307.
CROMWELL, OLIVER, 169.
Cronstadt, 175, 267.
Curzola (Korcula), 88.
Cyclades, 243, 250.

Dalmatie, 194.
Damme, 82, 106, 131, 139, 259, 294.
Danemark, 20, 22, 24, 36, 76, 85, 92, 173, 206, 228, 229, 245, 277, 323.
DANTE, 15, 298.
Danzig (Gdansk), 75, 85, 105, 275.
Danube, 17, 18, 37.
DARCEO, IÑIGO, marchand et diplomate castillan, 123
Dardanelles, les, 31, 33, 310.
Dartmouth, 244.
DATINI, FRANCESCO DI MARCO, marchand de Prato, 118, 121.
DAUDET, ALPHONSE, 290.
DEBUSSY, CLAUDE, 301.
DE FOE, DANIEL, 287.
DELACROIX, EUGENE, 298.
DELAMBRE, JEAN-BAPTISTE, astronome, 304.
Délos, 47.
DELUMEAU, JEAN, 97, 234.
DESCHAMPS, EUSTACHE, 282.
Devon, 244.
Devonport, 267.
DICKENS, CHARLES, 212, 262, 290.
DICUIL, humaniste originaire d'Irlande, 65.
DIDEROT, 295, 303, 309.
Dieppe, 82, 105, 129, 153, 189, 212, 237, 244, 252, 295, 301, 303, 306, 310.
Dinan, 87.
Djerba, 158, 202.
Doggerbank, 205.
DOLLINGER, PHILIPPE, 75.
Don, le, 16.
Dorestad, 68-70.
Douvres, 19, 24, 101, 189, 244, 255.
DUBOIS DE LA MOTTE, EMMANUEL, chef d'escadre, 306.
Dubrovnik (Raguse), 43, 105, 251, 261.
DUFY, RAOUL, 298.
DUHAMEL DU MONCEAU, HENRI, fondateur de l'École du génie maritime, 303.
DULCERT, ANGELINO, cartographe majorquin, 151.
Dunkerque, 24, 231, 234, 239, 246, 287, 294, 295, 315.
DUPONT, MAURICE, 169.
Dvina, estuaire de la, 80.

East Anglia, 244, 259, 262.
Ebstorf, mappemonde d', 57.
Écosse, 19, 77, 205, 275.
Eddystone, phare d', 256.
ÉDOUARD Ier, 74.
ÉDOUARD III, 159.
ÉDOUARD IV, 109.
ÉDOUARD VII, 311.
ÉDOUARD, LE PRINCE NOIR, 255.
Égée, mer, 25, 31, 32, 35, 49, 88, 162, 175, 241, 324.
ÉGINHARD, 34.
Égypte, 281, 306, 315.
ELGAR, SIR EDWARD, 300.
ÉLISABETH Ire, reine d'Angleterre, 164, 170.
Elseneur, 20, 22, 35.
EMBRIACO, UGUETTO, marchand génois, 84.
ÉNÉE, 51, 297.
Enkhuisen, 251.
ÉRASME, 109, 165, 282, 283, 313.
ÉRIGÈNE, JEAN SCOT, 65.
Escaut, 66, 68, 106, 123, 146, 191, 259, 260.
Espagne, 37, 50, 85, 148, 150, 160, 165, 166, 168, 170, 181, 194, 211, 229, 245, 275, 277, 283, 285, 294, 327.
Essex, 244.
États-Unis, 139, 181, 304, 305, 307, 321, 322.

EUGÉNIE, impératrice, 310.
EUROPE (mère de Minos), 15, 16, 39.
Exeter, 244.

FABER, FÉLIX, 116, 225, 243.
FABRIANO, NICOLAS DA, 296.
Falsterbo, 255.
Farewell, cap, 291.
Fécamp, 149, 233, 244, 295.
Feliù, San, 118.
FERDINAND II, empereur, 173, 286.
FERNANDES, VALENTIM, 92.
Féroé, îles, 65, 77, 173.
FERRANDE, GARCIA, 135.
Ferrol, le, 86, 266, 267.
FINÉ, ORONCE, 12, 135.
Fingal, grottes de, 300.
Finistère, 25.
Finisterre, cap, 25, 85-87, 210.
Finlande, 229;
- golfe de, 18, 38, 75, 91.
Flandre, 58, 83, 84, 86, 87, 90, 95, 97, 110, 122, 133, 146, 207, 244, 282.
Flandres, 225, 314.
FLAUBERT, GUSTAVE, 310, 311.
Flessingue, 260.
Florence, 79, 84, 87, 118, 119, 154, 226, 281, 318.
FOIX, LOUIS DE, architecte, 256.
FORBIN, LES, 120, 121.
Fortunées, îles, 64, 273.
FOURNIER, GEORGES, 220, 233, 275, 303.
FRANCASTEL, PIERRE, 141.
FRANÇOIS Ier, roi de France, 129, 136, 160, 163, 169, 259, 308.
FRÉDÉRIC II, empereur, 42, 48, 174, 274.
FRÉDÉRIC-GUILLAUME, grand électeur de Brandebourg, 174.
FRESNEL, AUGUSTIN, 257.
FRIDEBURG, DAME, 69.
Frise, la, 68, 70.
Frisons, 68, 69.
FROISSART, 215.
FULTON, ROBERT, 305.

Gaète, 118.
Galice, 25, 53, 56, 86, 105, 146, 147.
Galway, 210.
GAMA, VASCO DE, 244, 306.
GARNERAY, LOUIS, 289, 298.
Gascogne, golfe de, 19, 85, 97, 130, 138, 183, 208, 328.
GAULLE, GÉNÉRAL DE, 16, 321.
GAUTIER, THÉOPHILE, 21.
GAUTIER-DALCHÉ, PATRICK, 64.
Gdansk (anc. Danzig), 75, 92, 103, 106, 132, 139, 141, 227, 261, 294, 318.
GELLÉE, DIT LE LORRAIN, CLAUDE, 286.
GELMIREZ, DIEGO, 56, 86.
Gênes, 43, 46, 59, 83-86, 88, 90, 93, 98, 104, 105, 111, 118, 140, 146, 147, 154, 162, 164, 168, 202, 221, 237, 240, 247, 251, 255, 261, 263, 266, 314, 318.
Gênes, golfe de, 25, 56.
GÉRICAULT, THÉODORE, 298.
GERVAIS DE TILBURY, 78.
Gibraltar, 11, 19-24, 27, 34, 35, 58, 84, 86, 89, 90, 97, 101, 102, 104, 137, 143, 146, 175, 181, 225, 286, 288, 315, 324.
GIOIA D'AMALFI, 57.
Gironde, 106, 233, 255, 258.
GOMEZ, LES, marchands castillans, 124.
GOMIEL, LES, marchands castillans, 124.
GORKUM, HENRI DE, 199.
Gotland, île de, 35, 69, 81, 139.
Grande-Bretagne, 19, 165, 269, 274, 322, 323, 327, 328.
GRANDIN, EUGÈNE, 295.
GRANVELLE, CARDINAL DE, 166.
GRASSO, CRISTOFORO, 266.
Grèce, 28, 29, 31, 36, 37, 50, 59, 168, 176, 229, 323, 324, 326.
Greenwich, 231.
Gris-Nez, cap, 24.
Groenland, 80, 81, 173, 209, 288.
Groix, 98.
GROTIUS, HUGO, 161, 166, 242.
Gruissan, 291.
Guadalquivir, 106.
GUARDI, FRANCISCO, 297.
Guérande, 252, 255, 308.
GUÉRARD, JEAN, 251.
GUILLAUME II, empereur d'Allemagne, 174, 176, 177, 181, 184, 311.
GUILLAUME D'ORANGE, roi d'Angleterre, 171.
GUILLAUME LE CONQUÉRANT, roi d'Angleterre, 74.
GUIRAL-HADJIOSSIF, JACQUELINE, 97.
GUISCARDS, LES, 42.
GUSTAVE ADOLPHE, roi de Suède, 22, 173, 220.

Haithabu, 69, 70.
Hambourg, 75, 105, 147, 176, 221, 260-263, 266, 318.
HAMLET, 20.

Hanse, la, 22, 75, 76, 78, 90, 92, 93, 148, 159, 240, 242, 261.
HARRISON, JOHN, 150, 304.
Hastings, 244.
HAUSER, HENRI, 169.
Hébrides, îles, 19, 71.
HEERS, JACQUES, 93.
HEINE, HEINRICH, 290, 310.
Heligoland, 69.
Helsingborg, 20.
Helsingor, 20.
HENRI II PLANTAGENÊT, 74.
HENRI II, roi de France, 154, 163, 164.
HENRY V, roi d'Angleterre, 128.
HENRY VII TUDOR, roi d'Angleterre, 150, 161.
HENRY VIII, roi d'Angleterre, 161, 308.
HENRI DE MAYENCE, 77.
HENRI LE NAVIGATEUR, 109, 151, 283.
HERBERSTEIN, SIGISMOND DE, 80, 284.
HÉRODOTE, 15, 16, 33, 53.
HILLARY, SIR WILLIAM, 228.
HOCQUET, J.-C., 190, 194.
HOHENSTAUFEN, LES, 42.
Hollande, 168, 171, 174, 213, 221, 228, 245.
Holstein, isthme du, 260.
HOMEM, DIOGO, cartographe portugais, 251.
HOMÈRE, 27, 280.
Honfleur, 233, 295.
Hong Kong, 324.
HONORIUS, AUGUSTO DUNENSIS, 77.
Hont, 260.
HOOGHE, PETER DE, 296.
Hoorn, 129.
Houat, île d', 210.
HUGO, VICTOR, 290.
Hull, 149.
HULLS, JONATHAN, 305.
HUMPIS, LES, marchands de Haute-Allemagne, 116.
Hyères, 194, 196, 252, 310.
HYTHLODÉE, 153.

Ibérique, péninsule, 20, 43, 123, 146, 154, 220, 284.
Ibiza, 90, 92, 118, 194, 252.
IBSEN, HENRIK, 291.
ICARE, 15.
Illyrie, 47, 52.
IMHOF, LES, 116.
Indes, 9, 173
Indien, océan, 53, 133, 176, 183, 273, 324.
INGEBURGE DE DANEMARK, reine de France, 74.
Ionienne, mer, 28, 29.
Ioniennes, îles, 250, 253.
Irlande,19, 56, 65, 71, 210, 228, 269, 271.
Irlande, mer d', 19, 36, 71, 253.
Islande, 19, 77, 79-81, 127, 208, 210, 211.
Istanbul, 31, 33, 104.
Istrie, 194.
Italie, 25, 36, 37, 42, 49-51, 56, 93, 98, 163, 167, 168, 220, 229, 277, 283, 285, 294, 300, 327, 328.
IVAN III, 103.
Izmir, 31.

Jaffa, 96.
JAL, AUGUSTIN, 137, 289.
Japon, 175, 304, 307, 323.
JEANNIN, PIERRE, 94, 190.
JEAN IV, duc de Bretagne, 308.
JEAN SANS TERRE, roi d'Angleterre, 74.
JENKINS, H. E., 169.
JOINVILLE, 281, 306.
JOSEPH II, empereur, 309.
JOUFFROY D'ABBANS, 305.
JUGELET, JEAN-MARIE, 295.
JUSTINIEN, 48.
Jutland, 20, 25, 56, 68, 69, 184, 250.

Kaïnardji, 175.
Karlskrona, 173, 267.
Kastro, 250.
Kattegat, 20.
Kent, 259.
Kerguelen, îles, 324.
KERHERVÉ, JEAN, 75.
Kerkennah, îles, 202.
Kertch, détroit de, 34.
Kiel, canal de, 21, 37, 38, 69, 311.
KIELLAND, ALEXANDER, 291.
KIPLING, RUDYARD, 291.
KNUT LE GRAND, 71.
Königsberg, 103.
Kotor, 28, 181.

Labrador, 208.
LA CAILLE, NICOLAS DE, abbé, astronome, 304.
La Corogne, 86, 255.
Ladoga, lac, 70.
Lagrasse, abbaye de, 196.
La Hougue, 184.
LALAING, JACQUES DE, 79.

La Marche, Olivier de, 109, 111, 112.
La Mata, 194.
Lane, Frederic C., 126, 222, 303.
Languedoc, 252.
La Rochelle, 84, 87, 98, 105-108, 132, 138, 147, 227, 230, 255, 261, 294, 295.
La Salle, Antoine de, 79.
La Salle, Gadifer, 273.
Las Cases, Emmanuel, 315.
Lausanne, 321.
Lavezzi, îles, 290.
Léandre, la tour de, 32.
Lebecq, Stéphane, 68.
L'Écluse, 83, 86, 102, 108, 119, 146, 184, 250, 259, 260.
Le Gall, Joël, 51.
Le Goff, Jacques, 64, 190, 195, 271.
Le Havre, 158, 163, 209, 228, 229, 236, 259, 260, 266, 288, 303, 309.
Le Nobletz, Michel, 274.
Lépante, 29, 158, 164, 184, 265.
Lérins, îles de, 50, 196, 273.
Le Roy, Pierre, 304.
Lerma, les de, 124.
Léry, Jean de, 285.
Le Su, François, 274.
Levant, 38, 82, 96, 127, 136, 221, 315.
Levant espagnol, 43.
Leygues, Georges, 169.
Liberia, 323.
Libye, 181.
Ligurie, 202, 243.
Lincolnshire, 189.
Lind, James, 306.
Lisbonne, 85, 86, 92, 104, 105, 118, 120-122, 124, 140, 146, 147, 151, 153, 166, 212, 221, 229, 244, 251, 258, 261, 263, 309, 318.
Livourne, 94, 118, 147, 194, 202, 233, 255, 295, 318.
Lofoten, îles, 19.
Lombard, Maurice, 39, 52.
Lomellini, les, marchands génois, 120, 121.
Londres, 6, 75, 84, 91, 94, 95, 102, 105, 113, 117-121, 124, 125, 146, 147, 153, 162, 212, 221, 231, 240, 247, 258, 259, 261, 263, 298, 299, 301, 304, 309, 318.
Lopez, Roberto S., 89, 117.
Lorient, 266, 309.
Lorrain, Claude, 297.
Lorraine, la, 167.
Loti, Pierre, 33, 291.
Louis XI, roi de France, 163, 199.
Louis XII, roi de France, 129, 154, 163.
Louis XIII, roi de France, 167, 220, 320.
Louis XIV, roi de France, 162, 171, 242, 245, 246, 256, 286, 294, 315.
Louis XV, roi de France, 297, 309.
Louis XVI, roi de France, 169, 220, 305, 309.
Louise de Savoie, 308.
Lübeck, 75, 91, 105, 106, 113, 139, 255, 260, 261, 294, 318.
Lunebourg, 91.
Lynn, 149.
Lyon, 52, 85, 118, 153, 308.

Machiavel, 274.
Madère, îles de, 120, 122, 151, 152, 273.
Magellan, 148, 244, 283.
Mahan, amiral, 155, 158, 169, 176.
Mahomet II, 164.
Majorque, 117.
Malaga, 23, 147.
Mälar, lac, 70.
Malines, 141.
Mallarmé, Stéphane, 291.
Malocello, Lanzarotto, marchands génois, 151.
Malvenda, les, 124.
Man, île de, 19, 61, 71, 324.
Manche, la, 19, 20, 23, 25, 53, 56, 68, 69, 91, 92, 97, 102, 105, 128, 133, 177, 190, 203-205, 207, 210, 212, 241, 246, 251, 256, 269, 282, 289, 291, 294, 298, 310, 320, 326, 328.
Mandeville, Jean de, 78, 284.
Mantoue, 164.
Marigny, Abel Poisson, marquis de, 297.
Marmara, mer de, 31-33.
Maroc, 20, 21, 51, 181.
Marryat, Frédérick, 289.
Marseille, 43, 46, 84, 104, 105, 118-121, 124, 147, 160, 196, 201, 202, 208, 221, 233, 237, 244, 247, 251, 261, 262, 266, 267, 287, 288, 295, 308, 309.
Martinovic', Marko, 174.
Maskeline, Nevil, astronome, 304.
Masson, Philippe, 169.
Matapan, cap, 27.
Maunoir, Julien, 274.
Maupassant, Guy de, 311.
Mauro, Fra, 250.

Mazarron, 123.
MÉDICIS, LES, 112, 118, 119, 121.
MEDINA, LES, 124.
Méditerranée, mer, 9, 11, 19, 23, 25, 27, 29, 31, 32, 35, 36, 39, 41, 42, 47-52, 56-59, 75, 79, 84, 90, 92-94, 96-98, 104, 105, 108, 117, 119, 123, 127, 128, 130, 131, 136, 137, 140, 143, 148, 162, 175, 176, 181, 183, 196, 198, 202, 214, 220, 221, 223-226, 232, 241, 242, 244, 245, 249, 251-253, 263, 292, 310, 313, 314, 327.
Méditerranées, 20, 27.
MELIS, FEDERIGO, 118, 226.
Meloria, la, 88, 255.
MERCATOR, 135.
MERINO, JOSÉ, 169, 265.
Messine, 28, 266;
– détroit de, 28, 101.
Mexique, golfe du, 18.
MEYER, JEAN, 169.
MÉZIERES, PHILIPPE DE, 79, 206.
MICHAU, code (de Michel de Marillac), 220.
MICHEL VIII PALÉOLOGUE, empereur d'Orient, 49.
MICHELET, JULES, 290, 310.
Middelbourg, 250, 260.
Milan, 153, 167.
Minorque, 118.
MINOS, 15, 39.
MIRANDA, LES, marchands castillans, 124.
MIRANDA, JUAN DE, 124.
Misène, cap, 230.
Modon, 96.
MONET, CLAUDE, 298.
MONNET, JEAN, 320, 321.
Mont-Saint-Michel, baie du, 203.
MONTAIGNE, 124, 284.
Montego Bay, 324.
MONTFORT, LOUIS GRIGNION DE, 274.
Montpellier, 87, 140, 263.
Montréal, 172.
Morbihan, 194, 198, 210.
Morée, 47.
MORELLI, PAOLO, marchand florentin, 119.
MORIN, EDGAR, 313.
Morlaix, 87, 98.
MORE, THOMAS, 153.
MOROGUES, SÉBASTIEN BIGOT DE, 303.
MOTTEVILLE, MME DE, 285.
MOUSSORGSKI, 301.
MÜNZER, JÉRÔME, *alias* HIERONYMUS MONETARIUS, 116, 165, 259, 284.
Murano, 196.
MUSSET, LUCIEN, 74, 293.
MUSSOLINI, 181.
Mytilène, 98.

Nantes, 67, 105, 120, 123-125, 146, 147, 153, 221, 244, 246, 249, 258, 259, 261, 263, 309, 318.
Naples, 102, 105, 118, 119, 163, 167, 202, 233, 251, 281.
NAPOLÉON Ier, empereur, 181, 242, 315.
NAPOLÉON III, empereur, 169.
Narbonne, 87, 118, 128.
Navarin, 29, 184, 289.
Navarre, 308.
Nègrepont, 243.
NEPTUNE, 286.
NÉRÉIDES, 286, 297.
NERLO, MARIOTO DE, marchand florentin, 119.
Neustrie, 67.
New Amsterdam (New York), 172.
Nice, 118.
NICOLAS, SAINT, 232.
NIÑO, D. PEDRO, 282.
NJORD, dieu scandinave de la mer, 60.
Noire, mer, 18, 24, 31-35, 37, 38, 41, 43, 46, 57, 70, 89, 162, 175, 187, 240.
Noirmoutier, 66, 197.
Nord, cap, 77;
– mer du, 9, 19-21, 23, 24, 35, 37, 53, 71, 75, 78, 88, 91, 93, 105, 108, 117, 123, 133, 138, 189, 191, 205, 212, 214, 241, 246, 260, 305, 327.
Norderney, île de, 290, 310.
NORI, SIMONE, 119, 121.
Normandie, 74, 95, 206, 244, 283, 295, 314.
Norvège, 36, 71, 79, 81, 105, 206, 209-211, 315, 323, 327;
– mer de, 19.
Notre-Dame, tour (Bruges), 104, 141.
Notre-Dame-de-Bon-Secours, 104.
Notre-Dame-de-la-Garde, 104, 233.
Notre-Dame-de-Montuzet, 233.
Notre-Dame-des-Dunes, 233.
Nouvelle-Angleterre, 172.
Nouvelle-Castille, 172.
Nouvelle-Espagne, 172.
Nouvelle-France, 172.

Nouvelle-Orléans, 172.
Novgorod, 18, 70, 75, 85, 91, 103, 113, 122.
Nuremberg, 116.

Odessa, 31.
Öland, île d', 35, 69.
Oleron, île d', 87, 138, 139, 194, 204.
OLIVA, FRANCESCO, cartographe, 251.
OPICINUS DE CANISTRIS, 11.
Orcades, îles, 19, 71, 77, 205.
ORLÉANS, DUC D', 98, 310.
Orient, 49, 52, 56, 64, 78, 79, 95, 119, 127, 138, 181, 243, 281, 314.
ORSINI, GIORDANO, cardinal, 250.
Ossian, 61, 288.
Ostende, 191, 255.
Ostie, 49, 51, 201.
Otrante, canal d', 28, 29, 43, 101, 146, 181.
OTTON IV, empereur, 78.
Ouessant, île d', 27, 210, 228, 236, 256, 257, 271, 274.
Oural, 16.
Ovide, 15, 33.
OZANNE, NICOLAS, 297, 309.

Pacifique, océan, 17, 133, 176, 177, 181, 183, 324.
Paimpol, 149.
PAJOT, PAUL-ÉMILE, 295.
Palerme, 119, 140, 261, 262, 281.
Palestine, 50, 51.
Palma, 118, 140.
Panama, 323.
PAPIN, DENIS, 305.
PARDO, LES, marchands castillans, 124.
Paris, 78, 85, 88, 117, 118, 164, 204, 295, 303, 310.
PARMENTIER, JEAN, 283, 306.
Pasajes, 82.
PATRICK, SAINT, 271.
PAUL, SAINT, 50, 314.
Pays-Bas, 76, 104, 107, 109, 116, 163, 166, 204, 220, 229, 246, 259, 308, 323, 328.
Pays-Basque, 221.
PEGOLOTTI, FRANCESCO DI BALDUCCIO, 117.
Péloponnèse, 15, 25, 29, 43, 230.
Penestin, 53.
Penmarc'h, 82, 101.
Péra, 47.
Perast, 174.
Perpignan, 119.
PESSAGNO, LES, amiraux du Portugal, 87, 120, 151.
Petrograd, 175.
PHILIPPE II, roi d'Espagne, 164, 319.
PHILIPPE AUGUSTE, roi de France, 74, 154.
PHILIPPE LE BEL, roi de France, 74, 84, 90.
PHILIPPE LE BON, duc de Bourgogne, 94, 101, 107.
Phocée, 89.
PHŒBUS, GASTON, comte de Béarn, 79.
PICCARD, 328.
PICCOLOMINI, AENAS SYLVIUS (Pie II), 80, 164.
PIERRE LE GRAND, 22, 174, 175.
PIERRE, SAINT, 232.
PIGAFETTA, ANTONIO, 148.
Piran, 194.
PIRENNE, JACQUES, 320.
PIRI RE'IS, cartographe turc, 61.
Pise, 46, 57, 88, 96, 118, 119, 231, 266.
PISSARRO, CAMILLE, 298.
Pistoia, 87.
PIZZIGANI, 151.
PLANTAGENÊTS, LES, 74, 75, 139, 314.
Plymouth, 256.
Pô, 17.
PODIEBRAD, GEORGES, 165.
POE, EDGAR, 290.
Poitou, 76, 92, 135, 194, 196, 198.
POLO, MARCO, 16, 87.
Pologne, 53, 165, 229, 234.
POMPÉE, 48, 314.
Ponant, 38, 82, 126-128, 136, 137, 221, 243, 258, 315.
Pongo, île de, 281.
Pont-Euxin, 43, 47, 51.
Ponza, îles, 27.
Port-de-Bouc, 118, 119.
Port-Louis, 287.
Port-Vendres, 315.
PORTINARI, TOMMASO, 110, 112, 119, 121.
Porto, 210.
Portovenere, 118.
Portsmouth, 158, 267.
Portugal, 37, 76, 83, 93, 119, 120, 140, 147, 148, 154, 160, 162, 166, 168, 194, 197, 210, 211, 225, 229, 252, 253, 277, 283, 314, 315, 323, 327.
POSTEL, GUILLAUME, 165, 166.
Povõa de Varzim, 210.
Prato, 118, 121.

PRIEGUE, ELISA FERREIRA, 87.
Provinces-Unies, 162, 164, 171, 174, 246, 277, 296.
Prusse, 168, 206.
Prusse, croisade de, 79.
Puerto Santa Maria, 89, 230.
Punta Marroqui, 21.
PURCELL, HENRY, 300.
PYTHÉAS DE MARSEILLE, 34, 53.

Quimper, 87.
Quimperlé, 87, 196.
QUINTANADUEÑAS, LES, marchands castillans, 124, 125.

RABELAIS, 283, 286.
Raguse, *voir* Dubrovnik.
RALEIGH, SIR WALTER, 166.
RAPONDI, DINO, marchand lucquois, 112.
RAU, VIRGINIA, 93.
RAULE, BENJAMIN, armateur hollandais, 174.
RAVEL, MAURICE, 301.
Ravenne, 196.
Ravensburg, 116.
Ravenstein, *voir* Clèves.
Ré, île de, 233.
Red Bay (Labrador), 209.
REDDÉ, M., 39, 48.
Reie, 106.
REINEL, PETER, 92.
REMBRANDT, 171.
REMESAN, LES, 121.
RENÉ D'ANJOU, 308.
Reval, 85, 92.
Rhin, 18, 68, 181, 191.
Rhodes, 31, 117, 202, 251.
Rhône, 17, 37, 52, 181, 295.
RICHELIEU, cardinal de, 167, 169, 171, 220, 319.
RIETH, ÉRIC, 81, 128.
Riga, 75, 255.
RIMBAUD, ARTHUR, 290.
RIMSKI-KORSAKOV, NICOLAS, 301.
Rochefort, 231, 266, 267, 297.
RODJESTVENSKY, amiral, 175.
ROIS CATHOLIQUES, 119, 153, 154.
Rome, 47, 59, 119, 120, 153, 230, 265, 283, 292.
Rome, traité de, 321, 322.
ROMILLY, JACQUELINE DE, 39, 50.
ROMME, CHARLES, 304.
Ronceray, couvent du, à Angers, 196.
ROOVER, RAYMOND DE, 118.
ROQUEFEUIL, AYMAR DE, 303.
ROSA, SALVATOR, 297.
Roscoff, 244, 310.
Roskilde, fjord de, 20.
Rostock, 250, 255.
ROTROU, JEAN DE, 286.
Rotterdam, 69, 109, 165, 181, 221, 326.
Rouen, 84, 97, 104, 105, 119, 123-125, 128, 140, 146, 147, 153, 166, 259-261, 263, 266, 285, 309, 318.
ROUGÉ, J., 39, 49.
ROUSSEL, ALBERT, 301.
ROUX, LES, peintres, 295.
RUBROUCK, GUILLAUME DE, 16.
Rügen, île de, 69, 174.
RUISDAEL, JACQUES, 296.
RUIZ, LES, marchands castillans, 124.
Russie, 33, 36, 70, 168, 173, 175, 225, 244, 277, 284, 300, 301.
Rye, 107, 244.

Sables-d'Olonne, les, 212, 295.
Saillé, 308.
SAINT-AMANT, MARC, 286.
Saint-Antoine, hospice, à Venise, 230.
Saint-Brieuc, 88.
Saint-Gildas de Rhuys, 196.
Saint-Gothard, col du, 88.
Saint-Jean-d'Acre, 146.
Saint-Jean-d'Angély, 196.
Saint-Jean-de-Luz, 209.
SAINT-JOHN PERSE (ALEXIS LÉGER), 291, 292.
Saint-Malo, 105, 107, 147, 153.
Saint-Martin, asile, à Venise, 230.
Saint-Mathieu, pointe, 86, 87.
Saint-Michel en l'Herm, 196.
Saint-Nazaire, 249.
SAINT-PIERRE, BERNARDIN DE, 287, 288, 309.
Saint-Riquier, 66.
Saint-Sauveur de Redon, 196.
SAINT-VICTOR, HUGUES DE, 77.
SAINT-VICTOR, moines de, 196.
Saint-Vincent, cap, 83, 85.
Sainte-Anne-d'Auray, 233, 275.
Saintes-Maries-de-la-Mer, 194.
Saintonge, 87, 194, 195, 198, 199, 252, 253.
Salamine, 50.
SALDAÑA, LES, marchands castillans, 124.
San Appolinare Nuovo, à Ravenne, 196.
San Bartolomeo, à Venise, 113.

Sandwich, 84, 294.
San Giorgio Maggiore, à Venise, 196.
Santiago, *voir* Compostelle.
Sardaigne, 25, 27, 118, 163, 194, 196, 253.
SARTINE, ANTOINE DE, 220.
SASSOFERRATO, BARTOLOMEO DE, 138, 166, 242.
Savone, 121.
SAXO GRAMMATICUS, humaniste danois, 77.
Scandinavie, 25, 37, 76, 78.
Scanie, 20, 78.
SCHUMAN, ROBERT, 320.
Scilly, îles (ou Sorlingues) 27, 53, 256.
SCOTT, WALTER, 288.
SCUDÉRY, MADELEINE DE, 286.
Seeland, île de, 20, 21.
Sein, île de, 27, 210, 274, 282.
Seine, 37, 67, 84, 106, 263, 266, 295.
SELDEN, JOHN, 161.
SELKIRK, ALEXANDER (Robinson Crusoé), 287.
Sept Cités, 150.
SERNIGI, GIROLAMO, 120.
Sestri Ponente, 202.
Sète, 181.
Setúbal, 93, 127, 194.
SEVILLA, LES, 124.
Séville, 83, 86, 96, 104, 105, 118, 124, 130, 146, 147, 153, 233, 244, 247, 261, 266, 267, 296, 309, 318.
SEYSSEL, CLAUDE DE, 160, 163.
SHAKESPEARE, 20, 22, 286.
Shetland, îles, 19, 61, 205.
SIBELIUS, 300.
Sicile, 25, 27, 42, 43, 46-49, 51, 56, 93, 102, 118, 140, 153, 163, 184, 202, 204, 205, 281, 307.
SIGNAC, PAUL, 298.
Sigtuna, 69.
Singapour, 324.
Skagerrak, détroit de, 20.
Sluis (l'Écluse), 106, 259.
SONETTI, BARTOLOMEO DELLI (Bartolomeo Turco), 251.
Southampton, 69, 84, 88, 95, 96, 102, 105, 120, 121, 125, 146, 147, 259, 267, 318.
SPINOLA, BENEDETTO, 120, 121.
SPINOLA, NICOLOZZO, 83.
Spitzberg, 209, 211.
Stockholm, 137, 173, 175, 267.
STRABON, 52.
Stralsund, 75.
STROZZI, FRANCESCO, marchand florentin, 119.
STURMY, ROBERT, 95, 97, 120.
SUE, EUGÈNE, 289.
Suède, 36, 71, 148, 168, 173, 175, 220, 224, 244.
Suisse, 181.
SULLY, 162, 166.
Sund, 19-22, 24, 35, 78, 90, 92, 101, 103, 127, 137, 175, 255.
Sussex, 206, 259.
Svalbard, île, 19; *voir aussi* Spitzberg.
SWIFT, JONATHAN, 287.
Syracuse, 287.

TACCHINI, LES, 119.
TAILLEMITE, ÉTIENNE, 169.
Taiwan, 324.
Talamone, 118.
Tamise, la, 106, 113, 263.
Tana, mer de, 70.
Tanaïs (fleuve), *voir* Don.
TANCREDE DE HAUTEVILLE, 42.
TANI, AGNOLO, 119.
Tannenberg auj Grünwald, 103.
Tarascon, 118.
Tarifa, 21.
Tarragone, 118.
TCHAIKOVSKI, PIOTR, 300.
TCHERNIA, A., 51.
Tchesmé, 175.
Ténédos, île de, 31.
Terre-Neuve, 149, 172, 207, 208, 211, 222, 244, 269, 273.
Terre sainte, 96, 146, 225, 237.
TEULÈRE, ingénieur, 257.
Thasos, île de, 43.
THÉMISTOCLE, 265, 314.
THÉODULFE, 52.
Thessalonique, 31, 49.
THEVET, ANDRÉ, 284.
THIBAUDET, ALBERT, 39.
THOMAS, ANTOINE, 300.
THUCYDIDE, 39, 280, 314, 321.
Thulé, légende du royaume de, 65.
TIRPITZ, VON, amiral, 176, 177.
Tolfa, 97, 119.
TOUCHARD, HENRI, 203.
Toulon, 196, 225, 231, 267, 297, 315.
TOVAGLIA, LES, 119.
Trafalgar, 22, 184, 307, 315.
Trapani, 27, 281.
Trave, la, 255, 260.
Trébizonde, 31.
Tréguier, 203.

Trieste, 181.
TROADEC, FRANÇOISE, 274.
Tunisie, 27, 158, 181, 201.
TURNER, WILLIAM, 298.
Turquie, 202, 234.
Tyrrhénienne, mer, 27, 28, 41, 43, 241.

ULMO, FERNÃO D', 152.
URSULE, SAINTE, 232.

Valence, 83, 97, 98, 105, 116, 118, 119, 140, 147, 150, 154, 163, 230, 244, 263.
VALÉRY, PAUL, 291.
VALIN, 220.
VALLSECHA, GABRIELE DE, 251.
VALOIS, LES, 94.
VAN BEUKHELSZ, 207.
VAN DER BEURSE, LES, famille brugeoise, 112.
VAN DER GOES, HUGO, 109.
VAN DE VELDE, WILLELM, 296.
VAN DIJCK, ANTOINE, 296.
VAN HOLMEN, FERDINAND, 152.
Vannes, 198.
VARASSÈNE, JEAN DE, 172; *voir aussi* VERRAZANNO.
Varna, 31, 102, 165.
VAUBAN, 245.
Veere, 260.
Vendôme, 196.
Venise, 43, 46-49, 53, 59, 83, 88, 94, 102, 104, 107, 111, 113, 116, 118, 119, 140, 146, 154, 162, 168, 174, 194-196, 198, 220, 222, 230, 237, 240, 243, 251, 263, 265, 266, 308, 314.
VENTO, HUGO, 120.
VENTO, LES, 121.
VERRAZANO, GIOVANNI, 283.
VERMEER, JAN, 296.
VERNE, JULES, 273, 290, 311.
VERNET, JOSEPH, 205, 297, 298.
Versailles, 309.
VESCONTE, PETRUS, 85.
VIAL DU CLAIRBOIS, HONORÉ, 303.
VICTORIA, reine d'Angleterre, 176, 288.
VIENNE, JEAN DE, 127.
VILADESTES, MECIA DE, cartographe, 151.
VILLANI, GIOVANNI, 84, 129, 130.
VILLANOVA, GOMEZ ET LOPEZ, 124.
Villefranche, 95.
VILLENEUVE, amiral, 315.
VINCENT DE BEAUVAIS, 78.
VINCENT DE PAUL, saint, 225, 275.
Visby, 35, 75, 76, 81, 82, 139.
VIVALDI, LES, 86, 133, 146.
VIVES, LUIS, 283.
Volga, 16.

WACE, poète normand, 66, 281.
WAGHENAER, LUCAS, 251.
WAGNER, RICHARD, 300.
Walcheren, 255, 260.
WALLENSTEIN, ALBERT DE, capitaine général des flottes impériales, 173.
Wenduine, 213.
Weymouth, 298.
Wight, île de, 80, 184.
Wijk-Bij, Duurstede (jadis Dorestad), 68.
Winchelsea, 107.
Wismar, 174.
Woolwich, 267.

XÉNOPHON, 34.

Yarmouth, 206.
YA'QUB, 70.
York, 69, 95.
YORK, MARGUERITE D', 109.
Ypres, 141.

Zaandam, 174.
ZACCARIA, BENEDETTO, 89, 90, 120.
ZACCARIA, NICOLINO, 84.
Zélande, 244, 260.
ZURAJEVIC', Matija, 175.
ZURARA, GOMES EANES DE, 283.
Zuyderzee, 75.

Table

Préface de Jacques Le Goff 7
Liminaire 9

PREMIÈRE PARTIE

L'Europe et la mer
dans l'espace et le temps

1. **Comme un puzzle** 15

L'ascendance maritime de l'Europe se perd dans la légende 15
Intimité avec la mer 16
Les climats accentuent le caractère maritime de l'Europe 17
L'Océan et ses marges 18
Les routes des mers intérieures : le Sund et Gibraltar 19
Les péninsules et les îles : « premiers personnages de l'histoire » 24
Les Méditerranées 27
Les « Détroits » 29
Mers du Nord et mers du Sud 34

2. **Antériorité de la Méditerranée (d'Athènes aux cités italiennes)** 39

Avatars d'une image : deux univers distincts 39
L'attraction du soleil 41

La Cité naît et croît sur les rivages méditerranéens 42
De la Cité maritime à la thalassocratie 43
« Mare nostrum » 48
La Méditerranée, poumon et nourrice de l'Europe antique et médiévale 49
Une invention et une invitation méditerranéennes : le portulan 56

3. L'Océan entre en scène (XIe-XIVe siècle) 59

Un lent lever de rideau 59
Un espace de rêve 60
Un champ d'affrontements 65
Un domaine offert au profit 68
Une occasion de puissance 70
La Hanse 75
Une source de connaissances 77
Originalité des mers nordiques 80

4. Convergences 83

Avances méditerranéennes (fin XIIIe siècle) ... 83
L'Océan rend la politesse 90

5. Rencontres et partages : genèse d'une Europe des marchands (XVe-XVIe siècle) 101

La mer appartient à tous 101
Similitude des types portuaires hérités du Moyen Age 103
Contacts personnels 107
« Nations » méridionales au carrefour brugeois 109
Comptoirs hanséatiques du Nord et *Fondaco dei Tedeschi* à Venise 112
Réseaux italiens 117
Présences ibériques 122
Les échanges techniques 125
Parentés de langage et de culture 136

6. **Le cadre éclaté : l'Europe présente sur toutes les mers (du XVIe siècle à nos jours)** 143

Initiatives 143
La mer, affaire d'État : être roi de la mer........ 154
La mer, enjeu de la puissance : une chasse convoitée et gardée 167
De l'ère des compagnies aux impérialismes maritimes 170
L'histoire se décide sur mer 184

DEUXIÈME PARTIE

L'Europe et la mer dans la société des hommes

7. **Travailleurs de la mer**.. 189

Les sauniers sur leurs salines 189
Les mondes de la pêche.................................... 200
Le règne du hareng et du thon 204
Pêches lointaines 207
La solidarité : valeur et contrainte partagées 209

8. **La communauté européenne des gens de mer** 217

Qui sont-ils ? 217
Entre eux, plus de similitudes que de différences 221
Corsaires et pirates 241
Des équipages composites................................. 243

9. **Images familières** 249

Paysages... 249
Représentations mentales. 267

10. **Une dimension culturelle : voir, sentir et comprendre la mer**.. 279

Propos littéraires.. 279
Reflets dans l'iconographie et les arts mineurs 292
Les sciences de la mer 302
Mer et vie sociale : les modes 307

Conclusion. Et maintenant ? 313

L'apport positif de l'histoire : la mer, un héritage commun 313
...mais un héritage contesté ou méconnu 319
...et menacé 322
Chances et enjeux de la mer 325

Mots techniques 329

Bibliographie 331

Index 337

Cartes, illustrations et graphiques

L'Europe, une petite presqu'île, 10-11. – Le détroit de Gibraltar, 21. – Les Méditerranées, 26. – Les « Détroits » et le Bosphore, 29-30. – La Méditerranée hellénique, 40. – L'expansion maritime génoise, 44-45. – Points d'appui vénitiens, 54-55. – La Baltique et les détroits danois, 62-63. – Mers et navigations nordiques (Xe-XIIe siècle), 72-73. – Les accès de Bruges et d'Anvers, 94. – La Hanse au XVe siècle, 114-115. – Mappemonde humoristique d'Oronce Finé (1536), 134. – Le cadre européen éclaté (XVIe siècle), 144-145. – Voies maritimes européennes à l'époque moderne, 156-157. – L'Europe présente sur toutes les mers (l'héritage en 1914), 178-180. – Carte drolatique d'Europe pour 1870 dressée par Hadol, 182. – Un exemple typique : l'importance internationale du sel, 192-193. – Aperçu de l'économie maritime européenne vers 1990, 316-317.

DU MÊME AUTEUR

Comptabilité du port de Dieppe au XV*e siècle*, Paris, SEVPEN, 1951.

Le Commerce maritime normand à la fin du Moyen Age, Paris, Plon, 1952.

Les Affaires de Jacques Cœur. Journal du procureur Dauvet, Paris, SEVPEN, 2 vol., 1952-1953.

« Les explorations médiévales », in *Histoire universelle des explorations*, t. I, Paris, Nouvelle Librairie de France, 1957.

Comptes généraux de l'État bourguignon (1418-1420), Paris, Imprimerie nationale, 5 vol., 1966-1976.

Genèse médiévale de la France moderne, XIV*e*-XV*e siècle*, Paris, Arthaud, 1970, et Éd. du Seuil, coll. « Points Histoire », 1977 ; en polonais, Varsovie, Institut Wydawniezy, 1982.

Ongles bleus, Jacques et Ciompi. Les révolutions populaires en Europe, aux XIV*e et* XV*e siècles* (en collaboration avec Philippe Wolff), Paris, Calmann-Lévy, 1970, réédition en cours, Paris, Flammarion ; en anglais, Londres, G. Allen and Unwin, 1973 ; en espagnol, Madrid, Siglo Veintiuno, 1976.

Études sur l'économie et la société de l'Occident médiéval, XII*e*-XV*e siècle* (recueil d'articles), Londres, Variorum Reprints, 1977.

Études d'histoire maritime (recueil d'articles), Turin, Bottega d'Erasmo, 1977.

Giovanni et Girolamo Verrazano, navigateurs de François Ier (en collaboration avec Jacques Habert), Paris, Imprimerie nationale, 1983.

Les Pauvres au Moyen Age. Étude sociale, Paris, Hachette, 1978, et Bruxelles, Complexe, 1984 ; en italien, Rome, Laterza, 1982 ; en allemand, Munich, Beck Verlag, 1984 ; en anglais, Londres et Boston, Yale University Press, 1986 ; en espagnol, Mexico, Fondo de Cultura Economica, 1988 ; en portugais, Rio de Janeiro, Campus, 1989.

Le Monde de Jacques Cartier (codirection et corédaction avec Fernand Braudel), Paris, Berger-Levrault, 1984.

Les Portulans. Cartes marines du XIII*e au* XVII*e siècle* (en collaboration avec Monique de La Roncière), Neuchâtel, Office du Livre, 1984 (édition trilingue, français-anglais-allemand).

Les Explorateurs du XIIIe *au* XVIe *siècle. Premiers regards sur des mondes nouveaux*, Paris, Lattès, 1984 et éd. du CTHS, 1992.

Histoire des pêches maritimes en France (direction), Toulouse, Privat, 1987.

La Vie quotidienne des gens de mer en Atlantique, IXe-XVIe siècle, Paris, Hachette, 1988.

Les Routes millénaires (en collaboration avec Jehan Desanges), Paris, Nathan, 1988 ; en portugais, Lisbonne, Inapa, 1989.

Jacques Cœur ou l'Esprit d'entreprise, Paris, Aubier, 1988 ; en allemand, Munich, Beck Verlag, 1991.

Histoire du christianisme, t. VI, *Les Temps d'épreuves* (direction et corédaction), Paris, Desclée-Fayard, 1990.

Nouveau Glossaire nautique de Jal, Paris, CNRS, 1970-1992 (6 fascicules parus : lettres A à H ; en préparation : I à M).

La Guerre de Cent Ans vue par ceux qui l'ont vécue, Paris, Éditions du Seuil, coll. « Points Histoire », 1992 ; en néerlandais, Bussum, Uniboek, 1975.

Direction de l'édition de *Colloques internationaux d'histoire maritime* (dix-huit de 1956 à 1980).

Direction de la collection « Voyages et Découvertes », Paris, Imprimerie nationale, à partir de 1977.

RÉALISATION : ATELIER PAO ÉDITIONS DU SEUIL.
IMPRESSION : NORMANDIE ROTO IMPRESSION S.A. À LONRAI (61250).
DÉPÔT LÉGAL : MARS 1993. N° 12584 (I3-0231).